테마★로 만나는 인문학 여행 ⑳

포르투에서 출발하는 산티아고 가는 길

멋진 여행이었어!
까미노 포르투게스

| 만든 사람들 |
기획 인문·예술기획부 | **진행** 한윤지 | **글·사진** 소노스(SONOS) |
편집·표지디자인 D.J.I books design studio 김진

| 책 내용 문의 |
도서 내용에 대해 궁금한 사항이 있으시면
저자의 홈페이지나 J&jj 홈페이지의 게시판을 통해서 해결하실 수 있습니다.
제이앤제이제이 홈페이지 jnjj.co.kr
디지털북스 페이스북 facebook.com/ithinkbook
디지털북스 인스타그램 instagram.com/digitalbooks1999
디지털북스 유튜브 유튜브에서 [디지털북스] 검색
디지털북스 이메일 djibooks@naver.com
저자 블로그 blog.naver.com/boboar

| 각종 문의 |
영업관련 dji_digitalbooks@naver.com
기획관련 djibooks@naver.com
전화번호 (02) 447-3157~8

※ 잘못된 책은 구입하신 서점에서 교환해 드립니다.
※ 이 책의 일부 혹은 전체 내용에 대한 무단 복사, 복제, 전재는 저작권법에 저촉됩니다.
※ ᴅⁱᵍⁱᵗᵃˡᵇᵒᵒᵏˢ 가 창립 20주년을 맞아 현대적인 감각의 새로운 로고 ◐ **DIGITAL BOOKS** 디지털북스 를 선보입니다.
   지나온 20년보다 더 나은 앞으로의 20년을 기대합니다.
※ ◐ **J & jj** 제이앤제이제이 는 ◐ **DIGITAL BOOKS** 디지털북스 의 인문·예술분야의 새로운 브랜드입니다.
※ 유튜브 [디지털북스] 채널에 오시면 저자 인터뷰 및 도서 소개 영상을 감상하실 수 있습니다.

포 르 투 에 서   출 발 하 는   산 티 아 고   가 는   길

멋진 여행이었어!
까미노 포르투게스

글·사진 소노스(SONOS)

일러두기

1. 산티아고 거리와 지도, 마을 이름 등은 **Gronze.com**를 참조하였습니다.
2. 포르투갈어, 스페인어(갈리이시아어, 바스크어) 등은 국립국어원의 〈표준어 표기법〉
   을 따랐습니다. 하지만 실제 발음과 약간은 차이가 있을 수 있습니다.
3. 각 성당, 건물, 이름 등은 원어를 표기하였습니다.
4. 부가 설명은 각주로 처리했습니다.

Contents

03 스페인 북부 성당 기행(After Camino)

Prologue

A pilgrimage is a journey, often into an unknown or foreign place,

where a person goes in search of new or expanded meaning about

the self, others, nature, or a higher good, through the experience.

It can lead to a personal transformation, after which the pilgrim

returns to their daily life.

순례는 미지의 장소 또는 외국으로의 여행입니다.

그 경험을 통해 자신, 타인, 자연 또는 더 높은 선에 대해

새롭거나 확장된 의미를 찾아갑니다.

이는 일상으로 돌아간 순례자들에게

개인적인 변화를 불러올 수 있습니다.

우리가 걷게 될 까미노 포르투게스 해안길

 까미노 데 산티아고를 알게 되고 그 길을 꿈꾼 지도 꽤 여러 해가 지났다. 우리집 한 쪽에는 "Santiago!"가 적힌 액자가 놓여있었는데 우리 의지가 약해지지 않게 붙잡아 주었다. 까미노를 걷고 싶은 우리의 바람은 시간이 지날수록 커져만 갔다. 그 많은 시간 동안 까미노에 대한 정보를 찾고 지도를 익히며, 유럽의 나라마다 각각 다른 언어를 공부하며 지냈다. 그러는 사이 까미노 데 산티아고는 유명해져 많은 사람들이 한번쯤 떠나게 되는 대중적인 여행이 되었다. 하지만 우리에게 까미노는 여전히 떠나야 할 모험이자 탐험의 대상이었다.

 순례란 무엇일까. 순례자임을 증명하는 크레덴시알에는 "성인 야고보의 순례길을 걷는 사람에게 발행한다."라고 되어 있어 종교적인 순례를 뜻하고 있다. 하지만 순례길은 종교적 의미를 넘어 자신을 돌아보고, 타인을 배려하고, 자연과의 교감을 추구하는 변화의 길로 넓어졌다.

까미노를 걷는 동안 우리의 몸과 마음이 단련될 수 있다면 더할 나위 없을 것이다. 더불어 다양한 언어와 문화를 가진 사람들과 편견이나 차별 없이 우정을 맺고 싶고, 우리가 살아가는 사회에서는 나누기 어려운 순수함과 선한 영향력도 배우고 싶다. 그러는 동안 지금까지와는 다른 '나'를 만나고 고정된 틀로부터 벗어나는 경험을 할 수 있었으면 좋겠다. 물론 이 모든 바람을 이루기 위해서는 한발 한발 내딛는 동안 '나'에 대한 성찰의 시간을 보내야 할 것이다. 아마도 이런 변화를 기대할 수 있는 장소로 까미노보다 더 좋은 곳은 없을 듯하다. 이것이 우리가 까미노 위에 서는 이유이다.

산티아고 데 콤포스텔라의 위치가 조가비로 표시되어 있다.

까미노 데 산티아고는 하나의 길을 가리키는 이름은 아니다. 유럽 전역에는 여러 순례길이 발달해 있는데, 모두 성인 야고보의 유해가 있는 산티아고 대성당에 도착하게 된다.

여러 까미노 중 순례자들이 많이 걷는 길은 가장 널리 알려진 까미노 프랑세즈이다. 하지만 해마다 순례자가 늘어나고 있어서 최근에는 다소 한적한 까미노 루트를 찾는 순례자들도 늘었다. 그중 리스본과 산티아고를 잇는 까미노 포르투게스가 있다. 중세시대 때부터 이용된 이 까미노는 이베리아 반도의 남쪽에서 북쪽으로 이어지며 중간에 포르투갈에서 스페인 국경을 넘는다는 매력이 있다. 우리가 걷게 될 까미노는 포르투에서 시작하여 대서양을 가까이 두고 이어지는 "까미노 포르투게스 해안길"로 전체는 대략 280km의 거리이다.

우리가 까미노 포르투게스 해안길을 선택한 것은 아직은 산티아고 길 중에서 순례자들이 많지 않은 편이고 거리도 다른 길에 비해 길지 않아서 우리의 일정에 맞게, 또 우리만의 걸음으로, 우리만의 방식으로 걷기에 알맞다고 생각했기 때문이다.

우리는 되도록 두 발로 꼭꼭 밟으며 유럽인들의 역사와 종교, 문명과 문화를 보고 듣고 느껴보려고 한다. 우리가 보는 것들이 비록 부분에 불과하고 미미하더라도 수많은 시간을 품고 있는 유럽의 역사가 많은 이야기를 들려줄 것이라고 믿는다. 그 속에 숨어 있는 많은 아름다움을 느끼고 찬미할 수 있기를 바란다. 그동안 까미노에 서리고 꿈꾸었던 날들이 우리에게 날개를 달아주어 마음껏 비상할 수 있으리라.

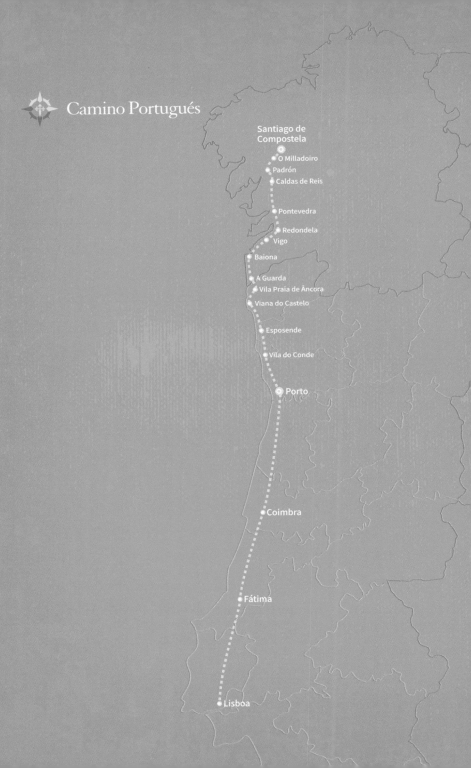

Camino Portugués

Santiago de Compostela
O Milladoiro
Padrón
Caldas de Reis
Pontevedra
Redondela
Vigo
Baiona
A Guarda
Vila Praia de Âncora
Viana do Castelo
Esposende
Vila do Conde
Porto
Coimbra
Fátima
Lisboa

CHAPTER 1.

포르투갈 성당 기행
(Before Camino)

리스본에서 시작하다

 까미노 포르투게스 해안길을 걷기 위해서는 포르투부터 시작해야 했지만 우리는 리스본을 여행의 시작점으로 삼았다. 리스본은 꼭 가 보고 싶은 도시였다. 리스본은 애절한 노래로 잘 알려진 '파두^{Fado}'의 고향이자, 파란색 타일 공예인 '아줄레주^{ajulejo}'1가 꽃핀 곳이다. 역사적으로도 대항해 시대의 문을 활짝 연 주인공으로서, 이 시기 포르투갈은 문화와 예술 전반에

대항해 시대를 기념한 발견 기념비

걸쳐 절정을 이루었다. 비록 유럽의 변방에 놓여 이제야 주목받기 시작한 작은 나라이지만 찾아가 직접 만나보기에 부족함이 없는 곳이다. 무엇보다도 우리 부부에게는 작가 페르난두 페소아^{Fernando Pessoa}와 주제 사라마구^{José Saramago}를 찾아가는 설렘의 도시이기도 하다. 그렇게 포르투갈의 리스본은 우리 여행의 첫 출발점이 되었다.

리스본에서 머무는 동안, 일정을 여유 있게 두고 현지 사람들과 생활 문화를 함께 하려고 했다. 그래서 우리는 캄푸 드 오리크^{Campo de Ourique}라는 지역에서 머물기로 했다. 이곳은 여전히 전통방식의 상거래, 옛 시장과 작은 가게들이 남아있고 리스본의 정취를 느낄 수 있는 곳이다. 리스본의 명물 노란색 28번 트램이 지나가지만 그렇다고 이름난 관광 명소는 별로 없다.

우리는 되도록 리스본 곳곳을 걸어 다니기로 했다. 걷기만큼 도시를 이해하는 데 도움을 주는 것은 없다. 모두 우리의 호기심을 끄는 장소들이었고 그렇게 우연히 장소를 발견해 나가는 행운은 여행 내내 이어졌다. 물론 이제부터 동네를 산책할 때는 주민들과 반가운 인사를 나누어야 한다. "올라^{Olá}"하고 말이다.

지구의 반 바퀴를 돌아 리스본에 도착한 다음날, 오랜 비행으로 몸이 무거웠지만 창밖의 파란 하늘에 이끌려 일찍 거리로 나왔다. 첫날은 계획 없이 지내며 동네를 산책하기로 했다. 리스본의 낯선 풍경을 보며 거리를 산

---

1 아줄레주는 포르투갈의 독특한 도자기 타일을 이르는 말로 '광택을 낸 돌'이라는 아랍어에서 유래되었다. 16세기에 소개되어 만들어지기 시작했으며 주석 유약을 사용해 그림을 그려 만든다. 처음에는 성당이나 수도원, 궁전 같은 건축물에 장식되었는데 점차 일반 집이나 골목에도 아줄레주가 사용되었다.

책하는 것은 즐거웠다. 게다가 리스본의 날씨는 산책을 하기에 더할 나위 없었다. 오래된 가로수가 그늘을 만들어 주어 기분 좋게 걸었다. 이렇게 한적한 도심에서 여유롭게 길을 걷는 것도 오래간만이다.

　얼마 걷지 않았는데 길 건너편에 큰 공원이 보였다. 공원 입구에서 보니 이스트렐라 정원Jardim da Estrela이었다. 포르투갈어로 '이스트렐라'는 '별'이란 뜻이다. '별의 정원', 이름이 무척이나 예쁘다. 자연스럽게 녹음이 우거진 공원에는 산책을 하거나 운동을 하거나 벤치에 앉아 책을 보는 사람들이 보였다. 저마다 자신만의 좋은 시간을 보내는 모습이 여유로워 보였다. 그렇게 공원 끝에 이르자 다시 큰 도로가 나왔는데 길 건너편에는 둥근 돔을 품은 거대한 성당이 서 있었다.

이스트렐라 정원

이스트렐라(Estrela) 지역

이스트렐라 대성당

성당의 이름은 방금 지나온 공원의 이름과 같은 〈이스트렐라 대성당 Basílica da Estrela〉이다. 길 건너편에서 바라본 대성당은 대단히 인상적이었다. 성당 정면에는 두 개의 쌍둥이 종탑이 있고 그곳 아래엔 시계가 나란히 걸려 있었다. 성당의 파사드facade에는 기독교 성인의 조각상들이 있고, 그 사이로 정문이 있었다. 나중에 알게 되었는데, 이 성당은 포르투갈의 유명한

이스트렐라 대성당

〈마프라 궁전 수도원Palácio Nacional de Mafra〉[1] 중앙의 성당 부분과 거의 비슷했다. 이 성당이 후기 바로크 양식과 신고전주의 양식으로 대표되는 마프라 궁전 수도원 성당의 영향을 받았음을 알 수 있다.

성당 안으로 들어가자 곧바로 본당이 아니라 실내 로비가 나왔다. 가톨릭 성당건축에서 이른바 나르텍스Narthex라 불리는 곳이었다. 본당으로 들어가는 문 양옆으로는 거대한 성인의 석상이 있고, 그 아래 안내문에는 성당의 역사가 간략하게 씌어 있었다.

"마리아 1세Maria I 여왕이 왕위 계승자를 임신하고자 서원하였다가
약속대로 1779년 준공해서 1789년에 봉헌했고,
성당 건축에 관여한 건축가, 조각가, 화가의 이름들과
설립자인 마리아 1세의 무덤이 성당 안에 있다."

포르투갈의 왕들 중 마리아 1세 여왕은 리스본 대지진을 수습한 주제 1세의 딸로 그를 이어 여왕이 된 인물이다. 그러나 서원해서 어렵게 얻은 아들도 이후에 일찍 죽게 되는 비운의 여왕이기도 했다.

본당의 문을 힘껏 열어 안으로 들어갔다. 성당 안은 예상과는 다르게 중간에 가림벽이나 기둥 없이 앞과 옆이 트여 있었다. 벽과 바닥은 회색-분홍색-검은색 대리석이 교차되어 마감되어 있었는데, 각 대리석은 자체 무늬

---

1 18세기에 건립된 마프라 궁전 수도원은 리스본에서 28km 떨어진 마프라에 위치한 포르투갈 제2의 궁전이다. 이 화려한 궁전 수도원은 포르투갈의 대표적인 바로크 양식과 신고전주의 양식의 건축물로 평가받고 있다. 2019년 세계문화유산으로 등재되었다.

를 가지고 있어 품격을 높여 주었다. 무엇보다도 눈길을 사로잡는 것은 성당 앞쪽 위에 있는 중앙 돔이었다. 거대한 돔의 유리창은 성당의 주요 광원으로서 성당 안을 밝혀주고 있는데, 우리 시선을 성당 정면에서 위로 향하도록 만들어 주었다. 마침 햇살이 비치는 성모상 앞에서 한 여인이 촛불 봉헌을 드리며 기도하고 있었는데, 그 모습은 시간이 멈춘 한 폭의 그림 같았다. 우리는 일단 본당의 성도석에 앉아 잠시 숨을 고르며 천천히 성당 안을 살폈다. 천장은 반원형의 단일한 배럴 볼트Barrel vault로 높았으며, 성도석이 있는 네이브Nave 양쪽 벽면에는 3개씩 총 6개의 작은 채플Chapel이 있었다.

이스트렐라 대성당의 본당

　성당의 제단 앞으로 갔다. 성당 건축 용어로는 이곳을 트랜셉트transept라고 부르는데, 라틴 크로스 형태의 평면 중 가로축 부분을 말한다. 제단을 기준으로 바라보면 오른쪽에는 이 성당의 설립자인 마리아 1세의 무덤이 있고, 그 뒤 별실에는 유명한 예수 탄생 장면을 나타낸 테라코타 500인 상이 있었다. 반면 성당 제단 왼쪽으로는 세계 최초 성심성당으로 헌정되었다는 성당답게 예수 성심상이 있고, 그 아래에 촛불 봉헌대에도 여러 촛불이 빛을 발하고 있었다. 그러고 보니 내일이 한국에서는 추석이다. 그래서 우리도 촛불 헌물을 하고 조용히 기도를 드렸다. 기도를 마치고 천천히 성당을 감상하던 우리는 고개를 들어 돔을 보다가 또 한 번 놀랐다. 그곳에서 몇몇 사람이 성당 아래를 내려다보고 있었기 때문이다. 성당의 돔에 올라가서 감상할 수도 있었던 것이다.

이스트렐라 대성당의 돔

본당을 나와서 나르텍스인 로비에서 돔으로 오르는 곳을 찾았다. 로비 오른쪽을 보니 한 안내원이 성당 옥상으로 올라가는 티켓을 판매하고 있는 것을 발견했다. 곧장 티켓을 구입한 우리는 좁은 계단을 통해 성당의 옥상으로 올랐다. 약간 숨이 찰 정도였는데, 오르면서 계단의 수를 세어보니 112 계단이나 되었다.

계단 문을 통해 옥상으로 나오니 하얗게 빛나는 돔이 보였다. 돔의 중앙에는 입구가 보였다. 그제야 천천히 주위가 눈에 들어왔다. 이렇게 옥상에서 바라보니 사방으로 리스본의 시내가 펼쳐져 있고, 한쪽 멀리 테주 강과 4.25 다리도 보였다.

옥상 위 풍경을 감상한 우리는 눈앞의 돔의 입구로 향했다. 돔 내부는 테두리에 사람 2명 정도 마주 설 수 있는 통로만 있고, 나머지는 성당 안을 내려다 볼 수 있었다. 위에서 바라본 성당 내부는 또 다른 느낌을 주었다. 돔

테두리 통로를 한 바퀴 돌며 천천히 성당 안을 바라보았다. 위에서 내려다보는 성당 안 공간은 한없이 아래로 하강하는 듯한 느낌을 주었다. 그리고 십자가 형태의 성당 평면(라틴 크로스)을 확실하게 볼 수가 있었다. 눈을 들어 가까이 있는 돔의 천장도 살폈다. 천장도 성당 내부와 마찬가지로 삼색의 대리석이 균형있게 교대로 마감되어 있다. 중후한 느낌의 대리석은 이 성당을 매우 독특하게 해 주었다.

돔에서 바라본 이스트렐라 대성당의 내부

성당 옥상에 잠시 앉아 내리쬐는 햇볕을 피해 돔이 만들어 준 그늘에 앉아서 리스본의 하늘과 시내를 바라보았다. 나중에 알게 되었는데 저녁에 이곳에 올라오면 멋진 일몰을 만끽할 수 있다고 한다. 하지만 우리가 올랐던 햇살 가득한 정오의 옥상도 꽤 괜찮았다.

성당을 나오자 성당 정문에 다수의 사람들이 모여 있었다. 정장 차림을 하고 모여 있었는데 이후에 있을 미사에 참여하려는 것 같았다. 서로 인사를 주고받는 그들 사이로 우리는 조용히 성당을 나왔다. 그리고 성당 앞 광장을 지나 길 건너편에서 다시 이스트렐라 대성당을 바라보았다. 잊지 못할 기억을 선사한 성당이었다. 기분 좋게 발길을 돌리자 눈앞에 리스본의 명물 노란색 28번 트램이 지나가고 있었다. 그리고 때마침 미사를 알리는 성당의 종소리가 크게 울렸다.

다음날부터 우리는 리스본의 중심부를 탐방하기로 했다. 막연하게 관광을 하기보다 리스본의 역사를 한 눈에 알아볼 수 있는 성당을 중심으로 탐방해 보기로 했다. 특히 오늘 본 이스트렐라 대성당이 무척 인상적이었고 앞으로 걸을 순례길과도 이어질 것 같았다. 더구나 유럽의 성당은 역사와 모든 예술적 성취를 품은 보석들이다. 우선 우리가 머무르는 캄푸 드 오리크에서 시작해 리스본의 중심인 바이샤 지역을 살펴볼 예정이다.

바이샤(Baixa) 지역 1

테주 강과 코메르시우 광장

어느덧 눈앞에 코메르시우 광장 Praça do Comércio이 나왔다. 그동안 건물들 속에 가려져 간간이 보이던 테주 강도 확 트인 광장 앞으로 본 모습을 드러냈다. 유럽에서도 넓기로 손꼽힌다는 이 광장은 포르투갈의 강렬한 햇살에 반사되어 눈이 부셨다. 리스본 시청 방면에서 이곳 광장으로 들어선 터라 우리는 광장의 한쪽 귀퉁이에 서 있다. 두근거리는 마음으로 테주 강을 보기 위해 먼저 광장을 가로질러 걸어갔다. 그리고 드디어 테주 강 Rio Tejo을 마주했다.

코메르시우 광장에서 바라본 테주 강

라틴어로는 타구스^{Tagus} 강, 스페인에서는 타호^{Tajo} 강이라 불리는 이 강은 이베리아 반도에서 가장 긴 강으로 스페인에서 출발해 국경을 넘어 포르투갈의 리스본을 거쳐 대서양으로 흘러간다. 확 트인 강을 보니 마음마저 상쾌해졌다. 저 멀리 테주 강 오른쪽에는 현수교인 4.25 다리^{Ponte 25 de Abril}가 보이고, 건너편으로는 리스본의 상징으로 두 팔을 활짝 벌린 그리스도 조각상 크리스투 헤이^{Cristo Rei}가 보였다. 그렇게 계속 강을 따라 얼마간 내려간다면 대서양과 마주하리라. 강의 하구에 위치하는 리스본은 그렇게 대서양과 가까이에 있었기에 "대항해의 시대"를 연 주인공이 될 수 있었을 것이다.

문득 강물이 넘실거리는 눈앞에 두 개의 기둥이 서 있는 게 보였다. 강에서 육지로 들어오는 입구인 카이스 다스 콜루나스^{Cais das Colunas}이다. 오래전부터 리스본으로 들어오는 관문이었던 곳으로, 영국의 여왕 엘리자베스 2세가 리스본을 방문할 때도 이곳으로 들어왔다고 한다. 그 관문을 보자 우리도 비로소 리스본에 도착한 것이 실감나는 것 같았다. 햇살에 반짝이는 눈부신 테주 강을 바라보며 강에서 불어오는 바람을 흠뻑 마셔 보았다. 강가에 있는 관광객들도 테주 강을 한동안 바라보며 서 있었다.

그렇게 테주 강과 인사를 나누고 뒤로 돌아 다시 광장으로 들어섰다. 광장은 테주 강을 마주한 채 건물들에 둘러싸여 있다. 광장의 양편에는 2~3층 정도의 건물이 마주 보며 서 있고, 테주 강 반대편에는 개선문인 아우구스타 아치^{Arco da Rua Augusta}와 그 양 옆으로 노란색이 인상적인 건물이 나란히 있다. 그리고 광장 중앙에는 기마상이 우뚝 서 있었다.

위   코메르시우 광장. 주제 1세 기마상과 아우구스타 아치가 보인다.
아래   주제 1세 기마상. 기단에 폼발 후작의 부조가 보인다.

광장 중앙의 동상을 향해 걸었다. 눈부신 파란 하늘이 광장을 에워싸고 있는 듯했다. 그 햇살을 벗 삼아 관광객에게 선글라스를 파는 노점상인이 부지런히 광장의 손님들 사이를 오가고 있었다. 물론 우리에게도 다가와 뜨거운 햇살을 손으로 가리키며 선글라스를 권했다. 알아듣기 힘든 아주 빠른 말이었지만 만국의 언어인 보디랭귀지로 의미는 전달되었다. '눈부신 햇살에 선글라스를 끼라고.' 그래서 만국의 언어인 미소와 고개 내저음으로 사양했다. '괜찮다고.'

어느덧 광장 중앙에 있는 청동상 앞에 왔다. 동상은 아우구스타 아치를 배경으로 말을 탄 채 테주 강을 바라보고 있었다. 이 동상의 주인공은 포르투갈의 왕 주제 1세^{Jose I}다. 그는 어떻게 이 광장의 주인공이 되었는가. 그 이유는 알려면 이 광장의 기원으로 돌아가야 한다.

원래 이곳은 1755년 리스본 대지진[1]으로 파괴되기 전에는 히베이라 왕궁^{Paços da Ribeira}이었다. 그래서인지 이곳은 여전히 궁전 광장^{Terreiro do Paço}이라고도 불린다. 대지진 이후 폐허가 된 이곳은 포르투갈의 수상인 폼발 후작^{Marquês de Pombal}의 명령에 의해 바이샤 거리^{Baixa Pombalina}를 재건할[2] 때 개조

---

1 리스본 대지진은 1755년 11월 1일 포르투갈에 닥친 거대한 재앙이다. 지진과 뒤이은 해일로 인해 리스본과 그 주변 일대가 거의 완전히 파괴되었다. 오늘날의 지진 강도로 추정해본 결과 8.5~9 정도 된다고 한다. 또 사망자 수가 3만 명에서 많게는 10만 명 정도로 추정되는데, 당시 리스본의 인구가 20만 명이었다고 하니 피해가 어느 정도였는지 알 수 있다. 특히 이날은 만성절(All Saints' Day)이어서 대부분의 리스본 시민들이 아침 기념 미사를 드리려고 나와 피해가 더 컸다고 한다. 지진이 발생한 지 40여 분 후 엄청난 해일이 이곳을 덮치게 된다. 그 후 두 번의 해일 더 왔고, 해일의 피해에서 살아남은 곳에는 화재가 발생해 5일 동안 불탔다고 한다. 이때 리스본 건물의 85%가 파괴되었고, 히베이라 왕궁 및 주요 건물들과 유명 성당들도 재앙을 피하지 못하고 파괴되었다.

되어 지금의 모습이 되었다. 그 후 광장은 리스본 경제의 활성화를 기대하며 프라사 두 코메르시우Praça do Comércio라고 명명되었다. 따라서 광장을 둘러싼 건물들은 무역을 담당하는 정부 기관들로 가득 차 있다.

그런데 리스본 대지진을 수습하도록 수상 폼발 후작에게 전권을 주어 리스본 재건을 지시한 왕이 바로 주제 1세였다. 당시 그는 운 좋게도 궁전에 있지 않아서 재앙을 피할 수 있었지만, 폐허가 되다시피 한 리스본을 본 후 큰 충격을 받았다고 한다. 하지만 그는 리스본이 어서 빨리 재앙에서 회복되기를 바랐고, 마침 그에게는 유능한 수상 폼발이 있어서 리스본을 재건할 수 있었다. 그러니 그가 이 광장의 주인공이 된 것은 당연했다. 우리는 동상의 주위를 한 바퀴 돌며 기념 촬영을 했다. 그러다가 동상의 기단 정면에 한 남자의 얼굴 부조가 새겨져 있는 것을 발견했다. 자세히 보니 역시나 예상대로 폼발 후작의 모습이었다.

아우구스타 아치

강한 햇살을 잠시 피하고자 동상 아래 그늘에서 잠시 쉬었다. 햇살이 따가운 건 우리만이 아니었다. 주위를 살펴보니 다들 그늘 아래에 서서 광장을 구경하고 있었다. 우리는 고개를 돌려 광장 정면의 개선문인 아우구스

---

2 리스본 대지진 당시 국왕이던 주제 1세는 가장 신뢰하는 폼발 후작에게 리스본 재건의 전권을 주었다. 이에 폼발은 앞장서서 아수라장이 된 리스본을 정리하기 시작했다. 지진 후 한 달이 조금 지나 리스본 재건 안이 발표되었는데, 내용은 지진의 피해가 가장 컸던 바이샤 지역을 완전히 쓸어버리고 빈 상태에서 도시를 다시 짓는 것이었다. 이렇게 만들어진 바이샤 폼발리나(Baixa Pombalina)는 새로운 중심지가 되었고, 리스본은 폐허에서 근대도시로 변모하게 되었다.

타 아치를 바라보았다. 화려하면서도 위엄을 갖춘 거대한 개선문은 그 뒤 아우구스타 거리[Rua Augusta]와 연결된다. 이것 또한 리스본 대지진 이후 도시를 재건한 것을 기념하고자 건축되었다.

아우구스타 아치의 동상과 문양

자세히 살펴보면, 개선문의 가장 위에는 용기를 상징하는 여신과 지혜를 상징하는 천사에게 크라운을 내리고 있는 영광의 여신이 있다. 그 아래에는 네 개의 조각상이 있는데, 모두 다 포르투갈의 역사적 인물들이다. 왼쪽부터 차례로 보면, 고대 로마로부터 이 땅을 지켜내고자 싸웠던 비리아투[Viriato], 아프리카를 돌아 인도길을 개척한 바스쿠 다 가마[Vasco da Gama], 리스본 대지진으로 폐허가 된 리스본을 재건한 폼발 후작, 스페인 카스티야 왕국의 침입을 막아낸 누누 알바레스 페레이라[Nuno Álvares Pereira] 장군이 바로 그들이다. 그리고 그 조각상들 아래에는 각각 테주 강과 도루^{Douro} 강을 의미하는 신이 형상화되어 있다. 가장 중앙에는 포르투갈 왕실의 문장이 장식되어 있다.

개선문 아치 위에는 글이 새겨져 있었다. 광장 어디에서도 알아볼 수 있는데, 라틴어로 된 문장은 다음과 같다.

"VIRTVTIBVS MAIORVM VT OMNIBVS DOCVMENTO.PPD"

해석하자면, "가장 큰 미덕에 따라 모든 가르침을 섬기도록 헌정합니다."라는 뜻이다. 여기서 '가장 큰 미덕'이란 말은 리스본 대지진과 지진해일에 황폐화된 도시를 재건한 포르투갈 사람들의 회복력을 상징한다고 한다. 고난을 극복한 역사에 대한 그들의 자긍심이 느껴졌다.

코메르시우 광장을 지나 아우구스타 아치 아래로 갔다. 길을 건너는데 리스본의 명물인 트램 한 대가 지나갔다. 작은 트램을 빼곡히 채운 관광객들은 연신 좌우로 고개를 돌리며 구경하는데 정신이 없었다. 그중 한 부부가 길을 건너기 위해 기다리던 우리에게 미소를 지으며 인사를 해준다. 우리도 손을 흔들며 답인사를 해주었다. '봉 디아^{bom dia, 안녕하세요!}'

바이샤(Baixa) 지역 2

상 도밍구스 성당

호시우 광장 근처에는 리스본 지진의 상흔을 여실히 간직한 곳이 있다. 거리를 순찰하는 경찰에게 다가가 길을 물어 보니 아주 가까운 곳에 있다고 가르쳐 주었다.

마리아 2세 극장 앞을 가로질러 호시우 광장의 북동쪽으로 갔다. 도로 하나를 건너니 상 도밍구스 광장^{Largo de são domingos}이 나왔는데, 그 광장의 안쪽에 〈상 도밍구스 성당^{Igreja de São Domingos}〉이 있었다. 다른 성당과 달리 단독으로 서 있는 게 아니라 다른 건물들과 붙어 있어 독특했다.

성당 안은 이제까지 보았던 성당의 이미지와는 너무도 다른 모습이어서 적잖은 충격을 받았다. 일단 어두웠고 성당의 위, 아래가 뚜렷하게 구분되어 있었다. 성당의 아래쪽, 즉 벽과 기둥들은 오래되어 낡았고 엄청나게 손상된 모습이 그대로 노출되어 있었다. 그리고 위쪽은 이질적으로 짙은 분홍색의 테라코타로 마감해 복원한 모습이라 그로테스크한 분위기를 자아냈다. 갑자기 이 성당이 감당해온 역사가 궁금해졌다.

이곳 상 도밍구스 성당은 1241년 지어진, 리스본 최초의 도미니크 교회

상 도밍구스 성당 내부

였다. 한때나마 리스본에서 가장 큰 성당이었기도 했고, 포르투갈의 공화
국 건국(1910년) 이전에는 포르투갈 왕실의 결혼식이 거행되었던 곳이었
다. 800여 년이라는 긴 시간 동안 이 성당에 피해를 입혔던 재해는 수없이
많았겠지만, 그중 두 사건이 결정적이었다. 첫 번째 사건은 당연히 1755년
의 리스본 대지진으로, 당시 이곳은 거의 완전히 손상되었다. 지진이 나기
7년 전에 제작된 장엄한 바로크 제단과 성구 보관실만이 살아남았다고 한
다. 곧바로 재건되기 시작했지만, 52년이나 걸려 1807년에 와서야 성당은
예전의 모습을 찾았다. 우리가 들어오면서 봤던 성당의 파사드와 벽은 모
두 이 시기에 지어진 거라고 한다. 그리고 두 번째 사건으로는 1959년에 발
생한 화재였다. 6시간 동안 계속된 화재로 성당 내부는 거의 파괴되었고,
소장품이던 금박을 입힌 목재 조각이며 귀중한 그림을 포함해 화려한 내

부는 화재 속에 사라졌다고 한다. 그 후 성당은 복원되었지만, 불에 손상된 석조 부분과 조각품들을 타고 부서진 상태로 남겨 두었다. 그래서 오늘날에도 화재의 흔적이 교회 벽에 그대로 드러나 있었던 것이다. 그동안 상 도밍구스 성당이 감당해 왔던 리스본 대지진의 피해와 대화재의 상흔을 충분히 느껴볼 수 있었다.

상 도밍구스 성당의 제단

성당의 제단 앞에는 신부님이 나와서 미사를 준비하고 있었다. 신부님 뒤로 제단이 보였는데 그을리고 부서진 기둥과 마모된 석조상들 속에 황금색 제단이 자리 잡고 있었다. 마치 서로 다른 두 사진을 합성해 놓은 듯했다. 곧이어 시작된 미사는 포르투갈어로 진행하기 때문에 알아듣기 어려웠지만 주위 사람들과 함께 하며 미사에 참여했다.

성당 앞 기념비

성당 내부를 본 충격이 미사 후에도 가시지 않았다. 성당을 나와 앞에 있는 작은 올리브 나무 아래에서 잠시 쉬었다. 마침 올리브 나무 옆에는 석조 기념비 하나가 있는데, 그늘에 쉬는 동안 기념비를 살펴보았다. 그런데 그 기념비는 묵직한 리스본의 역사를 기록하고 있었다.

마누엘 1세 치하, 당시 리스본에는 유대인들도 자유롭게 자신의 종교를 이어가며 포르투갈 인들과 함께 살아가고 있었다. 하지만 1497년 포르투갈 정부는 유대인들에게 추방당하지 않으려면 가톨릭으로 개종하라고 압박한다. 이에 남고자 한 유대인들은 강제로 가톨릭으로 개종하게 된다. 그런데 10년도 되지 않은 1506년, 포르투갈에 전염병과 가뭄과 기근이 기세를 부려서 사람들을 괴롭혔다. 이때 이 성당의 사제들과 몇몇 포르투갈 사람들의 주도로 당시 개종한 유대인들을 이단으로 몰아 학살하기 시작했다. 이를 알게 된 왕이 유혈사태를 막기 위해 군대를 보냈지만 진압하는 데 3일이나 걸렸다고 한다. 그때는 이미 피에 굶주린 폭도들에게 1천~4천여 명이나 되는 희생자들이 목숨을 잃은 후였다. 몇 년 후 포르투갈 종교재판소에 의해 당시 집단학살을 부추긴 사람들은 유죄판결을 받아 호시우 광장에서 산 채로 불태워졌는데, 화형을 기다리던 곳이 바로 이 성당 앞 광장이었다고 한다.

기념비에는 다음과 같이 쓰여 있었다.

"역사적인 리스본의 중심지인 이곳은 오늘날 형제애로 열려있지만
과거에는 히브리 사람들에 대한 견딜 수 없는 폭력의 현장이었습니다.
우리는 이곳에서 행해진 새로운 기독교인들의
슬픈 운명, 개종 압박, 폭동, 의심, 망상, 심문의
끔찍한 과정을 잊어서는 안 됩니다.
천년 가까이 이 도시의 공동체로서 가톨릭교회는
인간적으로나 복음적으로나 합당치 않은 말과 행동으로써
너무나 자주 행해졌던 과거의 일을 깊이 깨닫습니다."
- 평화의 바다, 2000년 9월 26일. 리스본 총대 주교 주제[Jose]

상 도밍구스 성당 앞 기념비   상 도밍구스 광장에 놓인 기념비

그리고 보니 성당으로 오기 전에 또 하나의 기념비를 본 것 같았다. 그래
서 우리는 상 도밍구스 광장에 있는 기념비를 찾아갔다. 둥근 공을 반으로
자른 것 같은 모양의 단면 위에 다윗의 별 기념비가 있었다. 거기에도 바닥
과 별 안에 글귀가 새겨져 있었다.

"1506년 4월 19일 미사에서 시작된 종교적 불관용과 광신적 살해로 인해 학살된 수천 명의 유태인 희생자들을 기리기 위하여."

"땅아 내 피를 숨기지 말고, 나의 울부짖음을 멈추게 하지 마라!"

(욥기 16:18)

어두운 역사는 무겁다. 그래서 애써 외면하고자 시선을 돌리기 쉽다. 하지만 힘겨운 역사를 마주 볼 용기만 있다면, 그것은 우리를 한 발 더 나은 미래로 이끌어줄 것이다. 기념비는 그래야만 의미를 갖는다. 여기서 조지 산타야나 George Santayana의 말이 가슴 깊이 울린다.

"과거를 기억 못 하는 이들은 과거를 반복하기 마련이다.Those who cannot remember the past are condemned to repeat it."

우리는 광장 끝에 서서 상 도밍구스 성당과 그 앞 기념비를 한 번 더 바라보았다. 리스본 지진의 흔적을 보러 와서 그 흔적만큼이나 아픈 역사의 상처를 마주하고 마음이 무거워졌다. 하지만 오늘날 리스본은 그 아픈 상처 또한 이겨내고자 노력하고 있다. 지진이라는 재앙을 극복한 그들이었기에 역사의 상처 또한 잘 극복하리라 믿는다.

바이후 알투(Bairro Alto) 지역

상 호케 성당

우리는 바이후 알투 지역을 통과해 시아두^{Chiado} 지역으로 향해 걸었다. 리스본 중심지는 바이샤 지역을 중심으로 양쪽이 모두 언덕으로 되어 있다. 테주 강에서 바라보면 오른쪽 언덕에는 상 조르즈 성^{Castelo de São Jorge}이 있고, 그 아래로 알파마^{Alfama} 지역이 테주 강과 접하고 있다. 그리고 왼쪽 언덕이 이곳 바이후 알투 지역으로, 여기서 테주 강 쪽으로 내려가면 시아두 지역이 나온다.

바이후 알투 지역은 16세기 도시를 확장할 때 성벽 밖에 형성된 지역 중 하나였다. 두 번에 걸쳐 도시화 계획이 진행되었는데, 특히 1755년 대지진 속에서도 비교적 피해를 적게 입어 아직도 옛 정취가 많이 남아 있는 곳이다. 우리는 유럽 고유의 옛 정취가 남아있는 이 거리가 맘에 들었다. 현재 이곳은 많은 레스토랑과 클럽, 최신 유행 상점들이 들어서 있으며, 하위문화와 젊음의 공간으로 상징되는 곳으로 특히 밤에는 더욱 흥성거리는 지역이다.

얼마쯤 걷다가 길이 오른쪽으로 곡선을 그리며 내리막길이 시작되었다.

어느새 눈앞의 정경이 탁 트이며 작은 공원이 보였는데, 이곳이 유명한 상 페드루 드 알칸타라 전망대Miradouro de São Pedro de Alcantara이었다. 리스본 구시 가지의 전경이 눈앞에 펼쳐지며 언덕 아래 바이샤 지구가 보였다. 맞은편 언덕 위에는 상 조르즈 성이 보였고, 오른쪽으로 고개를 돌리자 멀리 테주 강도 보였다. 리스본의 강한 햇살을 받으며 모든 도시의 건물이 반짝이고 있었다. 맑은 대기는 먼 곳까지 선명하게 보여주었는데 이렇게 가시거리 가 좋은 풍경을 본 것도 꽤 오랜만인 것 같다. 우리는 주위의 시원한 나무 그늘을 찾아 잠시 쉬면서 리스본 시가지를 바라보았다.

한참을 쉬다가 전망대를 뒤로 하고 도로를 따라 계속 아래로 내려갔다. 한 블록쯤 지나자 작은 광장과 성당 하나가 나왔다. 밖에서 보이는 성당 파 사드는 무척이나 담백하고 단조로웠다. 그런데 다가가 이름이 〈상 호케 성 당Igreja de São Roque〉이라는 것을 확인하고 깜짝 놀랐다. 이곳은 꼭 와 보고 싶 었던 성당 중 하나였기 때문이다.

때마침 문이 열려 있어서 우리는 서둘러 들어갔다. 들어가서 본 성당의 모습은 그야말로 놀라움이 가득했다. 밖에서 봤던 수수한 외관과는 전혀 달랐다. 성당은 넓은 하나의 네이브와 얕게 들어간 정사각형의 앱스apse가 있고, 옆으로는 채플들의 회랑 사이에 설교단이 올라가 있었다. 중앙 제단 을 중심으로 각각 다르게 장식된 8개의 측면 채플들은 무척이나 화려했 다. 전체적으로 바로크 양식이 돋보이는, 화려하면서도 정돈된 내부였다. 아마도 리스본에서 본 성당들 중 내부가 가장 화려한 성당이었던 것 같다. 특히 나무 패널로 된 천장에 그려진 유화가 눈에 띄었는데, 마치 세 개의 돔이 실제로 천장 위에 있는 듯 묘사되어 있었다. 성당 안을 천천히 돌아보며 이 안에 깃든 예술적 아름다움을 만끽했다. 그러면서 이 성당에 대해 궁금해졌다.

상 호케 성당의 화려한 내부

원래 상 호케 성당은 성 로슈Saint Roch, 포르투갈어로 São Roque의 유물이 있는 성지였다. 그는 전염병 환자를 치료해 추대된 성인으로, 그가 죽은 후 유럽인들은 흑사병으로부터 자신들을 보호해 줄 성인이라고 믿었다. 그래서 포르투갈의 왕 마누엘 1세도 상 호케의 성물이 리스본을 보호해 줄 것이라고 믿었고, 베네치아로부터 그의 유물을 들여와 당시 흑사병 환자들의 묘지였던 이곳에 작은 성전을 지어 1515년 봉헌했던 것이다.

그 후 16세기 후반, 리스본에 들어온 예수회가 자신들의 영구적인 근거지로 이곳을 선택하고 중건하면서 이 성당은 다시 부흥하게 된다. 덕분에 상 호케 성당은 포르투갈 최초의 예수회 교회가 되었고 이후 200년 넘게 예수회의 주요 중심지가 되었다.

옛 성당은 중세 전통에 따라 정면이 서쪽을 향했지만, 새롭게 중건된 성당은 정면이 남쪽인 테주강을 향하게 지어졌다. 특히 설교

상 호케 성당의 소박한 파사드

에 이상적인 이 성당의 양식은 예수회 양식$^{Jesuit\ style}$으로 널리 알려지게 되었고, 포르투갈 전역과 브라질을 포함한 포르투갈 식민도시에서 널리 모방되었다. 포르투갈어로 '이스틸루 샹$^{estilo\ chão,\ 소박한\ 스타일}$'이라고 표현되는 단순하고 수수한 성당 외관은 화려한 바로크 인테리어의 성당 내부와 큰 대조를 이루고 있다. 특별히 이 성당이 유명세를 치렀던 것은 1742년 주앙 5세가 의뢰했던 〈세례 요한의 채플$^{Capela\ de\ São\ João\ Baptista}$〉때문이다. 이 채플은 두 번 지어졌는데, 우선 로마에서 교황 베네딕토 14세의 축복을 받아 건축된 후, 해체되어 리스본으로 옮겨졌고 이곳 상 호케 성당 안에서 재건되었다. 이 채플은 지금도 18세기 유럽 예술의 걸작으로 평가받고 있다.

상 호케 성당은 1755년 리스본 대지진에서 살아남았다. 그러고 보니 우

리는 지금 리스본 대지진 이전의 건물을 만난 것이었다. 대지진의 여파가 얼마나 컸으면 오히려 피해 없이 살아남은 건물이 희귀하다고나 할까. 우리는 발길을 돌려 이제 대지진의 피해를 가장 극명하게 보여준다는 카르무 수도원으로 향했다.

카르무 수도원

시아두 방향으로 걷다보니 길 양쪽에는 제법 오래된 3-4층 건물들이 빼곡히 들어서 있었다. 건물 사이에 드리운 그늘을 따라 따가운 햇살도 피하며 언덕을 내려갔다. 직선으로 뻗은 길은 시야가 막히지 않아서 이렇게 내려가다 보면 리스본의 젖줄 테주 강이 나오겠구나 싶었다.

한참을 내려가다가 오른쪽으로 방향을 바꾸어 골목 안으로 들어갔다. 골목에는 포르투갈을 대표하는 아줄레주로 장식된 건물들이 드문드문 보여서 구경하며 걸었다. 얼마 쯤 걸었을까. 작은 골목이 끝난 곳에서 카르무 광장Largo do Carmo을 만났다. 광장 주위를 가득 메운 가로수가 시원한 그늘을 만들어 주고 있었다. 광장의 중앙으로 걸어 들어가자 〈카르무 수도원Convento do Carmo〉1의 입구가 보였다. 정확히는 카르무 수도원의 성당인 〈카르무 성당Igreja do Carmo〉의 입구였다.

모진 풍파를 겪은 낡은 성당 정문으로 한 무리의 관광객들이 들어가고

---

1 카르무 수도원은 1389년 주앙 1세 때 국왕 최고 군사령관이었던 누누 알바레스 페레이라에 의해 기존 카르멜 수녀원 위에 설립되었다. 누누는 코메르시우 광장에 있는 아우구스타 개선문 위 동상에도 있는 포르투갈의 영웅이다. 그는 군 복무를 마친 후 이곳의 사제가 되었고 이곳에 묻혔다고 한다. 1755년 리스본을 강타한 대지진과 이후의 화재로 카르무 수도원은 대부분 파괴된다.

있었다. 우리도 그들의 뒤를 이어 수도원 안으로 들어갔다. 지진의 피해를 고스란히 간직한 수도원의 모습은 어떨지 궁금했다. 입구 매표소에서 티켓을 구입한 후 문을 열고 안으로 들어갔다. 그런데 그 안을 본 우리는 입을 다물지 못했다. 지진의 피해를 입었으니 어둡고 부서진 성당의 모습일 거라 막연하게 생각했다. 그런데 성당 내부로 들어왔음에도 눈앞에 파란 하늘, 그리고 그 아래 아치 프레임만 걸려 있었다. 그 모습이 무척 충격이었다. 모든 것이 파괴되어 지붕도 없이 기둥만 서 있는 공간에는 햇살이 가득 내리고 있었다. 그 텅빈 공간을 가로질러 앞으로 갔다. 그곳에서 바라본 성당의 모습은 지진의 처참함이 고스란히 남아있었다. 그런데 이상하게도 파란 하늘 아래 남아있는 성당의 잔여물들이 또 하나의 예술작품 같아 보이는 것은 왜일까. 애잔한 아름다움이 느껴졌다.

카르무 성당의 내부. 지붕 없이 아치 기둥만이 남아 있다.

1389년에서 1423년 사이에 고딕양식으로 지어진 카르무 성당은 당시 주앙 1세에 의해 건립된 〈바탈랴 수도원^{Mosteiro da Batalha}〉의 영향도 받았다고 한다. 특히 이곳 성당은 한때 리스본 대성당과 견줄 정도로 찬사를 받기도 했다. 하지만 리스본 대지진은 이 성당에 끔찍한 잔해만을 남겼다. 정문 위의 장미창은 파괴되었다. 5개의 플라잉 버트레스가 추가되어 보강된 성당 남쪽 면은 공사 중에 무너졌다고 한다. 성당 내부는 3개의 네이브와 제단, 4개의 앱스가 있었으나 지진으로 네이브 위의 지붕은 무너져 사라졌고, 살아남은 기둥 사이의 뾰족한 아치만 남아 있게 되었다.

트랜셉트 앞쪽으로 가서 지진에도 견뎌냈다는 앱스 부분으로 들어갔다. 이곳은 지금 카르무 고고학 박물관^{Museu Arqueológico do Carmo}으로 이용되고 있었다. 여러 방으로 구성된 전시실에는 여러 볼거리가 있었는데, 그 중 한 전시실에는 기원전 3500~1500년 시기의 선사시대 유물들이 전시되고 있었다. 이것은 리스본 근교에 있는 아잠부자^{Azambuja} 부근 요새에서 출토되었다고 한다. 또 포르투갈 고딕 조각의 걸작으로 평가받는 페르난두 1세의 석관도 최근에 복원되어 전시되어 있었다. 여러 바로크 양식의 조각들도 눈에 띄었다. 그리고 심지어 페루의 미라 2점이 전시되어 있었는데, 이는 유럽에서도 희귀한 전시품이라고 한다. 그중 가장 관심있게 본 것은 지진의 피해를 입기 전 카르무 수도원의 모습을 미니어처로 복원한 것이었다. 무너지기 전 이곳은 아름다운 수도원임을 알 수 있었다.

작은 방으로 된 여러 전시실을 거쳐 옛 성물보관실이었던 곳에 가니 앞쪽에는 모니터가 있고 몇몇 사람들이 관람 의자에 앉아 있었다. 우리도 뒤

피해를 입기 전 카르무 성당의 모습을 복원한 모형

에 한 자리를 차지하고 앉았다. 이윽고 화면에서 리스본의 역사를 애니메
이션으로 제작한 영상이 나왔는데, 특히 1755년 리스본 대지진을 자세하
게 설명해 주었다. 10여분 정도로 짧았지만 아름다운 그림으로 제작된 독
특한 영상이어서 기억에 남을 것 같았다. 영상 관람을 마치고 나오다 커튼
뒤 창가로 가 보았다. 그곳에서도 리스본 시내가 내려다 보였다. 아까와는
다르게 조금은 리스본 대해 알게 된 것 같은 느낌이 들었다.

알파마(Alfama) 지역

성 안토니우 성당

테주 강에서 바이샤 지역을 바라보았을 때 오른쪽 언덕이 바로 알파마 지역이다. 이곳은 특별히 리스본 대지진 당시 다른 지역에 비해 피해를 적게 입은 곳이어서, 중세의 모습을 간직한 곳이 많다. 특히 구불구불 좁은 골목들과 그 사이에 들어 선 작은 가게들이 인상적이다. 이 알파마 지역을 대표하는 곳은 바로 리스본에서 가장 오래된 성당인 〈리스본 대성당 Sé de Lisboa〉이다. 리스본 대지진 당시 이 성당도 피해를 입었지만 무너지지 않고 버텨냈다. 그리고 여러 번의 재건을 통해 오늘날 리스본을 대표하는 성당이 되었다.

리스본 대성당을 보기 위해 코메르시우 광장을 거쳐 알파마 지역으로 향했다. 얼마 가지 않아 약간의 오르막길이 나왔다. 리스본 대성당은 웬만한 전망대에서는 다 보이는 곳이지만, 이렇게 건물로 둘러싸인 골목길로 찾아갈 때는 전혀 보이지 않았다. 길과 길 사이에서 방향이 애매할 때 즈음, 리스본 대성당 안내판이 도로 끝에 보였다. 건물을 끼고 돌아보니, 리스본 대성당의 꼭대기가 언뜻 보였다. 우리는 그제야 제대로 가고 있다고 안심

했다. 그런데 대성당 앞을 가리고 있는 건물이 있었는데 그 역시 성당이었
다. 예사롭지 않은 분위기를 자아내는 성당을 보러 먼저 그곳으로 향했다.

성당 입구에서 누군가 빵을 나눠주고 있었다. 알고 보니 '성 안토니우 브
래드'였다. 성당 앞에 안토니우 성인의 동상이 있었는데 우리의 짐작대로
이곳은 〈성 안토니우 성당Igreja de Santo António de Lisboa〉이었다.

흔히 가톨릭 성당에 들어가면 많은 성인 조각상들을 볼 수 있는데, 각각
다른 상징물들을 통해 성인을 알아 볼 수 있다. 예를 들어 베드로 성인은
열쇠를 들고 있고, 산티아고 순례길의 성인인 야고보는 지팡이에 모자를
쓰고 가리비를 목에 걸고 있으며, 사도 바울은 검과 책을 들고 있다. 안토
니우 성인은 어린 예수를 안고 있는 형상으로, 유럽의 여러 성당에서도 흔

성 안토니우 성당 내부

히 볼 수 있는 성인 조각상이다. 특히 리스본에 있는 성당에는 대부분 모셔져 있는데, 그것은 이탈리아 파도바의 성인으로 알려진 안토니우 성인이 리스본에서 태어났기 때문이다. 그리고 성 안토니우 성당은 바로 안토니우 성인이 실제로 태어난 자리에 세워졌다. 우리가 우연히 이 성당을 발견한 것은 정말 행운이었던 셈이다.

안타깝게도 초기에 지어진 성당은 리스본 대지진 당시 허물어졌다고 한다. 아무리 지진의 피해가 적은 알파마 지역이라 해도 이곳에 아무런 피해가 없었던 것은 아닐 것이다. 그 후 신고전주의 양식^{Neoclassical}으로 다시 지어진 성당은 내부가 밝게 빛났다. 우리는 조용히 뒷자리 앉아 잠시 숨을 돌린 후 성당을 천천히 감상했다. 그런데 성당 안에 들어온 몇몇 사람이 앞쪽에 있는 성구보관실 쪽으로 몰려갔다. 그들의 뒤를 따라 지하로 내려갔더니 그곳엔 작은 채플이 있었다. 바로 이곳이 안토니우 성인이 태어난 곳이라고 했다. 성인의 탄생지를 처음 보는 것이라 우리에게는 색다른 경험이었다. 나오면서 보니 요한 바오로 2세가 방문한 것을 기념한 현대적 타일 그림도 있었다. 여러모로 가톨릭 신도들에게는 매우 뜻깊은 성당일 것 같다는 생각을 했다. 이곳 리스본에서는 매년 6월 13일에 안토니우 성인 축제$^{Festa de Santo Antônio}$가 성대하게 열리는데 이날 아침에는 가정의 최고령 여성들에게 특별히 빵을 나눠 준다고도 한다.

이제 성당을 나와 원래 가려던 리스본 대성당으로 향했다. 약간 언덕진 곳에 있었지만 무척 가까웠다. 리스본 대성당 앞에는 대성당을 배경으로 사진 찍는 사람들을 자주 볼 수 있다. 이들은 주로 노란색 트램 28번이 골목에서 돌아 나와 대성당 앞을 지날 때를 포착해 사진을 찍는다. 그런데 이 트램이 돌아 나올 수밖에 없는 이유를 이제 알 것 같다. 그건 앞서 방문했던 성 안토니우 성당이 대성당의 앞을 막고 있기에 도로에 굴곡이 생겨서 그랬던 것이다. 그래서 이제는 리스본 대성당을 찍은 사진들을 볼 때면 사진 왼쪽 구석에 약간 드러나 있는 성 안토니우 성당을 확인하는 버릇이 생겼다. 이렇듯 직접 가서 보면 더 많은 것을 알게 된다.

리스본 대성당의 파사드. 왼쪽 노란색 건물이 성 안토니우 성당이다.

리스본 대성당

마침내 리스본 대성당[1]에 도착했다. 일단 리스본 대성당의 정면facade을 살펴보면 다른 성당들과는 사뭇 다르다는 것을 느낄 수 있는데, 그것은 성당의 모습이 마치 중세의 성벽과 같아 보이기 때문이다. 성당의 꼭대기를 보면 테두리가 모두 요새에서나 볼 수 있는 요철 모양의 성벽crenellation과 같은 모양으로 되어 있다. 이것은 이베리아반도의 국토회복운동Reconquista 시대의 유물로, 이슬람 세력과 전쟁 중에는 성당도 적을 공격할 수 있는 기지로 사용했음을 보여주고 있다. 중앙에 있는 장미창과 두 탑의 종이 그나마 성당임을 알 수 있게 해 주었다. 이 독특한 성당의 파사드를 잠시 바라보다가 안으로 들어갔다.

막상 들어온 성당 안은 어두웠다. 그래서 잠시 걸음을 멈춰 섰다. 물론 밝은 곳에 있다가 들어와서 그런지도 모른다. 하지만 견고한 로마네스크 양식의 벽으로 둘러싸여 있는 교회 안은 깊이를 모르는 동굴 같았다. 그래도 몇몇 창문과 문이 있어 빛이 전혀 없는 것은 아니었다. 어둠에 익숙해지자 우리는 자연스럽게 시선을 천장으로 향했다. 아까 보았던 회랑의 모습이 눈에 들어왔는데, 고딕 양식의 꽃 중 하나인 리브 볼트가 천장을 가로질러 있었다. 성당의 네이브는 3개의 통로로 되어 있었고 양 옆은 아치 기둥

---

1 리스본 대성당은 1147년에 건설되어 13세기 초에 '로마네스크 양식'으로 완성되었다고 한다. 그리고 그 후 13-14세기 디니스(Dinis) 왕 시대에 이 성당의 주요 건축물인 고딕 양식의 성벽과 회랑이 증축되었다고 한다. 특히 회랑의 연결 천장인 리브 볼트 부분이 이 시기의 대표적인 특징이다. 그리고 17세기에는 성구보관실이 화려한 바로크 양식으로 세워졌고, 대지진 후 본당 제단이 신고전주의와 로코코 양식으로 재건되었다. 이렇듯 이 성당은 매우 다양한 건축 양식이 담겨있다. 그러다가 20세기 초반에 대성당의 신고전주의 양식 부분을 대부분 제거해서 보다 더 '중세적인' 성당으로 복원되었다.

리스본 대성당 내부

들이 줄지어 서 있다. 전체적인 구조는 전형적인 로마네스크 양식이었다.

　성당 앞부분을 보니 앱스의 천장에 연결된 창문으로 햇살이 쏟아져 들어오고 있었다. 어두운 이곳에서 보니 빛이 더욱 강렬하게 보였다. 우리는 그 빛을 향해 천천히 앞으로 걸어갔다. 트랜셉트 중앙에 서서 천천히 성당 내부를 한 바퀴 돌아보았다. 먼저 양쪽 벽면에 작은 장미창이 있고 어두웠던 네이브 뒤로는 큰 장미창이 빛나고 있었다. 다시 메인 제단을 보니 옆쪽에 있는 회랑을 통해 작은 채플들이 있었다. 그리고 회랑을 통해서 중정으로 이어지는데 그곳은 지금 한창 고고학 발굴 중이어서 갈 수가 없었다. 그곳에서 고대 로마시대와 아랍 시대, 중세 시대의 흔적이 발견되었다고 한다. 원래 이 성당이 무어인들의 모스크를 허물고 그 위에 세워졌기에 그 시대

유적이 많이 발견되고 있는 모양이다. 네이브 옆 복도에 고고학 발굴에 대해 알려주는 안내판이 있어 잠시 살펴보았다.

성당을 나오면서 여러 생각들이 교차했다. 성당에 전투용 성벽의 기능을 부여하면서까지 전쟁을 치러야만 했던 이곳의 치열한 역사를 본 것 같기도 하고, 기어이 모스크 위에 성당을 세우며 끝내 무어인과 공존하지 못한 아픈 역사를 본 것 같기도 해서 마음이 씁쓸했다. 성당 앞에는 방금 도착한 관광객들이 계속 사진을 찍고 있었고 그 앞을 지나는 28번 노란색 트램은 여전히 제 갈 길을 가고 있었다.

벨렝(Belém) 지역

제로니무스 수도원

　세계 역사 속에서 포르투갈은 '대항해의 시대'를 시작으로 날개를 펼치기 시작했다. 강력한 스페인 왕국에 막혀 오직 바다를 통해서만 밖으로 나갈 수밖에 없었던 작은 나라의 운명을 그들은 한계라고 생각하지 않았다. 미지의 세계를 향해 오직 배 한 척에 의지해 개척의 문을 두드렸다. 수많은 시행착오 끝에 그들은 "대항해의 시대^{Era das Grandes Navegações}"의 주역이 되었다. 오늘 우리는 대항해의 시대가 열린 역사적인 장소이자 포르투갈 마누엘 양식의 정수인 〈제로니무스 수도원^{Mosteiro dos Jerónimos}〉에 가려고 한다.

　오늘 일정을 위해서 알아보니 다행히 제로니무스 수도원으로 가는 버스가 있었다. 숙소에서 가까운 하투 교차로에서 727번 버스를 탔다. 우리를 태운 버스는 좁은 리스본의 골목길을 타고 언덕을 내려갔다. 테주 강변이 보이자 우리의 입에선 작은 탄성이 나왔다. 건물들 사이로 가끔 테주 강이 보였다 사라지기도 하고 거대한 4·25 다리 아래를 지나기도 했다. 그리고 얼마 안 가 제로니무스 수도원 정류소에 도착했다.

제로니무스 수도원 앞

눈앞에 펼쳐진 제로니무스 수도원의 규모와 넓은 광장에 무척 놀랐다. 그리고 그 광장을 가득 메운 관광객들을 보고 더 놀랐다. 우리는 잠시 장엄한 수도원을 바라보며 광장 한편에 서 있었다.

사실 수도원이 있는 이곳은 대항해의 시대를 연 장소로 유명하지만 예전에는 테주 강변에 있는 헤스텔루 Restelo라고 불리는 작은 어촌 마을에 불과한 곳이었다. 하지만 이후에 포르투갈 해상 항로의 출발점이자 대항해 시대의 전진기지로 그 중요성이 커졌고, 이후 주요 상업 항구이자 항해자들의 안식처가 되었다. 그리고 수도원이 있던 자리도 원래는 1452년 엔히크 왕자가 산타마리아를 기리고자 세운 작은 〈예배당 Ermida de Santa Maria de Belém〉이 있던 곳이었다. 탐험가 바스쿠 다 가마도 인도로 가는 항로를 찾아 떠나기에 앞서 이 작은 예배당에서 밤을 지냈다고 한다.

드디어 16세기 초 포르투갈 왕 마누엘 1세는 이 작은 예배당을 허물고 큰 수도원을 세우도록 지시를 내렸다. 바로 지금 우리가 바라보고 있는 제로니무스 수도원이다. 수도원의 건설공사는 1501년에 시작되어 100년이 지난 후 완성되었다. 수도원 건설에 들어갈 엄청난 자금은 활발히 전개된 동방무역으로 충당했다. 마침 아프리카 희망봉을 돌아 인도로 가는 항로가 개척되었기에 가능했던 것이다. 그리고 마누엘 1세는 이곳을 왕실 판테온으로 지정한다고 유언장에 남겼다고 한다. 오늘날 이 수도원은 포르투갈의 후기 고딕 양식인 마누엘 양식^{Manueline 1}의 대표적인 건축물로 평가받고 있으며, 벨렝 탑과 함께 유네스코 세계문화유산에 등재되어 있다.

산타마리아 드 벨렝 성당

우선 주위에 있는 발견기념비^{Padrão dos Descobrimentos}와 벨렝 탑^{Torre de Belém}을 둘러보고 오니 광장을 가득 메웠던 관광객들이 많이 줄어 있어 그중 짧은 줄 뒤에 서 보았다. 나중에 알고 보니 사람들이 많은 줄은 수도원과 박물관으로 입장하는 것이었고 우리가 선 줄은 제로니무스 수도원 성당인 〈산타마리아 드 벨렝 성당^{Igreja Santa Maria de Belém}〉으로 들어가는 것이었다. 다행히도 성당을 우선적으로 보고 싶었던 우리는 기쁜 마음으로 들어갔다.

성당 입구의 문이 시선을 끌었다. 성당의 정문은 서쪽을 향하고 있어서 서쪽 문^{Portal poente}이라고 하는데, 문 주위를 장식한 조각들에서 이 성당

---

1 포르투갈만의 독특한 16세기 건축양식으로, 고딕에서 르네상스 양식으로 넘어가는 과도기적 양식이다. 대항해 시대에 영감을 받아 화려하면서도 인상적인 스타일의 특징을 보인다. 특히 조개껍데기나, 로프 등 해양 이미지를 많이 사용하였다. 대표적인 건축물로는 제로니무스 수도원과 벨렝 탑을 들 수 있다.

의 기품이 느껴졌다. 문 위에는 예수의 탄생에 대한 세 장면 즉 '수태고지', '예수 탄생', '동방박사들의 경배'가 조각되어 있었다. 문 양쪽 기둥에는 각각 두 인물씩 조각상이 있었는데, 왼쪽은 마누엘 1세와 상 제로니무^{São} ^{Jerónimo}, 그리고 반대편인 오른쪽은 마누엘 1세의 부인인 마리아 왕비와 세례 요한이다. 아마도 이 수도원을 공동 건립한 왕과 왕비를 기리기 위해 만든 조각상인 것 같다.

이렇게 인상적인 정문을 통과해서 안으로 들어간 우리는 또 한 번 성당 내부의 모습에 놀라움을 감출 수 없었다. 잠시 어두운 성당 뒤편을 지나자 6개의 기둥이 받치고 있는 높은 천장이 눈앞에 펼쳐졌다. 6개의 기둥은 각기 화려하게 조각되어 있었고, 기둥 위로는 마치 분수처럼 아름다운 이미

산타마리아 드 벨렝 성당 내부

지가 펼쳐져 있었다. 기둥 끝의 아치들이 천장의 아치들과 만나 무한히 펼쳐져 있었다. 우리는 두근거리는 마음으로 차근차근 내부를 살펴보았다.

우선 이 성당의 특징은 리브 볼트, 즉 아치 모양의 천장이 기하학적으로 교차하고 있는 것이다. 가운데를 중심으로 보면 한 점에서 8각으로 나누어진 리브 볼트가 옆의 또 다른 다각형의 리브 볼트를 만나서 이어지다가 아래 기둥으로 합쳐지는 모습을 볼 수 있다. 높이가 25미터나 되는 6개의 기둥들은 각각 8각형이었는데, 각 면에는 꽃모양이 장식되어 있어 성당 내부를 꾸미는 중요한 장식적 요소가 되고 있었다. 더불어 이 기둥들은 성당 내부의 공간을 3개로 분할해 네이브를 형성하고 있었지만, 기둥이 많지 않아 내부 공간은 여유있게 보였다.

성당 안으로 들어온 사람들의 시선은 자연스럽게 하늘 높이 올라가게 되어 이윽고 하늘의 영광을 찬양하게 만들었다. 기존 고딕 양식이 길고 뾰쪽한 아치형의 스테인드글라스를 통해 하늘의 빛을 표현했다면, 포르투갈의 후기 고딕 양식은 이렇게 높은 기둥과 그물 모양의 리브볼트의 천장이 그런 역할을 하고 있었다.

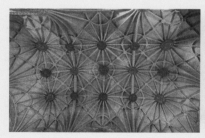
산타마리아 드 벨렘 성당의 천장

산타마리아 드 벨렘 성당의 앱스

메인 제단에는 그리스도의 수난 장면을 그린 그림들이 있었다. 그리고 제단의 양쪽에는 묘가 자리하고 있었는데 한쪽엔 마누엘 1세와 그의 아내 마리아 왕비의 석관이, 반대편에는 주앙 3세와 그의 아내 카타리나 왕비의 석관이었다.

성당을 둘러보고 다시 입구 쪽으로 갔다. 성당 한쪽에 있는 석관 주위로 사람들이 모여 있었다. 다가가 보니 그 석관은 바스쿠 다 가마의 묘였는데, 반대편에는 포르투갈의 국민 시인 카몽이스Luís de Camões의 묘도 있었다. 둘 다 대항해 시대에 포르투갈을 빛낸 위인들이다. 왜 이곳이 국가 판테온의 지위를 가졌는지 알 수 있을 것 같았다.

성당을 나와 광장을 지나면서 수도원 성당을 대표하는 남쪽 문을 보러 갔다. 사실 처음 버스에 내려 도착했을 때 수도원 성당의 남쪽 문을 보고 너무 아름다워 자세히 보려 했지만 눈앞에 있는 수많은 관광객들 때문에 제대로 보지 못했다. 다행히도 이제 문 앞에는 관광객들도 거의 없어 조용히 감상할 수 있었다.

남쪽 문Portal sul은 성당을 대표하는 문이긴 하지만 장식적인 문이다. 그렇다고 해도 이 문은 성당의 정문인 서쪽 문과 비교될 수 없을 정도의 큰 규모와 화려함을 자랑한다. 높이가 32m에 폭이 12m나 되는 하나의 거대한 조각품이라고 할 수 있다. 문을 장식한 성당 꼭대기에는 대천사 성 미카엘 조각상이 있고 문의 중앙에는 아기 예수를 안은 성모상이 있으며, 문 양쪽으로는 12사도의 조각상이 있다. 두 개의 문 위의 팀파눔Tympanum에는 성 제롬의 삶이 각각 부조되어 있다. 그리고 두 문 사이 기둥에는 엔히크 왕자의 동상이 놓여 있다. 남쪽 문을 디자인 한 사람은 이 수도원의 주요 건축가였던 주앙 드 카스티요^{João de Castilho}였는데, 그와 함께 200여 명의 석공들이 2년에 걸쳐 완성했다고 한다. 우리는 그들의 노력이 깃든 걸작을 한없이 바라보며 서 있었다. 햇살에 조각상들이 더욱 빛나고 있었다.

산타마리아 드 벨렝 성당의 남쪽 문

알마다(Almada) 지역

크리스투 헤이

리스본의 테주 강가에 서면 강 건너편의 두 팔 벌린 그리스도 상 〈크리스투 헤이^{Santuario Nacional de Cristo Rei}〉를 마주하게 된다. 멀리서 리스본 시내를 바라보고 있는 크리스투 헤이를 보고 있노라면 마치 이곳 리스본을 지켜주고 있는 듯한 느낌을 받는다. 리스본에 머무르면서 언제 한번 가봐야겠다고 생각했는데, 마침 기회가 주어졌다. 그곳으로 가려면 유명한 4·25 다리^{25 de abril} [1]를 건너가야 했다. 웅장한 현수교를 통해 테주 강을 건너는 것 또한 색다른 경험이었다.

강을 건너자마자 나온 유료 통행소^{Portagem}를 지나 버스에서 내렸다. 이곳은 사실 리스본 시가 아니라 알마다^{Almada} 시(市)에 해당된다. 앞쪽에 도로를 가로지르는 다리가 있어 그곳을 통해 길을 건넜다. 길을 건너자마자 나

---

[1] 4·25 다리는 미국 샌프란시스코의 금문교와 비슷하다는 말을 듣고 있지만, 실제로는 샌프란시스코-오클랜드 베이 브리지(San Francisco–Oakland Bay Bridge)를 시공한 회사가 만들었기에 그 다리와 비슷하다. 한때 이 다리의 이름은 포르투갈의 독재자 이름을 붙여 '살리자르 다리(Ponte Salazar)'로 불렸으나 이제는 포르투갈의 카네이션 혁명(Revolução de 25 de Abril de 1974)을 기리기 위해 '4·25 다리(25 de Abril)'라고 부른다.

정면 아래에서 바라본 크리스투 헤이

온 마을에서 언뜻언뜻 보이는 그리스도 상을 지표 삼아 골목길을 걷다보니 어느새 도착했다.

　가까이에서 본 크리스투 헤이는 굉장했다. 해발 133m 절벽 위에 그리스도 상이 세워져 있다. 그리고 그리스도 상의 높이는 23m이고, 그리스도 상을 받쳐주는 사다리꼴 기단은 78m나 된다. 기단 위를 보자 그곳에 전망대가 있는지 아래쪽을 내려다보는 사람들이 보였다. 우리는 거대한 그리스도 상을 고개가 아플 정도로 바라보면서 감상했다. 구름 한 점 없는 파란 하늘 아래 거대한 그리스도 상은 오래 기억될 것 같다.

　대형 십자가상 크루즈 알타^{Cruz Alta} 가 약간 누운 듯 놓여 있었다. 아래 안내판의 정보를 보니 파티마 성지^{Cova da Iria}에 전시되었다가 그리스도 상을 기념하기 위해 이곳에 기증되어 2007년부터 전시되었다고 한다. 나중에 파티마 성지에 가보니 거대한 십자가상이 서 있었는데 그때 이 크루즈 알타가 생각나기도 했다. 크루즈 알타를 지나 절벽 앞까지 가보았다.

크루즈 알타

테주 강 너머 리스본 시내가 보인다.

이곳에서 보니 테주 강과 리스본 시내 전경이 한눈에 들어왔다. 리스본 시내 어디에서든 보이는 그리스도 상인만큼 여기에서도 리스본 시내 곳곳이 다 보였다. 왼쪽부터 오른쪽 방향으로 살펴보면, '벨렝 탑', '발견기념비', '제로니무스 수도원', '4·25 다리', '알칸타라 부두 Doca de Alcântara', '코메르시우 광장', '리스본 대성당', '상 조르즈 성'까지 파노라마로 펼쳐져 있었다. 더군다나. 날씨까지 화창해서 멀리까지 볼 수 있었다. 우리는 절벽 테두리를 따라 놓여 있는 벤치에 앉아 그 모습을 한참동안 바라보았다. 여전히 우리 뒤에는 거대한 그리스도 상이 내려다보고 있었다.

이 그리스도 상은 브라질 리우데자네이루의 구세주 그리스도 상 Cristo Redentor과 비슷해서 복제품이라는 말까지 나오기도 한다. 이 그리스도 상을 건립하는 데에 리우데자네이루의 '구세주 그리스도 상'이 많은 영향을 준 것은 사실이다. 브라질의 '구세주 그리스도 상'이 건립된 지 얼마 되지 않았던 1934년, 리스본의 추기경이 그곳을 방문했을 때 영감을 받았다고 한다. 그 후 포르투갈이 2차 세계대전에 휘말리지 않은 것에 대한 감사로 포르투갈 주교단에 의해 본격적으로 건립이 추진되었다. 그리고 건축을 시작한 지 약 10년이 지난 1959년에 드디어 개관을 하게 된다. 그 후 이곳 성지 주변을 정리하여 성지순례를 지원하는 공간들이 들어섰고, 여러 번의 보수를 통해 오늘에 이르고 있다.

그리스도 상을 천천히 둘러보기 위해 기단 아래로 갔다. 기단은 단순히 받침대 건물이 아니고 작은 성당과 기념관, 그리고 전망대로 올라가는 엘리베이터까지 있었다. 먼저 작은 성당에 들어갔다. 예배당의 이름은 〈평화의 성모 예배당 ^{Capela de Nossa Senhora da Paz}〉이었는데, 내부는 작았지만 흰 벽면에 높은 천장이 인상적이었다.

바로 옆의 요한 23세 홀 ^{Sala Beato João XXIII}에 들어가 보았다. 온통 노란색 벽면에 여러 개의 성화가 그려져 있었는데, 여기에 그려진 성화들은 우리가 알던 고전적인 종교 화풍이 아니어서 무척 놀랐다. 아까 평화의 성모 예배당 제단에도 비슷한 성화가 그려져 있어서 눈여겨봤었는데, 현대적이고 새롭게 해석된 성화들이어서 독특해 보였다.

요한 23세 홀에 걸려 있는 성화

기념관 입구에 쓰인 안내판의 정보를 보니 8점의 유화들은 교황 요한 23세의 유명한 교칙인 '파쳄 인 테리스^{Pacem in terris}'2와 포르투갈 천사상을 표현한 것이라고 한다. 그래서 각각의 그림 아래에는 교칙들이 쓰여 있었다. 우리에게는 다소 낯선 이미지의 성화들이었지만 새로운 화풍과 내용은 감동적이었다. 이 감정까지 담아볼 수는 없겠지만 그래도 기억에 조금이나마 남아있기를 바라며 열심히 사진에 담았다.

그리고 옆으로는 기념관도 있었다. 이 그리스도 상이 건립되기까지 모

---

2 '파쳄 인 테리스(지구상의 평화)'는 1963년 4월 11일, 교황 요한 23세가 발표한 교황 회칙(papal encyclical)이다. 인간의 존엄과 평등을 강조하고, 여성의 권리, 핵 확산 금지 등의 이슈를 언급했는데, 유엔은 이를 모두 지지했다. 1962년 9월 암 진단을 받고 회칙 작성이 끝난 지 두 달 만에 세상을 떠난 요한 23세의 마지막 회칙이었다.

든 노력들이 사진으로 전시되어 있었다. 잠시 이 그리스도 상의 건립 역사를 살펴본 후 나왔다. 새롭게 알게 된 게 너무 많아 머릿속이 복잡해졌지만, 그래도 그만큼 앎이 넓어졌으리라.

그리스도 상의 뒤에는 성지 부속 건물들이 있는 광장이 있었다. 그런데 광장 끝에 한 인상적인 동상이 눈에 띄었다. 그리스도 상 뒤편을 향해 무릎을 꿇은 채 고개를 숙여 기도드리는 교황 '비오 12세^{Pio}

기도하는 교황 비오 12세

^{XII}' 모습이었다. 마침 동상의 뒤편에 벤치가 있어 앉아보니 기도하는 교황의 동상과 그리스도 상이 일렬로 함께 보여 매우 인상적이었다. 우리도 마음을 비우고 앉아 한동안 크리스투 헤이를 바라보았다.

파티마(Fátima)

    리스본을 떠나 파티마에 도착했다. 산티아고 순례를 시작할 포르투에 가기 전에 이곳에 잠시 들르기로 했다. 파티마는 '성모 발현 성지'로 유명한 곳이라 어느 정도 큰 도시일 거라 예상했는데, 막상 도착해서 보니 인구가 7천여 명 밖에 되지 않은 작은 곳이었다.

    '성모 발현^{Marian apparition}'이란 1917년 세 명의 어린 목동들이 파티마의 성모를 목격한 일을 말한다. 이 어린 목동들은 '코바 다 이리아^{cova da iria}'라고 불리는 목초지에서 발현한 성모를 목격했는데 그곳에 지금의 파티마 성지^{Santuário de Fátima}가 들어섰다. 그 후로 파티마는 많은 가톨릭 신자들이 찾는 성지가 되었고, 매년 파티마 성모 발현 날짜인 5월 13일과 10월 13일에는 100만 여 명의 순례객들이 이곳을 찾는다고 한다. 다행인지 불행인지 지금은 그 시기가 아니어서 거리는 한적한 느낌이었다.

파티마 대성당과 광장

    먼저 숙소에 짐을 푼 후 바로 파티마 성지를 찾아가 보기로 했다. 사실 우리가 머무는 곳은 파티마 성지의 위쪽으로 약간 떨어져 있었다. 숙소에서는 파티마 대성당의 종탑 정도만 보였다. 햇살이 내리쬐는 한적한 시골

길을 천천히 내려갔다.

어느덧 큰 성당이 우리 눈앞에 있었다. 파티마 대성당인 〈로사리우 성모 대성당^{Basílica de Nossa Senhora do Rosário}〉이었다. 성당 뒤쪽에 있는 공원을 통해 성당 안으로 들어가니 온통 순백의 공간이 펼쳐졌다. 밖에서 예상했던 분위기와 너무도 달라서 무척 놀랐다. 잠시 마음을 추스를 겸 성당 뒤편에 있는 성도석에 앉아 성당 안을 둘러보았다.

파티마 대성당 내부

신고전주의 양식의 대성당은 심플하면서도 성스러웠다. 특히 성당 안을 가득채운 순백색이 성스러운 분위기를 한층 더해주었다. 1층 양쪽은 아치로 된 기둥이 있고, 2층은 코린트 양식의 기둥으로 되어 있었다. 2층과 그

위의 클리어스토리^{Clerestory, 고측창}는 스테인드글라스였는데, 파티마 성모 발현 모습이 그려져 있었다. 성당 앞 제단 위에는 금색 띠에 "REGINA SAC-RATISSIMI ROSARII FÁTIMA ORA PRO NOBIS(파티마의 가장 거룩한 로사리 성모여, 우리를 위해 기도하소서)"라고 크게 쓰여 있었다. 자리에서 일어나 성당 앞 제단 쪽으로 가보니 양쪽으로 성모 마리아의 발현을 목격했던 세 명의 목동인 루시아^{Lúcia dos Santos}, 프란시스쿠^{Francisco Marto}, 자신타^{Jacinta Marto}가 잠들어 있었다. 묘지석은 아주 단순했지만 경건한 분위기를 주었다. 그리고 제단 십자가 상 앞에는 왕관을 쓴 작은 파티마 성모상이 눈길을 사로잡았다. 그렇게 성당을 천천히 돌아본 후 정문으로 나왔다.

밖으로 나온 우리는 눈앞의 펼쳐진 광경에 놀라 흠칫 물러섰다. 성당 정문에서 시각을 압도하는 규모의 광장이 눈 아래에서부터 저 멀리까지 펼쳐져 있었기 때문이다. 성당 정문에서 천천히 계단을 내려왔다. 광장에 발을 디딘 후에 우리는 돌아서 대성당의 정면^{facade}을 바라보았다. 가운데에는 큰 종탑 하나가 있고 그 아래 성모상이 조각되어 있었다. 맨 위에 있는 황금 왕관은 파티마 성모의 머리 위에 있는 왕관을 표현한 듯했다.

성당을 중심으로 좌우로 콜로네이드^{colonnade}가 펼쳐져 있고 인상적인 조각상들이 우뚝 서서 광장을 내려다보고 있었다. 나중에 알아보니, 중심에 있는 4명 성인들은 천주의 성 요한^{São João de Deus}, 브리투의 성 요한^{São João de Brito}, 파도바의 성 안토니우^{São António de Pádua}, 산타마리아의 성 누누^{São Nuno de Santa Maria}로 모두 포르투갈의 성인들이었다. 그들 옆으로도 13명의 성인들의 조각상이 이어져 있었다. 성당을 에워싸고 광장을 내려다보고 있는 조각상들의 모습만으로도 압도적인 비주얼을 만들어내고 있었다.

파티마 대성당 입구에서 본 콜로네이드 위의 조각상

　광장 중앙에는 4개의 코린트 양식의 기둥이 합쳐져 하나가 된 기둥 위에 예수 성심상Estátua do Sagrado Coração de Jesus이 있었다. 높이 우뚝 솟아 있는 거대한 황동 예수상은 두 손을 앞으로 펼쳐 들고 서 있었고 가슴에는 '성심'의 마크인 하트가 새겨져 있었다.

　대성당을 중심으로 광장 왼쪽에는 〈성모 마리아 발현 예배당Capelinha das Aparições〉이 있었다. 지붕은 있지만 벽과 기둥이 없어 삼면이 열려있는 예배당이다. 이곳이 바로 성모 마리아가 발현한 장소이다. 개방형의 예배당이라서 광장을 걷다가도 예배당의 내부를 볼 수 있는데, 마침 여러 명의 순례자들이 미사를 드리고 있었다.

대리석으로 만든 길이 광장 뒤쪽에서부터 성모 마리아 발현 예배당까지 직선으로 놓여 있었다. 무척 특이해 보이는 좁고 긴 길은 순례자들이 무릎을 꿇고 기어가며 기도를 드리는 것으로 유명하다. 길이 시작되는 곳에는 기도문이 적힌 푯말이 세워져 있었다. 마침 몇몇 사람이 기도를 드리기 위해 길의 시작 지점에 서 있었다. 한 부부는 아내가 무릎을 꿇고 기도를 드리며 가고 있고 남편은 부인 옆에서 도와주고 있었다. 무릎 꿇고 기도드리는 부인의 모습이 간절해 보여서 우리도 그들의 축복을 빌었다.

드디어 광장의 끝에 섰다. 이제야 우리는 파티마 성지를 반대방향으로 둘러보았다는 걸 알았다. 순례자들이 우리가 서 있는 광장으로 들어오면 맞은편 끝에 있는 대성당을 마주보게 된다. 기도의 길을 따라 광장을 통과

광장에서 바라본 파티마 대성당

해 들어가면 성모 발현 예배당과 예수 성심상을 볼 것이다. 그리고 마침내 콜로네이드 주랑으로 감싼 파티마 대성당에 이르게 될 것이다.

그런데 우리는 숙소에서 내려오느라 대성당을 먼저 본 후 광장으로 내려왔던 것이다. 대신에 우리는 대성당의 아름다움에 감탄하고 나서 광장으로 나왔을 때의 전율을 잊을 수가 없다. 그렇게 보면 파티마 성지는 어느 방향에서나 오랫동안 잊을 수 없는 감동을 받는 곳이라는 생각이 들었다.

파티마 성삼위 대성당

이것이 파티마 성지의 전부는 아니다. 광장을 사이에 두고 파티마 대성당과 마주보고 있는 거대한 현대식 건축물이 있었다. 이 건물에 대해서는 사전에 아는 정보가 없어 궁금증과 기대감을 안고 그곳으로 향했다.

건물 안으로 들어가니 예상과는 달리 매우 큰 성당이었다. 솔직히 이곳이 파티마 성지의 기념관이나 박물관일 거라고 생각했었다. 성당의 이름은 〈파티마 성삼위 대성당 Basílica da Santíssima Trindade〉이었는데, 정말 놀랄 만큼 거대한 규모였다. 나중에 알고 보니 세계에서 네 번째로 큰 성당이라고 한다.

성당은 거대하지만 단조로웠고 현대적이면서도 고전적인 기품이 있었다. 외부에서 보았던 둥근 형태는 내부에서도 유지되어 곡선 형태였지만 워낙 거대해서 둥글게 느껴지지 않았다. 규모로만 보면 마치 엄청난 컨벤션 센터에 온 듯한 느낌을 받았다. 단층으로 되어 있지만 입구에서 보면 성당 앞 제단 쪽으로 약간 기울어져 아래로 향해 있었다. 중앙 제단에는 벽

파티마 성삼위 대성당 내부

면을 가득 메운 황금색 벽화가 그려져 있고 그 가운데 십자가상이 있었
다. 조명이 독특한 것 같아 천장을 살펴보니 성당 내부를 가득 채우고 있
는 것은 자연광이었다. 성도석의 중간 자리에 앉았다. 넓은 성지를 돌아다
녀서 그런지 다리도 아팠지만, 오늘 본 여러 놀라움에 잠시 마음도 쉬어야
할 것 같았다.

　리스본에서 본 옛 성당들과 오늘 이렇게 마주하게 된 현대식 성당을 함
께 떠올려 보니 정말 다르게 느껴졌다. 하지만 이내 고개가 끄덕여졌다. 성
스러움에 대한 종교적인 표현은 시대에 따라 다르며, 성당은 그 시대를 대
표하는 예술의 집합체이기 때문이다. 리스본에서 본 옛 성당을 보며 그 시
대를 가늠할 수 있었듯이 오늘날에 건축된 성당은 오늘날의 예술을 표현

할 뿐이다. 여러 성당을 살펴보기를 잘했다는 생각이 들었다. 오늘 우리가 본 성당은 우리가 알고 있는 성당에 대한 고정관념이나 단상을 여러모로 일깨워 주었다.

다시 광장 앞에 섰다. 이번에는 오른쪽으로 거대한 십자가상이 눈에 들어왔다. 높이 37미터의 강철로 된 십자가 상$^{High Cross}$은 파티마 대성당을 향하여 서 있었다. 그 앞에 서 보니 우리가 한없이 작아 보였다. 갑자기 지난번에 크리스투 헤이에서 본 크루즈 알타가 생각났다. 그 십자가상도 이곳 파티마에서 가져간 것이라고 했던 기억이 났다. 십자가 상 뒤에는 무릎 꿇고 기도하는 '요한 바오로 2세'의 조각상도 있었다. 할머니 한 분이 조각상 앞에 꽃을 바치며 기도를 드리고 있었다. 그 모습을 마지막으로 파티마 성지를 나왔다.

아침 미사

다음날, 아침 미사에 참석하려고 일찍 숙소를 나왔다. 주변의 경치는 짙은 안개에 휩싸여 잘 보이지 않았다. 어제 햇살을 가려주던 가로수에는 마치 비가 오듯 이슬방울이 떨어지고 있었다. 안개 속 풍경을 헤치며 성당으로 이어진 길을 내려갔다.

평일 아침 미사라 참여한 사람들도 적었고, 미사도 약식으로 치러졌는지 금방 끝이 났다. 그래도 이른 시간 순백의 공간에 싸여 드리는 미사는 잊지 못할 여행 속 경험으로 남았다.

성당의 정문을 통해 어제 놀라움을 안겨줬던 광장으로 나가 보았다. 이번에는 안개에 휩싸인 넓은 광장이 오묘하고 신비로워서 어제와는 또 다른 감동과 전율이 느껴졌다. 안개를 헤치고 광장을 가로질러 걸어갔다. 어제 본 성모 발현 예배당과 예수 성심상 등이 안개 때문에 보이지 않다가 우리가 걸어감에 따라 하나씩 나타나 더욱 신비로움을 안겨 주었다. 뒤돌아보니 파티마 대성당은 안개에 가려져 자취를 감추었다.

광장 끝에 다다를 무렵, 멀리서 안개를 헤치며 걸어오는 한 무리의 사람들을 볼 수 있었다. 순례자들이었다. 그들은 커다란 배낭을 짊어지고 지팡이를 든 채 걸어오고 있었다. 그들이 잠깐 멈춰 선다면 순례자 동상처럼 보일 것만 같았다. 커다란 배낭이 힘겨워 보였지만, 씩씩하게 걷고 있었다. 그들의 모습이 앞으로 순례자가 될 우리의 모습과 겹쳐졌다. 그래서 그들을 향해 큰 소리로 인사를 전했다.

'부엔 까미노Buen Camino!'

그들도 손을 흔들며 지나갔다. 광장 끝 십자가상 아래에서 그들이 좋은 순례를 할 수 있기를 진심으로 빌었다.
안개가 서서히 걷혀 갈 무렵 파티마 성지를 나왔다. 방금 문을 연 카페에 들어가 뜨거운 커피 한 잔으로 몸을 녹였다. 파티마 성지를 찾는 관광객들의 버스가 연달아 들어오고 있었다.

안개 속의 순례자들

코임브라(Coimbra)

파티마에서 코임브라로 향했다. 코임브라는 포르투갈을 대표하는 대학도시로, 마침 우리의 목적지인 포르투로 가는 길에 있었다. 포르투갈의 역사 속에서 볼 때 코임브라는 국토회복운동 시기 저항의 중심지였으며, 정복 이후에는 포르투갈 왕국의 수도이기도 했다. 비록 그 후 리스본으로 수도가 옮겨 가지만, 1290년 리스본에서 창립된 대학이 1537년 코임브라의 옛 왕궁 자리로 옮겨지면서 이곳은 포르투갈의 학술과 문화의 중심지가 되었다. 현재 코임브라 대학교는 유럽에서 가장 오래된 대학들 중 하나로 널리 알려져 있다. 그래서 우리의 경험을 풍요롭게 해 줄 대학의 도시 코임브라에 잠시 머물기로 했다.

파티마를 출발해 한참을 달리던 버스가 큰 고갯길의 코너를 돌자 갑자기 몬데구^{Mondego} 강이 나오면서 코임브라가 한눈에 들어왔다. 도시의 입구에 고속버스터미널이 가까이 있어서 버스는 곧바로 정차했다. 터미널에서 나온 다음 시내 중심지를 향해 걸었다.

숙소에서 바라본 코임브라 대학교

코임브라 대학 가는 길

우리가 머물 숙소는 코임브라 역 근처에 있었다. 서둘러 체크인을 마친 후 본격적으로 도시를 둘러보러 나섰는데 숙소 근처에 있는 포르타젱 광장^{Largo da Portagem}에 이르자 비가 내리기 시작했다. 리스본에서는 햇살 가득한 날들이 대부분이어서 여행을 시작하고 거의 처음 맞아보는 비다. 여행하는 동안 가을로 접어들어서인지 아니면 우리가 포르투갈의 북쪽으로 이동을 해서 그런 건지, 이제는 햇살 가득한 날들만 기대할 수는 없을 것 같다.

비도 피할 겸 광장에서 파라솔이 있는 야외 카페 테이블에 앉아 커피를 마셨다. 마침 어디선가 애절한 아코디언 소리가 흘러나왔다. 주위를 돌아보니 빵집 옆 처마 아래에서 거리 음악가가 연주를 하고 있었다. 귀에 익은 '파리의 하늘 아래^{Sous Le Ciel De Paris}'를 연주했는데 멜로디가 너무 좋아서 우리도 따라 흥얼거렸다. 비 내리는 코임브라 작은 광장 카페에서 아코디

언 연주로 샹송을 듣는 것은 정말 잊을 수 없는 추억이 될 것 같았다. 우리에게만 좋은 연주가 아니었나 보다. 주위에도 비를 피하며 음악을 듣는 사람들이 많았다. 음악이 끝나자 '브라보'를 외쳤다. 그러는 동안 비가 서서히 그쳤다.

코임브라 대학교Universidade de Coimbra로 가는 길은 가파른 언덕이었다. 게다가 유럽 특유의 돌로 된 바닥을 오르기가 여간 힘든 것이 아니었다. 가끔씩 멈춰 쉬면서 언덕 아래로 보이는 코임브라 시내와 몬데구 강을 감상했다. 이 강의 유명한 산타클라라 다리Ponte de Santa Clara도 보였다. 다시 언덕을 오르기 시작해 어느덧 코임브라 대학에 다다랐다. 구(舊) 대학의 광장을 비롯하여 대학의 여기저기를 돌아보다가 우리의 관심사인 오래된 성당을 찾아 나섰다. 이곳에는 도시의 유구한 역사만큼이나 오래된 성당도 많이 있었다. 그중 우리의 관심을 끈 것은 코임브라 구(舊) 성당인 세 벨하, 코임브라 신(新) 성당인 세 노바, 그리고 산타 크루즈 성당이었다. 그중 두 성당이 이 대학 근처에 있어서 찾아 나섰다.

세 벨하와 세 노바

먼저 코임브라 구(舊) 성당인 〈세 벨하Sé Velha - Coimbra〉로 향했다. 이 성당은 포르투갈 왕국의 성립과 비슷한 시기(12세기)에 건축되기 시작했고, 2대 왕인 산슈 1세가 즉위식을 치렀던 곳이기도 하다. 특히 '국토회복운동' 시대부터 현재까지 그 모습이 온전하게 전해지는 포르투갈의 로마네스크 양식의 대성당 중 유일한 곳이기도 하다. 이 성당과 자주 비교되는 리스본 대성당처럼 다른 지역의 로마네스크 대성당들은 이후 재건되면서 여러 양식이 혼합된 모습을 지니고 있다.

세 벨하의 돔과 몬데구 강

　정문으로 다가가 보니 정문 기둥에 새겨진 문양들이 독특했다. 식물과 기하학적 문양으로 장식되어 있었는데 아마도 아라비아의 영향을 받은 게 아닌가 싶었다. 성당 안으로 들어가 보니 예상보다 크지 않았다. 하지만 전통적인 로마네스크 양식 구조의 형태를 지니고 있었다. 먼저 중앙 네이브 양쪽에는 아치형 기둥이 견고하게 서 있었다. 좁고 수직으로 긴 창문도 눈에 띄었다. 특히 옆면 벽에는 아치형으로 드문드문 모자이크 타일이 장식되어 있었다. 트랜셉트 위는 돔으로 되어 있어서 자연 채광이 잘 되고 있었다. 성당 자체는 다른 성당들에 비해 소박하다고 싶을 정도였지만 제단만은 화려했다. 물론 이 제단도 다른 성당의 제단에 비한다면 겸손하다고 해야 하겠지만 말이다. 옆의 문을 통해 가보니 사각형의 중정이 있었다. 중정의 둘레는 고딕 양식의 회랑으로 연결되었는데, 회랑을 연결하는 기둥 하나하나가 다 예술작품이었다. 잠시 중정을 바라보며 회랑의 주위에 앉아 있으니 시간이 느리게 흐르는 것 같았다.

다음은 코임브라 신(新) 성당인 〈세 노바^{Sé Nova de Coimbra}〉를 찾아 나섰는데, 의외로 가까운 곳에 있었다. 이 성당은 원래 예수회 기관의 성당이었다. 하지만 18세기 후반, 포르투갈의 수상이었던 폼발이 예수회를 금지하고 추방시켰을 때 이 성당이 비게 되었고, 마침 주교좌 교회였던 세 벨하가 좁고 오래되어서 이곳으로 이전하였다.

세 노바는 세 벨하에 비해 확실히 커 보였다. 특히나 성당의 파사드는 포르투갈 성당들에 비해 독특했다. 우선 성당 정문을 중심으로 좌우로 4개의 조각상이 있었는데, 모두 예수회의 성인들이었다. 그리고 성당 파사드는 위와 아래가 달라 보였는데, 18세기에 완성한 꼭대기 부분은 바로크 양식으로 지어져서 아랫부분의 매너리즘 건축양식과는 확실히 구분되었다. 정면 위 양쪽 모서리에 있는 사도 바울과 베드로 동상도 눈에 띄었다. 이 성당의 두 종탑은 성당의 정면에서 보면 잘 보이지 않는다. 종탑이 성당 정면에서 약간 뒤쪽으로 물러나 서 있기 때문인데, 성당에서 조금 떨어져 옆에서 보거나 코임브라 대학 쪽의 언덕에서 보면 더 잘 보인다.

성당 안으로 들어가 보았다. 아까 본 세 벨하와는 여러모로 구별되었다. 단일한 배럴 볼트 천장은 바둑판무늬로 되어 있었다. 양쪽에 있는 측면 채

세 노바 성당의 내부

플에는 거대한 붉은색 커튼이 드리워져 있고 안에는 기도를 드리는 자리
가 마련되어 있었다. 그만큼 이 성당의 측면 채플들은 각각 크고 훌륭하게
조성되어 있었다. 성당의 메인 제단은 전체가 금으로 칠해져 있어 화려하
게 보였고 그 앞에 있는 성가대석은 세 벨하에서 가져온 것이라고 했다. 트
랜셉트 위의 돔도 장중했지만 흔히 볼 수 있는 밝은 돔과는 달리, 돔 중앙
에만 작은 창이 있어서 빛은 강하지 않았다. 다만 제단 양쪽 위에 창이 있
어 빛을 더해 주었다. 잠시 중앙의 성도석에 앉아 조용히 성당 안을 감상했
다. 다행스럽게도 우리 외에 성당을 방문하는 사람들이 거의 없어서 오랜
만에 성당 안의 고요를 맘껏 느낄 수 있었다.

산타 크루즈 성당

〈산타 크루즈 성당Igreja de Santa Cruz〉은 숙소와 그렇게 멀지 않았다. 전날 빗속에 샹송을 들었던 광장과 이어진 코임브라의 메인 거리Rua Visconde da Luz Coimbra를 따라 걷다 보면 그 길 끝에 시청사와 연결된 광장이 나온다. 그 광장에 바로 산타 크루즈 성당이 있다.

우리에게 익히 알려진 산타 크루즈 성당은 원래 〈산타 크루즈 수도원 Mosteiro de Santa Cruz〉으로 포르투갈의 국립기념물이다. 특히 포르투갈의 최초의 두 왕인 아폰수 엔리케스Afonso Henriques와 그의 후계자 산슈 1세Sancho I가이 성당에 안장되어서 국가 판테온의 지위도 부여받았다. 포르투갈 왕국 초기 이 수도원은 광대한 도서관을 가져 중세 시대에 높은 존경을 받았고 많은 인물들을 배출했다고 한다. 리스본에 있는 동안 알게 된 안토니우 성인과 포르투갈을 대표하는 시인 중 하나인 카몽이스가 이 수도원을 거쳐 간 대표적인 인물들이다. 이 수도원은 로마네스크 양식으로 지어졌지만, 당시 건축물들이 그렇듯 변화를 겪게 되는데, 이후 마누엘 양식으로 대체되어 보수되었고 바로크 양식까지 첨가되었다고 한다.

정면에서 본 성당의 파사드는 매우 인상적이었다. 먼저 위쪽 첨탑과 십자가상의 테두리가 삐쭉빼쭉 단조롭지 않게 장식된 것으로 보아 마누엘 양식임을 엿볼 수 있었다. 그 아래는 세 벨하와 같이 황토빛 벽면이 주를 이루고 있는데 입구 쪽으로는 화려하게 장식된 흰색 석벽이 돌출되어 있었다. 특히 두 기둥이 받치고 있는 아치형 포털이 정문 앞으로 튀어나와 입구를 강조하고 있었는데, 코임브라의 역사만큼이나 오래된 성당이어서

위 산타 크루즈 성당의 파사드
아래 산타 크루즈 성당 내부

그런지 조각상으로 장식된 부분들과 흰색 부분이 퇴색되어 바래 있었다. 만만치 않은 역경을 이겨냈겠구나 하는 인상을 받으며 안으로 들어갔다.

성당 내부도 외부와 같이 오래된 흔적을 볼 수 있었다. 그런데 우리의 눈을 사로잡은 건 파란색 아줄레주로 장식된 벽면이었다. 보통 프레스코화가 그려져 있을 성당 벽면에는 하단부에만 포르투갈의 역사적 모습이 그려진 아줄레주로 장식되어 있었다. 하단부에만 아줄레주가 있는 것은 예전에 몬데구 강이 자주 범람을 하는 바람에 성당의 프레스코화가 훼손되었기 때문이라고 한다. 다만 아줄레주가 예술적으로 그렇게 훌륭해 보이지는 않았다. 중간에 그림과 맞지 않은 타일도 있고, 세월의 흔적인지 색이 바래고 많이 낡아 있었다.

제단 앞으로 가보니 아폰수 왕과 산슈 왕의 석관이 있었다. 모두 제단을 향해 누워 있었다. 포르투갈 왕국을 탄생시킨 두 왕이 이곳에 묻혔다니 새삼 이 성당과 수도원의 위엄이 느껴졌다. 그래서인지 이 성당에는 세 벨하와 세 노바와는 달리 많은 이들이 찾아 들어오고 있었다.

성당을 나와 바로 옆 〈산타 크루즈 카페CAFE SANTA CRUZ〉로 갔다. 산타 크루즈 카페는 원래 성당의 일부였으나 후에 종교적 기능을 하지 않게 되면서, 1923년부터 카페로 운영되었다. 오늘날에는 저녁마다 파두 공연이 열리는 것으로 유명하다. 우리도 산타 크루즈 카페에서 리스본 파두와는 다른 코임브라 파두 공연을 관람하며 코임브라에서의 여정을 마무리하였다.

포르투(Porto)

포르투와 포트와인

    리스본을 떠나 파티마와 코임브라를 거쳐 드디어 포르투에 도착했다. 우리의 순례길 까미노 포르투게스를 시작하는 곳이다. 설레고 긴장되는 마음으로 도착했지만 여느 도시와 다르지 않은 느낌이었다. 제법 큰 도시인데다가 유명한 관광지여서 북적이는 모습이지만 그게 포르투의 전부는 아닐 것이다.

포르투 역사지구

포르투Porto는 포르투갈 북부에 위치한 제2의 도시로 포르투갈이라는 나라 이름이 유래된 곳이기도 하다. 고대 로마의 지배를 받을 당시 이 지역의 이름은 '포르투스 칼레Portus Cale'였는데, 중세를 거치면서 오늘날의 '포르투갈Portugal'이란 나라명이 되었다. 포르투 시내 남쪽에 흐르는 도루Douro 강은 테주 강, 에브로ebro 강 다음으로 이베리아 반도에서 세 번째로 긴 강이다. 스페인에서 발원해 포르투갈의 포르투를 지나 대서양으로 흐른다. 도루 강 상류 계곡에는 세계문화유산 지역으로 지정될 만큼 오랜 전통을 가진 포도주 생산지가 있다. 이곳에서 수확한 포도는 도루 강을 통해 목재 화물선 하벨루 보트Rabelo boat로 포도주 저장소까지 운반된다. 그 저장소는 포르투 시내 건너편의 '빌라 노바 드 가이아Vila Nova de Gaia' 지역에 위치해 있는데, 바로 그곳에서 포트와인Port Wine이 탄생했다.

상 벤투 역

우리는 이곳 포르투에서도 걸어 다녔다. 걷는 것이 그 도시와 친해지는 가장 빠르고 확실한 방법이기 때문이었다. 미리 알아본 지도를 통해 포르투를 대표하는 포르투 대성당으로 향해 가던 중, 길 건너편에 있는 상 벤투 역Estação Ferroviária de Porto-São Bento을 발견하고 우선 그곳으로 향했다.

상 벤투 역 안으로 들어가자 높은 천장의 로비는 유명한 '아줄레주 벽화'로 가득 채워져 있었다. 1916년에 아줄레주로 유명한 화가 조르즈 콜라수Jorge Colaço가 총 11년에 걸쳐 완성한 벽화에는 약 2만 개의 타일이 있다고 한다. 역의 입구에서 왼쪽 벽면을 보니 거대한 전투 장면을 그린 벽화가 한눈에 들어왔다. 이것은 포르투갈이 스페인(당시에는 '레온-카스티야') 왕국

상 벤투 역의 아줄레주

으로부터 독립하기 위해 치른 발데비스 전투 ^Torneio de arcos de valdevez^(1140년)
를 묘사한 벽화이다. 포르투갈은 이 전쟁에서 승리를 거두어 건국에 이르
게 된다. 오른쪽 벽면에는 영국과의 결혼 동맹인 주앙 1세 ^João I^와 랭커스터
의 필리파 ^Philippa of Lancaster^의 결혼식(1387년) 그림이 있었다. 그 아래쪽으로
는 두 사람의 셋째 아들인 엔히크 왕자의 세우타 정복(1415년) 장면이 그려
져 있었다. 포르투갈에서 가장 위대하고 전하고 싶은 역사적 순간들이다.
그 외 로비의 정면을 채운 그림들은 대부분 포르투갈의 옛 풍경을 묘사한
내용으로 포도밭, 수확의 장면, 도루 강을 따라 내려오는 포도주 선박과 물
레방앗간에서 일하는 모습 등의 장면이 그려져 있다. 벽화는 대부분 포르
투갈 아줄레주를 대표하는 흰 바탕에 파란색 그림이었다.

로비 가운데 문을 통해 밖의 철로가 보였는데 역의 플랫폼이었다. 플랫폼에 서서 보니 출발역 바로 앞에는 언덕에 뚫린 터널이 있었다. 여기서 출발한 기차는 저 터널을 통과하여 포르투의 밖으로 나가게 된다. 때마침 터널을 통해 기차가 도착해 들어오고 있다. 여전히 이곳은 포르투의 관문 중 하나로 많은 사람들이 오가는 곳이다.

포르투 대성당

상 벤투 역을 지나 〈포르투 대성당 Sé do Porto〉을 향해 갔다. 포르투의 역사 중심지구는 그렇게 크지 않아서 오래된 건축물들을 구경하며 걷기에 충분했다. 어느덧 길 건너편으로 포르투 대성당이 보였다.

성당은 포르투에서 상대적으로 높은 언덕 위에 있어 대성당으로 향하는

포르투 대성당 광장에서 바라본 도루 강

경사진 길을 올라가야 한다. 대성당 가까이에서 좁다란 코너를 도는데 시야가 확 트이면서 넓은 광장이 나왔다. 바로 왼쪽으로 포르투 대성당의 정문이 있었고 그 옆으로는 대성당 부속 건물들이 놓여 있었다.

일단 우리는 언덕 아래로 펼쳐진 전망을 보려고 광장 끝으로 가보았다. 언덕 아래로 도루 강이 흐르고 있었고, 강 건너편에는 주황색 지붕들로 가득 찬 빌라 노바 드 가이아가 보였다. 조금 전 상 벤투 역에서부터 날씨가 점점 개더니 이제는 햇살 가득 눈이 부셨다. 우리는 잠시 광장 둘레의 난간에 앉아 포르투 시내를 살펴보았다. 주황색 지붕들 사이로 솟아 있는 성당들이 보였다. 그중 유난히 높은 탑이 있었는데, 아마도 클레리구스 종탑 Torre dos Clérigos 1일 것이다. 왼쪽 아래 도루 강을 보니 작은 배들이 오가고 있었다. 강물은 눈이 부시도록 햇살에 반짝이고 있었다.

고개를 돌려 대성당을 바라보았다. 정면의 파사드는 로마네스크 양식의 리스본 대성당이나 코임브라의 세 벨하와 비슷한 특징을 찾아볼 수 있었다. 마치 성벽 같이 요새화된 느낌을 주는 것과 중앙에 놓인 로마네스크 장미창이 그랬다. 반면에 다른 성당들과 달리 파사드 양쪽에 있는 사각 종탑 위를 덮은 둥근 지붕 쿠폴라 cupola와 발코니가 눈에 띄었다. 대성당의 정문 포탈이 양쪽의 기둥으로 받쳐져 있는 것도 독특했다. 모두 바로크 양식을 도입한 결과이다. 포르투 대성당도 포르투갈의 초기 로마네스크 양식의 주요 성당 중 하나였다. 하지만 다른 성당들과 마찬가지로 중간에 다른

---

1 클레리구스 종탑은 바로크 양식의 <클레리구스 성당(Igreja dos Clérigos)>의 종탑으로 1763년에 완공되었다. 이탈리아의 토스카나 종탑에서 영감을 받아 디자인된 이 종탑은 높이가 75.6m나 되어서 포르투 시내 어디에서나 볼 수 있다.

양식들로 복원되었는데, 특히 바로크 양식의 영향이 컸다. 대성당의 외부
뿐만 아니라 내부에도 영향을 끼쳤다고 해서 그걸 확인해 보려고 성당 안
으로 들어갔다.

　성당 안은 견고한 아치형 기둥이 단일한 배럴 볼트 천장을 지탱하고 있
는 중앙 네이브와 양옆으로는 작은 배럴 볼트로 된 통로가 있었다. 로마네
스크 양식의 특징은 견고한 아치 기둥과 작은 창문이다. 성당의 중간쯤 들
어왔을 때 뒤로 돌아보니 성당 정문의 장미창이 햇살에 비쳐 빛나고 있었
다. 성당은 빛과 어둠의 조화를 극대화한 것 같았다. 성당 앞으로 가보니
주위가 비교적 밝아졌는데, 천장 위와 양쪽 트랜셉트 위의 창문으로 빛이
들어오고 있었다.

포르투 대성당 파사드

메인 제단과 부속 예배당의 제단은 눈부실 정도로 화려했다. 바로크 양식의 제단은 그 장식적인 부분들로 인해 현란하기까지 했다. 성당 옆 회랑으로 가 보았다. 다른 성당들과는 다르게 이 회랑 벽은 아줄레주 벽화로 장식되어 있었는데 이 대성당의 독특한 특징이다. 앞서 본 상 벤투 역의 아줄레주 벽화 중에 '주앙 1세와 랭커스터의 필리파의 결혼식' 장면이 있었는데, 그들이 결혼식을 올린 곳도 이곳 포르투 대성당이었다.

성당을 나온 후 포르투 시내를 좀 더 둘러보기로 했다. 일단 대성당에서 바라보았던 도루 강을 좀 더 가까이 보고 싶었다. 광장 끝에서부터 여기저기 얽혀 있는 골목으로 내려왔다. 언덕이 많은 리스본과 마찬가지로 포르투도 역시 오르내리는 길이 많았다. 더군다나 유럽의 전형적인 돌바닥 길이어서 만만치 않았지만 그동안 익숙해졌는지 이제는 걷는데 아기자기한 재미까지 느껴졌다.

갑자기 골목길 끝에서 도로가 나왔다. 건물들 사이로 도루 강이 언뜻 보이는 것 같아 발길을 재촉했다. 앞쪽으로 보니 한 무리의 관광객들이 오른쪽으로 사라졌다. 우리도 그들을 따라 가 보니 바로 눈앞에 도루 강과 히베이라 광장praca da Ribeira이 나왔다. 마침 강 주위에 빈 벤치가 있어서 잠시 그곳에 앉아 아름다운 포르투 강변을 하염없이 바라보았다. 햇빛에 반짝이는 도루 강과 빌라 노바 드 가이아 그리고 유명한 동 루이스 1세 다리Ponte de Dom Luís I까지 주위의 풍경들을 눈에 담았다.

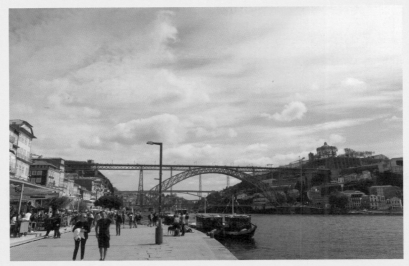

히베이라 광장에서 본 동 루이스 1세 다리와 도루 강

　내일은 순례자 준비로 바쁠 듯하다. 오래 머물지 못한 아쉬움이 남는 포르투지만 잠시 동안의 산책으로도 얼마나 아름답고 역사적으로 의미있는 도시인지 알 것 같았다. 이제 우리는 순례자라는 이름으로 포르투 북쪽을 향하여 한발 한발 걸어 올라갈 예정이다.

성당 여행을 위한 건축 용어

- 파사드^{facade} : 건물의 정면 외벽 부분
- 페디먼트^{pediment} : 고전건축에서 건물의 정면 상단에 있는 삼각형 부분
- 버트레스^{buttress} : 벽체를 강화하기 위해 직각으로 만든 짧은 부벽(扶壁)
- 플라잉 버트레스^{flying buttress} : 벽체를 지탱하는 부벽(버트레스) 중 하나로, 벽체와 떨어져 아치 모양의 팔로 지탱하는 모습이다. 주로 고딕 양식 성당에서 볼 수 있다.
- 팀파눔^{Tympanum} : 건축의 출입문 위에 얹혀 있는 반원형이나 삼각형의 부조 장식
- 네이브^{nave} : 중앙회랑에 해당하는 중심부로 본당이다. 보통 회중석이나 성도석이 있는 부분으로, '신랑(身廊)'이라고도 한다.
- 아일^{aisle} : 네이브 양 옆의 복도. '측랑(側廊)'이라고도 한다.
- 앱 스^{apse} : 평면도로 보았을 때 라틴크로스(십자형) 교회의 머리 부분. 주보랑에 둘러싸인 반원형 공간. '후진(後陣)'이라고 한다.
- 주보랑^{ambulatory} : 앱스 둘레를 둘러싼 복도
- 트랜셉트^{transept} : 평면도로 보았을 때 라틴크로스(십자형) 교회의 가로축에 해당하는 부분. '익랑(翼廊)'이라고도 한다.
- 나르텍스^{narthex} : 성당의 입구에 설치된 현관. '배랑(拜廊)'이라고도 한다.
- 콜로네이드^{colonnade} : 일정한 간격을 두고 세워진 기둥들. '열주(列柱)'라고도 한다.
- 첨두아치^{pointed arch} : 끝부분이 뾰족한 아치
- 볼트^{vault} : 아치^{Arch}에서 발달한 곡면의 구조물. '궁륭(穹窿)'이라고도 한다.
- 배럴 볼트^{barrel vault} : 연속된 아치들로 이루어진 반원통 모양의 천장. 로마네스크 양식의 특징이다.
- 리브 볼트^{rib vault} : 지붕의 하중을 줄이기 위해서 첨두아치 리브로 볼트의 교차선을 만들어 완성한 천장. 고딕양식의 특징이다.
- 클리어스토리^{clearstory} : 채광을 위해 본당의 양쪽 측면 위쪽에 낸 창문. '고측창(高側窓)'이라고도 한다.
- 장미창^{rose window} : 보통 스테인드글라스로 장식된 원형모양의 창. 고딕양식의 특징이다.
- 스테인드글라스^{stained glass} : 금속 산화물이나 안료를 이용하여 구운 색판 유리조각을 접합하여 만든 유리창으로, 특히 고딕 성당에서 어두운 성당 내부를 색색의 빛으로 밝히는데 이용되었다.
- 트레이서리^{Tracery} : 기하학적인 문양이나 선을 그려 창문을 장식하는 석재 구조물

Camino Portugués

Santiago de
Compostela
O Milladoiro
Padrón
Caldas de Reis

Pontevedra

Redondela
Vigo

Baiona

A Guarda
Vila Praia de Âncora
Viana do Castelo

Esposende

Vila do Conde

Porto

CHAPTER 2.

까미노 포르투게스
데 라 코스타
(Camino Portugués de la Costa)

산티아고 순례길 (0일) :
포르투
<CAMINO DE SANTIAGO (0 DAY)> : PORTO

산티아고 순례길(0일) : 순례자가 될 준비

크레덴시알 준비하기

　이제 우리는 순례자가 될 준비를 해야 했다. 우선 포르투 대성당에 가서 순례자 여권이라고 할 수 있는 크레덴시알 ^{Credencial 1}을 구입해야 한다. 크레덴시알은 안전한 순례를 위해 중세시대 때부터 발행한 문서에서 시작되었다고 하는데 지금은 산티아고 데 콤포스텔라에서 순례자 증명서를 받기 위해 필요한 근거가 되기도 한다. 성인 야고보의 순례길을 걷고자 하는 사람에게 발행되고 기준은 걷거나 말을 타고 100km, 자전거로 200km, 배를 타고 도착할 때는 100해리(185.2km)를 수행해야 주어진다.

　포르투 대성당 입구에 들어가면 오른쪽으로 박물관 입장권 판매소가 있는데, 그 옆에 작은 안내판으로 '산티아고 크레덴시알'이라고 쓰여 있다. 우리는 각각 3유로씩 지급하고 감격의 크레덴시알을 받았다. 작은 수첩 크기인데 접이식으로 된 리플렛 모양이었다.

---

1 크레덴시알 : 내용에 대한 설명은 산티아고 순례자 사무소의 내용을 참조 번역 (2019. 9월 기준). https://oficinadelperegrino.com/en/pilgrimage/the-credencial

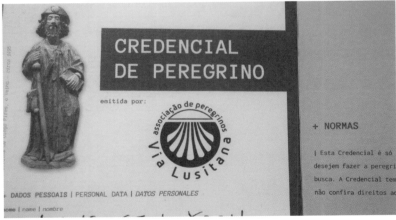

위 포르투 대성당에서 순례자 크레덴시알을 구입할 수 있다.
아래 첫 번째 페이지에는 성인 야고보와 개인정보를 적는 칸이 있다.

앞면에는 "산티아고 데 콤포스텔라 순례자 증명서"라고 크게 쓰여 있다. 그리고 첫번째 페이지를 펼치니 성인 야고보의 모습이 보이고, 크레덴시알을 소지할 개인의 정보를 적는 부분이 보였다. 맨 아래 칸에 출발하는 도시를 적는 곳에는 "포르투 Porto"라고 썼다. 출발 날짜로 내일을 쓰고 나니 살짝 떨렸다. 순례하는 다섯 가지 방법은 그림으로 되어 있는데 두 발로 걷는 모양에 동그라미를 했다.

두 번째 페이지를 보니 순례자들이 반드시 읽어 두어야 할 유의사항이 적혀 있었다. 각 교구나 성당, 알베르게(순례자를 위한 숙소)에서 이 크레덴시알을 보여주면 순례자임을 증명할 수 있지만 특별 혜택은 없다는 것과 앞에서 설명한 순례 거리 기준도 설명되어 있다.

세 번째 페이지부터는 스탬프를 찍는 여백이 펼쳐진다. 세 가지 언어로 쓰여 있는데 포르투갈어로 카림부 CARIMBO - 영어로 스탬프 STAMP - 스페인어로 세요 SELLO라고 되어 있다. 모든 길은 산티아고 데 콤포스텔라로 향하기 때문에 순례자들은 스페인어인 '세요'라는 단어를 가장 많이 사용하고 있다. 세요의 첫 칸에는 〈포르투 대성당 Sé do Porto〉의 세요가 이미 쾅, 찍혀 있었다. 까미노의 출발지인 포르투 대성당이 찍혀 있으니 첫 발은 내디딘 셈이다. 그리고 나머지 비어 있는 이 칸들은 우리가 걸을 때마다 조금씩 채워지게 될 것이다. 어느 곳에서 세요를 받을지는 순례자마다 다르기 때문에 나중에 크레덴시알을 펼쳐 보면 순례자마다 다르게 찍혀 있다. 세요 개수도, 디자인도 모두 다르다. 마치 같은 길을 순례해도 각자의 방식으로, 각자의 걸음으로 순례하듯이 말이다. 순례자 사무소나 성당, 숙소에서 받을 수 있고 카페나 레스토랑에서도 마을 이름이 적힌 세요를 받을 수 있다.

뒷면에는 순례자들이 산티아고 데 콤포스텔라까지 안전하게 걷고 기쁨으로 마치기를 기원하는 축복의 기도문이 적혀 있다.

크레덴시알을 이리저리 펼쳐보고 나서 우리는 서로 마주 보았다. 이제 시작이라는 설렘과 낯선 길에 대한 긴장감이 겹쳐지는 순간이었다. 크레덴시알을 챙겨 넣고 다시 광장으로 나왔다. 잠시 숨을 돌릴 겸 한 쪽에 앉았다. 수많은 관광객들 틈에서 큰 배낭과 지팡이를 든 순례자들이 가끔 보였다. 우리는 포르투에서 시작하지만, 리스본이나 코임브라 등에서 출발하여 내륙길을 걸어 온 이들이 도착하고 있는 것이다. 그들이 걸어가는 걸 유심히 바라보다가 눈이 마주치는 바람에 웃으며 손을 흔들어 주었다. 그리고 내일부터 끊임없이 외치게 될 인사를 미리 건네 보았다. "부엔 까미노Buen Camino!" 아직 순례자의 첫 걸음도 떼지 않았지만 우리는 묘한 친밀감을 느꼈다.

골목길을 내려가다가 벽에 산티아고 순례 표시가 있는 걸 발견했다. 손바닥만 한 작은 표시이지만 파란색 바탕에 노란 조가비를 보는 순간, 앞으로 이 표시가 우리를 산티아고 데 콤포스텔라로 인도해 주리라 생각하니 설레었다. 첫 표시를 보고 기념으로 사진을 찍었다. 조금 더 가서는 정식 표시를 발견했는데, 가장 많이 보았던 조가비와 함께 있는 노란 화살표였다. 바닥에는 포르투갈어로 '까미뇨 포르투게스 다 코스타Caminho Portugues da Costa'라고 쓰여 있었다. 우리가 걷게 될 포르투갈 해안길이다. 아직 순례를 시작한 것도 아닌데 자꾸 까미노 표시를 찾게 된다.

포르투에서 처음 발견한 순례자 표시

산티아고로 짐 부치기

순례자가 될 준비가 더 남았다. 우리의 짐을 줄여야 했다. 우리가 가진 짐 전부를 메고 280km의 길을 걷는다는 것은 무리였다. 그래서 배낭 속 물건 중에 순례에 필요한 짐만 꾸려서 가기로 했다.

우리가 생각한 방법은 나머지 짐을 최종 목적지인 산티아고 데 콤포스텔라로 보내는 것이었다. 우편으로 산티아고에 있는 〈카사 이바르CASA IVAR〉라는 짐 보관소로 보내면 우리가 도착할 때까지 짐을 맡아주는 서비스를 이용하기로 했다. CASA IVAR 홈페이지[2]에서 기본 정보를 작성해 보낸 다음 우체국에서 짐을 소포로 보내고 한 번 더 연락을 하면 된다. 순례를 마치기 1주일 전쯤에 메일로 도착하는 날짜와 시간을 서로 확인하는 것이 좋다. 그리고 산티아고 데 콤포스텔라에 도착한 후 약속한 날짜와 시간

---

2 CASA IVAR : 짐 보관 서비스에 대한 내용(가격, 위치, 이용방법 등)은 사이트에 자세히 나와 있다. http://www.casaivar.com/

에 맞춰 CASA IVAR에 가서 짐을 찾으면 된다. 위치는 산티아고 대학 사회과학부 건물 근처인데 산티아고 대성당에서 멀지 않은 곳이다. 산티아고 데 콤포스텔라에 도착해서 숙소로 짐을 가져다주는 유료 서비스를 이용할 수도 있다.

산티아고로 짐을 부칠 우체국(CTT)을 찾아갔다.

우리는 순례길에 필요없는 짐들을 챙긴 후 숙소 가까운 곳에 있는 우체국CTT을 찾아 갔다. 짐을 부치는 코너가 따로 있어 줄을 서서 기다렸다. 도움이 될까 해서 우리 앞에 서 있는 부부가 짐을 어떻게 부치는지 유심히 지켜보았다. 우리 차례가 되자 앞의 부부처럼 짐을 보낼 거니까 박스를 보여달라고 했다. 직원이 여러 가지 크기의 박스를 보여 주어서 적당한 것을 골랐더니 그 다음은 알아서 진행해 주었다. 두 개의 박스에 짐을 넣어보니 다행히 가져 온 짐과 딱 맞았다. '보내는 곳' 부분에 우리 이름, 이메일 주소 등을 써 넣고, '받는 곳' 부분에는 산티아고에 있는 CASA IVAR의 이름과 주소를 썼다. 포르투갈에서 스페인으로 보내는 국제 우편이라 걱정했는데, 유럽에서는 한 나라 안의 다른 도시에 보내는 것과 같이 간단하고 더구나 가격도 저렴하였다. 무뚝뚝했지만 조용하고 깔끔하게 일을 처리해 준 우체국 직원 때문에 더욱 안심이 되었다. 이제 우리 손을 떠난 짐들은 순례를 잘 마칠 때까지 우리를 기다려 줄 것이다. 정말 순례를 떠날 시간이 바짝 다가온 것이 느껴졌다.

까미노를 걷는 동안 짐을 줄이는 방법이 한 가지 더 있다. 순례길 각 구간마다 숙소에서 다음 숙소로 짐을 이동해 주는 서비스를 이용하는 것이다. 동키 서비스^{Donkey service}라고 부르는데 배낭 이동 서비스라고 할 수 있다. 오늘 코스가 산을 오르게 된다든지, 특별히 힘든 코스이거나 먼 거리일 때, 몸에 무리가 오거나 컨디션이 좋지 않은 날 등 순례길에 짐이 부담되는 날에는 이 서비스를 고려할 수도 있다. 숙소에 문의해서 신청하면 바로 이용할 수 있다. 그리고 대부분 알베르게를 포함하여 순례길에 있는 일반 숙소에도 동키 서비스 신청 봉투가 준비되어 있다. 봉투에 도착할 숙소의 이름과 주소를 쓰고 자신의 이름과 전화번호 등을 적어 보낼 짐에 걸어두기만 하면 된다.

이제 순례 전날 우리가 해야 할 큰 준비는 끝났다. 그 다음에는 배낭을 다시 꾸리거나 비옷 등 소품을 챙기거나 첫날 까미노 일정을 살피는 등 소소한 일정만 남았다. 순례 준비를 하는 동안 긴장했더니 몹시 피곤하고 허기가 졌다. 숙소 앞 카페에서 오늘의 점심 메뉴Menu de almoço로 나온 원 플레이트를 먹고 디저트로 젤라또까지 맛있게 먹었다. 조금 에너지를 충전한 후 순례길에 필요한 물품을 사러 갔다.

가장 급하고 꼭 필요한 것은 비옷이었다. 산티아고 데 콤포스텔라가 있는 스페인 북부의 갈리시아 지방은 대서양 연안에 위치해 있어 흐리고 비가 많이 내린다고 알고 있다. 그래서 유럽에서는 대중적인 스포츠 매장 〈데카트론Decathlon〉을 찾아 갔다. 그곳엔 스포츠 종목에 맞게 옷과 신발을 포함해 다양한 도구들을 팔고 있었다. 하지만 정작 비옷(판초)은 없었다. 점원에게 문의하니 어제 비가 오는 바람에 다 팔려서 오늘은 물품이 없고 며칠 있으면 다시 채워진다고 했다. 하지만 우리는 내일 출발해야 하니 난감하였다. 대신에 다른 필수품들을 몇 개 구입했다. 이때 구입한 보온 물통은 품질도 좋고 요긴해서 순례길에서 내내 우리와 함께 했다. 물통으로도 사용하고 따뜻한 차도 마실 수 있어서 피로를 덜고 휴식을 안겨 주는 고마운 물건이었다. 그 외 구입한 세안제, 후드 운동복 등도 저렴하고 기능적이어서 마음에 들었다. 그 후 여행 중에 필요한 물품이 있으면 데카트론 매장을 자주 찾게 되었다. 정작 필요한 비옷을 구입하지 못한 채 다른 상점을 찾아 다녔지만 구할 수가 없었다. 결국 중국인이 운영하는 잡화용품점에서 일회용 비옷을 구할 수 있었는데, 품질은 그다지 좋지 않았지만 그래도 어쩔 수 없이 이 비옷에 의지해 순례길을 출발할 수밖에 없었다. 그런데 다행스럽게도 순례 동안 날씨가 너무나 청명하고 좋아서 우리가 비옷을 꺼내 입을 일은 거의 없었다.

순례 물품을 구입하느라 번화한 거리를 헤매다 보니 무척 피곤해졌다.

내일 일찍 출발해야 해서 급히 숙
소로 돌아가고 있는데 눈앞에 한
건축물이 우리의 시선을 사로잡았
다. 온통 파란색으로 그려진 아줄
레주가 뒤덮고 있는 성당이었다.
바로 '영혼의 예배당'이라고 불리
는 〈산타 카타리나 알마스 예배당
Capela das Almas de Santa Catarina〉이었다.
정말 우연히 길을 헤매다가 만난
예배당이라 무척 신기하게 여겨졌
다. 해질 무렵이었지만 아직 남은
햇살이 십자가 꼭대기를 비추어 주

아줄레주로 전체를 장식한 알마스 성당

었다. 어제 아줄레주 벽화로 유명한 상 벤투 역을 보았는데 지금 눈앞에 있
는 예배당의 아줄레주가 조금 더 아름답게 느껴졌다. 건물 외관이 통째로
아줄레주로 싸여 있다는 것 자체가 놀랍고 신비했다.

나중에 알고 보니 이 예배당은 18세기 초에 건축되었지만 아줄레주로 외
관이 장식된 것은 1929년부터라고 한다. 총 15,947개의 타일로 완성된 아
줄레주 벽화에는 '아시시의 성 프란시스코의 일대기와 죽음' 그리고 '성 카
타리나의 순교' 등이 그려져 있다고 한다.

거리는 어두워져서 주변의 가로등과 가게들에서 나오는 불빛들이 도시
의 풍경을 바꾸고 있었다. 예배당 문을 열고 안으로 들어가니 마침 저녁 미
사가 열리고 있어 맨 뒷자리에 서서 미사를 참관했다. 그리고 앞으로 시작
될 순례길에 건강과 안전함이 깃들기를, 그리고 기쁨과 충만함이 가득하

기를 간절히 기도했다.

성당을 나오니 포르투의 마지막 날이 저물고 있었다. 내일이면 배낭을 메고 까미노에 선 순례자가 될 것이다. 어쩌면 순례자가 될 준비로 가장 중요한 것은 기도인지도 모른다. 앞으로의 순례길이 어떠할지, 어떤 일이 일어날 지 아무도 알지 못하니까 말이다. 우리에게는 모험과도 같은 까미노의 여정을 모두 신에게 의지하고 기도할 수밖에 없다. 이제 정말 모든 준비가 다 끝난 느낌이었다. 조금은 긴장되고 두려운 마음이 걷힌 것 같았다.

산티아고 순례길 (1일) :
포르투 마토지뉴스-빌라 두 콘드

<CAMINO DE SANTIAGO (1 DAY) : PORTO MATOSINHOS - VILA DO CONDE>

거리 : 24km | **시간** : 7시간

Porto 중심가 →

마토지뉴스 지하철역(Matosinhos Sul)으로 이동 →

관광안내소(Posto de Turismo de Matosinhos |

Câmara Municipal de Matosinhos)

📍 **Matosinhos** → (1.3km) →

Leça da Palmeira → (4.0km) →

Aldeia Nova → (6.2km) →

Praia de Angeiras → (0.8km) →

Praia de Labruge → (0.9km) →

Labruge → (2.5km) →

Vila Chã → (1.1km) →

Louça mindelo → (6.2km) →

📍 **Vila do Conde**

Santiago de
Compostela
◎ O Milladoiro
● Padrón
● Caldas de Reis

● Pontevedra

● Redondela
● Vigo
● Baiona

● A Guarda
● Vila Praia de Âncora
● Viana do Castelo

● Esposende

● Vila do Conde

◎ Porto

산티아고 순례길(1일) :
빗속에 첫 걸음

순례자라는 이름으로 받은 환대

　새벽 빗소리에 잠을 깼다. 세차게 내리는 비에 바람까지 불고 있었다. 침대에서 내려와 창문 너머로 거리를 내려다보았다. 가로등 불빛으로 보니 나뭇잎들은 심하게 흔들리고 거리에는 빗물이 흘러내리고 있었다.

　　　　　　'순례 첫날부터 비를 맞고 걸어야 하는구나.'

　마음이 심란한 가운데 미리 맞춰둔 알람이 그제야 울렸다. 서둘러 세수를 하고 공동 주방에 들어가 차를 끓여 포트에 담았다. 옆방에 묵었던 다른 게스트가 떠나는지 짐을 챙겨 나왔다. 이 부부는 비행기 시간에 맞춰 공항에 가려고 일찍 길을 떠난다며 인사를 했다. 밖에 비가 많이 온다고 알려 주었더니 괜찮다며 작은 우산을 보여 주었다. 그러더니 대뜸 거실 소파에 펼쳐진 비닐을 가리키며, 어제 비옷을 샀는데 자신들보다는 우리에게 더 필요할 것 같다며 가져가라고 한다. 그동안 대화도 많이 못 나눈 사이인데 선뜻 선물을 건네주는 부부를 멍하니 바라보았다. 어제 공동 주방에서 만났을 때 우리는 내일부터 순례를 시작한다고 한 말을 기억한 것 같았다. 부부는 순례길 잘 걸으라고 인사하며 급하게 길을 나섰고 그들에게 감사의 인사도 제대로 못 전하고 헤어졌다. 스페인 부부와 한국인 부부 사이에 오가는 '땡큐'라는 영어는 오늘도 고마운 마음을 다 전하지 못하는 표현이 되고 말았다.

서둘러 준비를 하고 앞으로 순례길을 함께 할 거대한 배낭을 메고 숙소를 나섰다. 거리에는 비가 내리는데도 출근과 등교를 서두르는 사람들로 분주함이 오가고 있었다. 숙소 앞 카페에서 뜨거운 커피 한 잔으로 몸을 녹이고 이제 출발한다. 순례자라는 이름으로 받은 첫 환대의 기쁨을 안고서!!!

까미노를 걷다가 발견한 어느 카페의 순례자 표시

순례를 시작하기로 한 마토지뉴스MATOSINHOS는 포르투의 서쪽 대서양 해변에 위치해 있다. 포르투갈에 온 지 20여일 지났지만 우리는 처음으로 지하철을 탔다. 지하철은 두 세 정거장만에 비가 내리는 지상으로 올라 와 도로를 달리는 트램이 되었다. 마토지뉴스 역에 내린 우리는 아직 익숙하지 않은 무거운 배낭을 메고 아직도 비가 흩뿌리는 거리를 터벅터벅 걷기 시작했다. 출발하기 전에 마토지뉴스 관광안내소에 들러 첫 세요와 지도를 받아 가려고 했는데 시간이 일렀는지 아직 문이 닫혀 있었다.

찌푸린 날씨와 무거운 몸이 순례길의 중압감을 더하는 듯했다. 비도 피하고 안내소 오픈도 기다릴 겸 근처에 카페를 찾아보기로 했다. 이 곳은 해변 휴양지여서 그런지 호텔 주변으로 카페와 레스토랑이 많았다. 우리는 바다를 등지고 빌딩 사이로 걸어가 카페 〈부페트 네리냐Bufete Nelinha〉에 들어섰다. 배낭을 주체할 수 없어 퉁탕거리며 겨우 빈자리를 찾아 앉자 주위의 시선이 집중된다. 미안함을 미소로 전하며 테이블 주변을 돌아보니 카페에 있던 손님들도 미소를 띠며 고개를 끄덕여 보인다. 비 오는 화요일 이른 아침, 관광객이라기보다는 동네 주민인 듯한 손님들이 많았다. 그들은 아침부터 무거운 배낭을 짊어진 두 사람이 순례자라는 걸 알아차린 듯 너그러운 미소를 보여 주었다.

"올라. 두아스 카페 콩 레이트Olá. Duas café com leite"
(안녕하세요, 밀크 커피 두 잔요.)

리스본에서 계속 사용해서 입에는 익숙하지만 발음은 서툰 포르투갈어로 주문하자 카페 주인이 기분 좋은 웃음을 건네며 뜨거운 커피 두 잔을 내주었다. 온몸을 녹이는 따뜻한 커피와 아늑한 카페의 분위기가 아직 길도 나서지 않은 순례자에게 위로가 되었다.

우리는 어제 포르투 대성당에서 순례자들의 여권이라 할 수 있는 크레덴시알을 받았다. 하지만 오늘부터가 진짜 순례자! 아직 첫 걸음도 내딛지 않았지만 이미 순례자의 이름으로 사람들의 환대와 배려와 격려를 받고 있었다. 뭉클한 마음으로 커피를 한 모금 마시고 창밖을 바라보니 거짓말처럼 비가 그치고 있었다. 순례길을 걷는 내내 내릴 것 같던 비가... 그쳐 간다.

우리는 자리에서 일어나 힘차게 배낭을 메고 밖으로 나갔다. 높은 건물 사이를 끼고 돌자 확 트인 해변이 펼쳐졌다. 대서양의 물보라와 안개가 온몸에 확 끼친다. 대서양의 큰 파도가 몰아치는 해변가 앞 순례자 사무소로 걸어갔다. 어제 포르투 대성당에서 받은 크레덴시알을 내밀었다. 그리고 드디어 마토지뉴스 관광안내소[1]에서 첫 세요를 받았다. 세요 하나로 출발 장소와 출발 날짜를 알 수 있고 마지막 산티아고 데 콤포스텔라에 도착하면 우리가 몇 km를 걸었는지 증명이 되는 것이다. 그래서 100km가 넘으면 순례자 증명서를 발급받을 수 있다. 우리가 걷는 까미노 포르투게스 해안길은 포르투에서 산티아고 데 콤포스텔라까지 대략 280km가 넘는 거리이다. 각 도시마다 알베르게를 포함한 숙소나 순례자 사무실, 각 교구 성당이나 공공기관으로부터 하루에 두 세 개 정도는 꼬박꼬박 세요를 받아 두라고 안내소에서 일러 주었다. 세요를 받을 수 없는 곳도 있다며 유의사항을 말해 주었다. 우리가 걷게 될 코스의 포르투갈 지도도 얻었다. 까미노의 거리와 해발고도, 중간 마을의 이름과 숙소 등도 안내되어 있었다. 안내소를 지나 출발하자마자 기념비Zimbório do Senhor do Padrão가 보였다. 바다에

---

1 마토지뉴스 관광안내소 : 오전 9시 30분에 오픈한다. 크레덴시알에 세요를 받을 수 있으며 까미노 데 산티아고의 지도와 안내 책자 등도 나누어 준다. 순례를 시작할 때 여러 궁금증을 해결할 수 있고 다양한 안내를 받고 출발할 수 있어 좋다.

"좋은 순례 여행 되세요"라는 뜻의 "Buen Camino"가 여러 나라 언어로 적혀 있다.

나간 어부들을 기리는 십자가를 보자 저절로 고개를 숙여지고 기도를 하게 되었다. 자, 이제 정말 출발이다. 드디어 우리는 파도처럼 힘찬 첫 발걸음을 내디뎠다.

대서양을 끼고 북쪽으로

대서양은 그동안 상상하던 이미지를 훌쩍 뛰어 넘었다. 바람이 불지 않는데도 파도는 거세고 우레와 같은 소리는 어마어마했다. 수평선까지 펼쳐진 대양의 너비도 가늠하기 어려웠다. 잠시 멈춰 서서 대서양을 정면으로 마주 보고 파노라마처럼 펼쳐진 대서양을 훑어보았다. 파도는 물보라와 안개를 일으키며 해변가 마을을 뒤덮어 마치 비가 내리는 듯 보였다. 무서울 정도로 압도적인 이 대서양을 바라보며 항해를 시작하려고 했던 사

어느새 비는 그치고 태양과 대서양이 우리와 함께 한다.

람들의 패기와 무모함이 동시에 느껴졌다. 앞으로 우리는 포르투에서 대
서양을 왼쪽으로 끼고 스페인을 향해 계속 북쪽으로 올라가게 된다. 대서
양과 함께, 때로는 대서양으로 흘러가는 강의 하구에 자리잡은 도시 속으
로 순례를 계속하게 될 것이다.

아침에 내리던 비가 그치자 뜨겁게 내리쬐는 태양과 대서양의 파도가 일
으키는 물보라 때문에 온 몸이 땀인지 물인지 범벅이 되었다. 드디어 해변
가에 오니 순례자들이 하나둘씩 보이기 시작했다. 우리는 처음으로 까미
노 친구들에게 우렁찬 목소리로 "부엔 까미노!"를 외쳤다. 이 인사말이 얼
마나 힘을 주는지, 얼마나 큰 힘을 받는 말인지 강렬하게 전해 왔다. 순례
하는 동안 그 힘은 사라지지 않고 더욱 커져서 순례자들을 서로 격려하고
이끌어주는 인사가 되어 주었다.

순례길에는 홀로 걷는 순례자도 있지만 가족과 함께 걷는 순례자, 친구끼리 걷는 순례자, 부부나 연인끼리 걷는 순례자 등 구성이 무척 다양했다. 그러고 보니 우리 주위에는 젊은 사람이 별로 보이지 않았다. 우리가 젊은 층에 해당될 정도로 연령대가 무척 높았다. 그 무리 중에는 걸음을 떼기도 힘들 것 같은 연로한 할아버지가 몸이 기우뚱한 상태로 양팔의 워킹 폴에 의지해 걷고 있었다. 정말 순례길을 끝까지 걸으시려는 걸까. 놀라움과 의문이 교차하는 중에도 할아버지는 그 넘어질 듯한 작은 걸음으로 차곡차곡 순례길을 이어가고 있었다.

순례는 각자의 걸음으로 이룬다는 말이 떠올랐다. 어떤 이유로 출발을 하든 어떤 사연을 안고 걷든 그리고 하루를 걷든 한 달을 걷든 그건 자신이 선택한 방식으로 걷는 것이기 때문에 순례자들은 서로 격려하고 배려해야 한다는 생각을 하게 되었다. 가끔 단체로 왁자지껄하게 순례길을 지나가거나 짐을 부치고 아주 가볍게 소풍을 나온 듯 걸어가는 사람도 있다. 한쪽 다리가 아파 붕대를 감고 걷는 순례자도 있고, 남편이 돌아가시고 오셨다는 할머니는 묵상을 하며 걷기도 하셨다. 모두가 걷는 길에 각자의 순례 의미가 있을 것이므로 매일 최선을 다해 한 걸음씩 더해가는 순례자들을 서로 돕고 염려하고 기도하자고 생각했다.

해안으로 걷는 길에는 데크길이 끊임없이 이어졌다. 해안가에는 등대 탑과 기념탑 그리고 오벨리스크^{Obelisco da Praia da Memória} 등이 한적할 때마다 우리를 맞아 주었다. 그리고 넓게 펼쳐진 모래 해변에는 야생 수생식물이 자라고 있는데 서식지 공원으로 조성하여 보호하고 있었다. 모래 해변이 마

대서양이 조금씩 멀어지더니 모래해변에 데크길이 이어진다.

치 사막처럼 느껴지는 순간 나타난 식물들은 드문드문 보이기 시작하다가 어느새 모래 위를 완전히 장악하고 있었다. 건조한 색채를 띤 수생식물의 생명력이 경이로울 정도였다. 오른쪽으로는 가끔 주택들이 늘어서 있기도 했지만 인적이 없어 적막하기까지 했다. 거대한 대서양과 드넓은 모래밭과 그 위를 뒤덮은 식물들, 그리고 안개에 숨은 집들은 마치 다른 행성에 온 듯한 기이한 풍경을 자아냈다. 주변에 인적이라고는 우리 두 사람뿐이었다. 오로지 이 데크로 만든 길만을 걸어가는데 표지판도 없으니 거리감도 없어졌다. 몇 킬로쯤 왔는지를 알려주는 거리 표시나 마을 이름을 알려주는 안내가 길 위에는 전혀 없어서 마치 풍경 속에 갇힌 것만 같았다. 앞으로 얼마나 가야 할까.

유니는 무릎이 점점 아파오는지 고통을 호소했다. 중간에 앉아서 쉴만한 벤치라도 나오면 준비해 온 압박붕대를 감으려고 하는데 쉴만한 데가 없었다. 몇 번을 참고 걷다가 어쩔 수 없이 데크 위에 배낭을 내려놓고 짐을 뒤적여 압박붕대를 찾았다. 일단 서서 바지를 올리고 무릎을 단단히 감싸고 나자 유니는 조금 안심이 되는 듯 큰 숨을 내뱉었다. 그리고 따뜻하게 끓여 온 차도 꺼내어 천천히 마셨다. 이렇게 흠뻑 땀에 젖었는데도 오히려 따뜻한 캐모마일 한 모금이 활력을 되찾아 주었다. 이후로는 우리가 걸어온 거리와 시간에 맞게 쉴 뿐만 아니라 카페나 벤치가 나오면 그때그때 쉬어야 한다는 것도 알게 되었다.

압박붕대가 효과가 있었는지 유니는 아까보다 걷는 게 나아 보였다. 사실 순례를 떠나기 전부터 무릎 통증에 대한 염려와 불안이 컸다. 무리하게 걸으면 무릎과 발목이 아파 와서 약을 먹고 물리치료를 받은 적도 있었기 때문이다. 그것이 우리가 까미노 포르투게스 해안길을 선택한 이유 중 하나이기도 했다. 대략 800km의 까미노 프랑세즈는 초보 순례자인 우리에게 무리가 되는 거리였다. 더구나 새벽에 출발해서 빠른 걸음으로 걸어 도착해야 알베르게를 구할 수 있는 상황도, 너무 많은 순례자가 걷는 환경도 우리에게는 맞지 않다고 여겼다. 그래서 우리는 몸에 맞게, 속도를 지나치게 내지 않고, 우리의 걸음으로 도착할 수 있는 순례길을 선택했다. 그리고 만일 무릎과 발목의 통증이 심하면 순례길을 멈추거나, 버스로 이동해도 된다고 서로 의논했다. 발목을 삐거나 부상을 당하는 것만큼 조심해야 할 것도 없다. 앞으로 순례를 마칠 때까지 다치지 않기를 기도해 본다.

빌라 두 콘드 마을에 도착하다

건물들이 눈앞에 보이기 시작할 무렵 드디어 우리는 데크길에서 내려와 흙길로 들어섰다. 도시 입구에는 늘 외곽의 몇몇 집들과 밭으로 이루어진 작은 마을로 시작된다. 주위의 풍경을 보니 오늘의 목적지인 빌라 두 콘드 Vila do Conde가 얼마 남지 않았다는 것을 말해 주었다. 그리고 얼마 후 폭이 넓은 강 위에 다리 폰트 소브르 오 히우 아브 Ponte Sobre O Rio Ave가 보였다. 대서양으로 이어지는 하구인 아브 강 Rio Ave을 건너면 유서깊은 〈산타클라라 알베르게 Albergue de peregrinos Santa Clara〉가 나온다. 이곳이 구시가지 중심이고 얼마 떨어지지 않은 곳에 우리의 숙소가 있다.

다리가 보이기 전까지 순례자들이 보이지 않아 불안했는데, 구시가지 중심지로 들어서자 순례자들과 마을 사람들이 부산스럽게 오가고 있었다. 산타클라라 알베르게 앞에는 오늘 걸으며 만났던 낯익은 순례자들도 보여서 첫날의 순례를 서로 축하해주며 인사를 나누었다. 알베르게는 오후 3시부터 순례자 등록 후 방 배정을 한다고 들었는데 벌써 침대가 다 찼는지 "FULL"이라는 입간판을 내걸었다. 우리는 걸음이 느린 순례자들이라 마을의 다른 숙소를 미리 예약해 두고 왔다. 우리 숙소는 여기서 조금 더 걸어가야 한다. 이 도시는 오래된 건물과 옛 수도교의 흔적이 그대로 남아있어 중세 분위기가 물씬 풍겼다. 수도교의 긴 다리 사이로 레스토랑과 미술관, 공원 등이 자리하고 있어 도시의 풍경이 무척 고풍스러워 보였다.

오늘 우리가 쉬어갈 순례자 숙소인 〈라파 빈티지 Lapa Vintage〉를 찾았다. 숙소 앞에서 초인종을 누르자 호스트가 반갑게 맞아주었다. 정면에는 2층으로 올라가는 계단이 보이고, 왼쪽으로 리셉션과 로비가 나왔다. 호스트는

빌라 두 콘드의 숙소 옆에 있는 미술관. 멀리 마을을 가로지르는 수도교가 보인다.

프랑스인으로 발음도 성격도 무척 명랑했다. 벽 뒤에는 큰 세계지도가 있어 멋있다고 했더니, 호스트가 갑자기 함께 사진을 찍자고 해서 얼떨결에 땀에 찌든 모습으로 세계지도 앞에서 기념사진을 찍고 말았다. 우리가 예약한 방은 계단을 올라가 2층 입구에 있었다. 바로 옆이 공동 욕실이고, 그 뒤편은 거실과 공동 주방이 이어졌다. 작은 뒷문을 통과하면 초록 잔디 위에 파라솔과 벤치가 놓인 기다란 정원이 이어졌다. 숙소가 무척 아름답고 맘에 들어서 하루만 머물고 떠나기에는 아쉬움이 큰 공간이었다. 호스트는 프로방스의 느낌이 나게 꾸며봤다며 거실에 있는 수공예 커튼이며 식탁보, 뜨개질한 무릎 담요 등을 자랑했다. 여러 장식품도 아기자기 예쁘게 꾸며져 있어 어느 시골 마을에 온 듯한 느낌을 받았다. 게스트를 위해 커피나 티, 과일, 물 등을 미리 넉넉히 준비해 놓았다. 서둘러 일을 보고 돌아와 쉬고 싶은 마음이 간절했다.

체크인을 마치고 짐을 정리한 후 우리는 다시 산타 클라라 알베르게가 있는 구시가지 중심지로 내려왔다. 주변에는 성당과 레스토랑, 마트 등이 모여 있어 저녁을 준비하기 위해 오가는 마을 사람들로 흥성거렸다. 그리고 무엇보다 순례길에 있는 마을이라서 그런지 순례자들이 가장 많이 보였다. 공원 주변으로 레스토랑이 모여 있어 두리번거렸지만 순례자를 위한 메뉴^{Peregrinos Menu}는 이미 끝나고 없었다. 이미 문을 닫은 레스토랑도 있었다. 이제 밤에 즐길 수 있는 와인과 식사를 위한 바가 준비되는 것이리라. 한 바퀴를 돌아 겨우 문이 열려 있는 레스토랑에 순례자 메뉴가 있어 주문했다. 옆에는 이미 프랑스 순례자 한 분이 식사를 하고 있었는데, 순례자 메뉴가 맛있으니 걱정 말라며 엄지손가락을 들어주었다.

우리가 주문한 순례자 메뉴가 나왔다. 먼저, 전채 요리로 샐러드와 수프가 나왔다. 하루종일 땀을 많이 흘려 샐러드를 주문했지만, 오히려 수프를 한 모금 입에 가져가자 모든 육체적 고통이 위로받는 느낌이었다. 그제야 우리는 첫 순례지에 도착했다는 실감이 나며 긴장했던 마음을 내려놓았다. 오늘 하루 무거운 배낭이 짓누르는 어깨의 고통과 첫날에 익숙지 않아 무릎과 발목이 보내는 통증에도 불구하고 달음질쳐 도착했음을 이제야 알아차렸다. 오늘 순례 첫날을 보낸 우리는 너무 서툴러서 여기까지 오는 동안 자신을 살필 기력도 없었다. 이제야 녹진한 피로 속에 안도감과 만족함, 감사의 마음이 겹쳐 서로의 붉어진 눈시울을 바라보았다. 하루종일 긴장하며 힘겹게 버티고 있던 마음이 따뜻한 수프 한 모금 속에 녹아내리는 순간이었다. 유니가 우리도 해냈다고, 수고했다고 말하는 순간 울컥하고 말았다. 옆에서 식사하고 있던 순례자가 우리를 바라보았다. 그녀도 우리와 같은 마음인지 빨갛게 그을린 얼굴에 감격의 미소가 번졌다. 우리는 서로에게 엄지손가락을 들어 오늘의 수고를 축하해주었다. 이럴 때는 언어가 달라도 서로 마음으로 소통되는 순간이다. 프랑스에서 온 까미노 친구와 내일 아침 마을에서 나가는 까미노를 확인하며 내일도 좋은 순례하자고 인사를 나누었다.

숙소로 돌아와 잠시 뒷 정원이 보이는 식탁에 앉아 따뜻하게 끓인 차를 마셨다. 낮에는 기온이 높아 땀을 많이 흘렸지만 저녁이면 일교차가 커서 쌀쌀해졌다. 우리는 한가로운 숙소에서 공동 욕실을 개인 욕실인 것처럼 누리며 느긋하게 샤워를 했다. 온몸에 파스와 멘소래담을 바른 후 애써 낑낑거리며 스트레칭을 했다. 무리한 다리와 어깨를 주물러 주며 풀어 주었다. 하루 종일 바다 바람을 맞아서 감기 기운이 있는 것인지 아니면 첫날 무리한 게 몸살 기운이 있는 건지 몰라서 감기약을 한 알 먹고 바로 침대에 누었다. 방에는 고맙게도 난방을 해주어서 땀을 흘리며 푹 잠이 들었다. 그렇게 13년을 꿈꾸었던 순례의 첫날이 지나가고 있었다.

산티아고 순례길 (2일) :
빌라 두 콘드 - 이스포센드
<CAMINO DE SANTIAGO (2 DAY) : VILA DO CONDE - ESPOSENDE>
거리 : 23.5km | **시간** : 7시간

Santiago de
Compostela
◉
● O Milladoiro
● Padrón
● Caldas de Reis

● Pontevedra
● Redondela
● Vigo
● Baiona
● A Guarda
● Vila Praia de Âncora
● Viana do Castelo

● Esposende
● Vila do Conde

◎ Porto

📍Vila do Conde → (3.3km) →
Povoa de Varzim → (3.5km) →
A Ver - o - mar → (3.6km) →
Aguçadoura → (6.9km) →
Apúlia → (3.7km) → (Apúlia Fão) →
(2.5km)[Ponte metálica de Fão : Rio Cávado] →
📍Esposende

산티아고 순례길(2일) :
지팡이를 만나다

순례자에게 필요한 건

　아침 일찍 눈이 떠졌다. 침대에 누운 채 팔과 다리만 꼼지락거려보니 저절로 끙하는 신음소리가 흘러나왔다. 아직 9월인데도 아침저녁으로 쌀쌀한 날씨 때문인지 숙소에서 난방을 해 주어 지난밤에는 땀을 흘리며 푹 잤다. 유니는 밤새 끙끙 앓는 소리를 내며 잤다. 어제는 파스와 멘소래담을 온몸에 바르고 스트레칭도 하고 잤지만 첫날 순례의 후유증은 묵직하게 남아 있었다.

　침대에서 일어나 공동 주방으로 갔다. 쌀쌀한 가을의 아침이 뒷마당에 펼쳐져 있었다. 따뜻한 차를 끓이고 정원이 보이는 식탁에 앉았다. 어제 마트에서 사 온 빵과 자두, 사과, 견과류, 요거트 등으로 테이블을 가득 채우고 씩씩하게 아침 식사를 했다. 아침이 꿀맛이었다.

　순례길을 걸을 때는 우선 잠자리가 편해야 한다. 침대가 불편하거나 소음이나 빛 때문에 잠을 제대로 자지 못하면 순례로 쌓인 피로가 풀리지 않는다. 두 번째로는 자기에게 맞는 편안한 신발이어야 한다. 너무 덜컥거리거나 꽉 끼지 않아야 하고 너무 새 신발도 아닌 익숙한 신발이어야 한다. 마지막으로 맛있고 푸짐하게 식사하는 것이다. 그래야 음식의 영양분을 충분히 섭취해서 에너지를 얻을 수 있다. 이 세 가지에 만족스러우니 그런 점에서 오늘도 부족한 점 없이 까미노를 이어갈 수 있을 것 같다.

성당에서 장례식을 만나다

마을에서 순례길로 이어지는 길이 복잡할 줄 알았는데 생각보다 쉽게 길을 찾았다. 카페와 상점에서는 아침부터 손님을 맞이하느라 바쁘고 학교에 등교하느라 엄마 손을 잡고 걸어가는 아이들도 보였다. 그런데 마을 중간에 큰 공원묘지가 있었다. 벌써 몇몇 마을 사람들이 빗자루로 청소를 하고 있고 묘비 앞에는 싱그러운 꽃들이 장식되어 있었다. 외곽이 아닌 마을 한가운데서 묘지와 비석을 만나니 놀라웠다. 하지만 오히려 이렇게 가까운 곳에 가족 묘지가 있으면 아침마다 청소도 하고 꽃도 갈아주며 세상을 떠난 가족과 살아가는 이야기도 나눌 수 있을 것 같아 좋아 보였다.

포보아 드 바르징Póvoa de Varzim이라는 마을에 한참만에야 도착했다. 좁은 골목의 끝에는 탁 트인 대서양이 기다리고 있었다. 항구 옆으로 방파제가 둘러져 있고 거기에는 푸른색 타일로 그림이 그려져 있었다. 마을의 옛 모습, 어부로 살아온 마을 사람들의 이야기, 옛 성당의 모습 등이 묘사되어 있었다.

라파 성당이 제법 큰 광장을 끼고 자리하고 있었다.　　어부의 삶을 묘사한 아줄레주가 장식되어 있다.

　　바다 앞 광장에는 〈라파 성당Igreja da Lapa〉1이라는 제법 큰 성당이 자리하고 있었다. 우리는 순례하는 동안 성당이 보이면 기도하고 쉬어가자고 하였다. 그 시간만큼 늦어지겠지만 유럽의 아름다운 성당을 놓치는 것도 아쉽고 기도하는 시간 동안 몸과 마음의 정화를 얻고 싶었다. 마을 사람들이 하나둘씩 성당을 오가는 게 보였지만 대체로 조용한 성당이었다. 우리는 문을 밀고 조심스럽게 들어갔다. 성당 안에 있던 사람들의 시선이 커다란 배낭을 멘 낯선 순례자에게로 집중되었다. 우리는 가볍게 고개를 숙여 인사하고 자리를 찾았다. 어제 순례의 첫날을 잘 마쳤다는 감사의 기도와 오늘의 순례를 위한 기도를 한참 드린 후 고개를 드니 한 아주머니께서 다가와 "세요?"라고 하셨다. 유니가 기다릴 테니까 혼자 다녀오라고 해서 크레덴시알을 들고 할머니 뒤를 따라 성당 앞 쪽으로 걸어갔다.

　　그런데 성당 앞부분 제단 아래에 관이 놓여 있었다. 관 안에는 돌아가신 할머니 한 분이 고이 모셔져 있었다. 뜻밖의 광경에 너무나 당황한 나머지 어찌할 바를 모르고 서 있었다. 세요를 찍어주겠다는 아주머니가 상황을 이해하셨는지 이쪽으로 오라고 이끌어주셨다. 그리고는 괜찮다며 웃으며

1 라파 성당 : 라파 성모 성당은 1772년에 지역 어민 공동체에 의해 지어진 교구 성당이다. 성당은 마치 어부들에게 필요한 등대와 같은 역할을 하였다고 한다.

등을 두드려 주셨다. 이방인인 우리에게는 당황스러운 문화이지만 이 마을에는 자연스러운 일이라고 생각했다. 제단 옆에 있는 문을 열고 들어가 사무실 책상에서 세요를 찍어주시고, 한 번 더 등을 두드려 주시며 "부엔 까미노"라고 인사해 주셨다.

사무실을 나와 시선을 어디에 둘지 몰라 당황해하며 자리에 돌아왔다. 유니에게 지금은 마을 할머니의 장례식인지 앞쪽에 할머니 관이 모셔져 있다고 알려주었더니 더 놀라워했다. 우리는 할머니와 가족들 그리고 추모하기 위해 모인 마을 분들을 위해 다시 한번 눈을 감고 기도를 드렸다. 성당을 나올 때 입구를 보니 장례식을 알리는 표시였는지 할머니 사진이 걸려 있었다. 들어갈 때 미처 눈여겨보지 못했던 모양이다.

성당을 나오니 너무나 파랗고 깨끗한 하늘이 펼쳐져 있었다. 대서양에서 불어온 바람은 광장을 맴돌고 있었다. 성당 안에서 있었던 장례식에 놀라기도 했고 주검을 가까이에서 보아서인지 마음이 무거웠다. 그런데 우리가 본 장례식은 슬픈 분위기만 있는 것은 아니었다. 언뜻 보았지만 돌아가신 할머니는 하얀 레이스가 달린 원피스를 입고 고운 모습으로 누워 계셨다. 성당 안에 모여 있던 마을 사람들의 얼굴에는 미소가 깃들어 있었다. 평생 함께 살았던 좋은 친구 또는 이웃에 대한 기억으로 흐뭇해지는 마음을 얼굴에서 읽을 수 있었다. 오늘처럼 아름다운 계절에 한평생 살았던 마을의 성당에서 가족과 마을 사람들의 인사를 받으며 고요하고 평화롭게 세상을 떠난다면 그것만큼 행복한 삶의 마무리도 없지 않을까 생각해 보았다.

방파제 앞으로 걸어가 아줄레주 그림을 자세히 보았다. 거기에는 해변에 검은 옷을 입고 무거운 표정을 한 마을 사람들이 모여 있는 그림도 있었다. 바다에서 일하는 사람들의 애환이 느껴졌다. 삶도, 죽음도, 기쁨도, 슬픔도 함께 나누었을 마을 사람들은 서로 끈끈한 정으로 맺어져 있을 것이다. 다시 뒤를 돌아보았다. 아직도 성당 안으로 들어가는 주민들이 보였다. 가족과 다름없는 마을 사람들이 이루는 공동체 마을이다. 돌아가신 할머니가 얼마 전까지도 이 광장에서 이웃들과 농담을 나누었을 것이다. 어쩌면 성당에서 처음 태어난 자녀의 세례를 받았을지도 모르고 그 전에는 결혼도 이 성당에서 했을지도 모르겠다. 마치 영화의 필름처럼 우리는 한 사람의 행복한 인생을 지켜본 듯한 착각이 들었다.

바다가 보이는 작은 카페가 있어 마음을 진정시키려고 잠시 앉았다. 시원한 대서양의 바람을 맞으니 조금 현실로 돌아온 듯했다. 주문한 에스프레소를 기다리며 우리도 이렇게 작은 마을에서 사람들과 가족처럼 살았으면 좋겠다고 생각했다. 조용히 한 마을에서 살다가 마을 사람들의 잘 가라는 인사를 받으며 어느 눈부시게 맑은 날, 우리 부부도 두 손을 꼭 잡고 평화로이 떠나고 싶다는 생각을 했다. 어부들이 대서양과 부딪히며 열심히 살아왔을 바닷가 마을에서 진한 에스프레소를 마시고 오늘의 순례를 떠난다.

대서양에서 멀어지다

어제 첫날 무리한 탓인지 걷기 시작하니 온 몸에서 아우성을 친다. 몇 발자국 못 가서 배낭을 내려놓고 말았다. 줄여도 줄지 않는 배낭은 어깨를 묵직하게 짓누르고 무릎과 발목은 조심스럽게 내딛느라 절룩거리고 있었다. 오전에는 최대한 천천히 걸으면서 몸이 풀어질 때까지 기다릴 수밖에 없다.

오늘은 아침부터 쾌청한 날씨이다. 유럽은 대기가 깨끗해서인지 유난히 티끌 하나 없이 파란 하늘을 선보인다. 그 화려한 빛의 산란으로 대서양의 풍경은 어제와는 완전히 다른 모습이다. 어제는 암울한 디스토피아의 바다처럼 보였다면, 오늘은 대서양도 눈부시고 야생식물이 뒤덮은 모래 해변은 낙원처럼 보였다. 직선으로 이어진 데크길에는 바다 쪽으로 내려갈 수 있게 작은 데크길이 이어져 있었다. 그 끝에 바다를 향해 묵묵히 서 있는 사람들도 있고 강아지를 데리고 산책하는 사람들도 있었다.

대서양을 향해 가던 순례자들이 바다를 곁에 두고 걷고 있다.

이야기를 나누며 데크길만 따라가다 보니 풍경이 묘하게 바뀌어가는 걸 눈치챌 수 있었다. 데크길이 대서양에 바짝 붙어 있다가 모래 해변이 펼쳐지더니, 어느새 제법 높은 모래 언덕으로 바뀌어 있었다. 대서양은 더 이상 보이지 않고 모래 언덕이 점점 초록으로 바뀌더니 골프장이 조성되어 있는 것이 아닌가. 바다 앞의 골프장은 우리의 눈을 의심할 정도로 참 신기했다. 게다가 오른쪽으로는 당근 농사가 한창인 넓은 밭이 펼쳐져 있었다. 데크로 된 까미노를 걸어가는 동안 양쪽의 풍경이 완전히 바뀌었다. 마치 필름을 갈아 끼우고 있는 것처럼 묘하게 느껴졌다. 순례길을 걸으면서 한 마을에서 다음 마을로 이어질 때 지형이 변하고 기온이나 습도에 의해 달라진 생활모습을 살펴보는 것은 무척 흥미로운 일이다. 되도록이면 천천히 걸으면서 세심히 관찰하고 충분히 사색할 수 있는 시간을 가지는 것이 우리에게는 가장 즐거운 여행이다.

오늘은 화창한 날씨로 대서양이 가까이 있는데도 습도가 높지 않았다. 땀을 흘려도 상쾌한 기분이 느껴졌다. 땀을 흘리니 몸이 조금씩 유연해지고 햇살의 비타민을 받아서 그런지 활력도 생겼다. 집들이 하나둘씩 보이기 시작하더니 작은 마을이 나타났다. 그리고 마을 한가운데 〈아풀랴의 상 미겔 교구 성당Igreja Paroquial de São Miguel de Apúlia〉2이 자리하고 있었다. 배낭을 내려놓고 조용히 쉬면서 기도드릴 수 있는 시간이 온 것에 감사했다. 성당 내부는 무척 아름다웠다. 유럽에는 많은 성당들이 있지만 외부의 모습과

---

2 아풀랴의 상 미겔 교구 성당 : 바깥 외관은 포르투갈 특유의 파사드처럼 평면적이며 두 개의 종탑이 올라가 있다. 신고전주의 양식으로 지어진 성당이다. 종교적으로 묘사된 성경 정원이 있고 마누엘 알베르토 곤살베스 다 실바(Manuel Alberto Gonçalves da Silva) 신부의 흉상이 있다.

성당 내부가 모두 다르게 건축되어 있고 작은 성당이라고 신성함을 잃지 않으며 언제든 누구에게나 열려 있다는 것에 감탄했다.

아풀랴의 상 미겔 교구성당은 작지만 마을 사람들의 손길로 가꿔진 아름다운 성당이었다.

오늘 길을 나서고 처음으로 성당에서 한참동안 쉬었다. 이곳 아풀랴^{Apúlia} 마을까지 이미 20km를 넘게 걸었다. 성당 앞에서 땀도 닦고 차도 한 잔 마시며 쉬었더니 조금 활력을 찾았다. 마을은 그리 크지 않은 듯 한적해서 주민들도 보이지 않았다. 성당 옆에는 나무와 조각상으로 아름답게 꾸며진 성경 정원^{Jardim bíblico}이 있었다. 예수상과 돌에 새겨진 기도문 등이 아담하고 정성스럽게 잘 가꾸어져 있고, 그 길을 따라가니 뒷마당으로 이어지게 되어 있었다. 마을에 있는 작은 성당은 여전히 사람들의 손길로 아름답게 가꿔진 살아있는 성당이라는 생각이 들었다.

지팡이를 만나다

다시 출발하니 밭과 소나무로 이어진 길옆에 집들이 하나둘씩 흩어져 있다가 사라지고 이내 숲길이 시작되었다. 숲길은 순례자에게 축복과 같다. 숲은 시원한 그늘을 내어주고 그윽한 나무 향기는 에너지를 충전시켜 준다. 오늘 잘 걸을 수 있을지 유니의 무릎이 걱정이었는데 어제보다 더 아프다고 했다. 오늘이 순례 둘째 날, 아무래도 3일 정도는 몸에 무리가 올 거라는 예상은 했지만 절룩거리며 걷는 걸 보니 생각보다 심하게 아픈 것 같았다. 이럴 땐 지혜가 부족하여 답답하기만 하다. 조금 더 걷다 보면 다리가 풀릴지 아니면 통증이 더 심해져서 염증이 생기지나 않을지, 절룩거리다가 순간적으로 잘못 디뎌 다치는 건 아닌지 등등 어떻게 대처해야 할지 몰라 염려와 불안으로 많은 생각이 오고 간다. 오늘 순례가 끝나고 나면 약국에서 압박붕대를 더 사서 무릎과 종아리를 감싸 주어야겠다.

걱정을 하며 걷고 있는데 숲길 옆으로 언뜻 나뭇가지가 보였다. 걸으면서 곁눈질로 보니 길이도 두께도 제법 반듯해 보이는 나무였다. 길을 가다가 아쉬워서 다시 돌아갔다. 나무를 주워 손에 잡아보니 정말 두께와 높이도 적당하고 땅에 짚어보니 튼튼했다. 유니에게 달려가 이 나무 지팡이로 잠깐 지탱하면 어떻겠느냐고 손에 쥐어주니 괜찮은 것 같다고 좋아했다. 유니는 예전에 나무 지팡이를 여러 개 만들어 할아버지들께 선물한 적도 있어서 지팡이로 적당한 나무인지를 보면 알 수 있다. 유니는 나무 지팡이를 손에 쥐고 빨리 익숙해지도록 호흡을 맞춰 가며 걸었다. 다행히도 지팡이를 짚으니 무릎으로 느껴지던 하중이 분산되어 통증이 덜 느껴진다고 했다.

순례자들은 자신이 쓰던 지팡이나 물건을 다음 순례자를 위해 물려준다고 하던데, 누군가 다른 순례자를 위해 지팡이를 놓아두고 간 건 아닌가 생각할 정도로 좋은 지팡이였다. 불안과 걱정이 가득했던 마음이 우연히 만난 지팡이로 인해 감사함으로 이어졌다. 그렇게 순례길을 마칠 때까지 지팡이는 유니의 버팀목이 되어 주었고 우리의 가족이 되었다.

오늘 우리의 숙소는 〈SLEEP & GO〉이다. 이 표지판이 우리를 인도해 주었다.

오늘 이스포센드에 도착해서 우리가 묵을 숙소는 〈슬립앤고SLEEP & GO〉3라는 알베르게인데 숲길을 걷다 보니 나무 위에 표지판이 붙어 있었다. 너무 반가운 마음에 우리 숙소 이름이라며 둘이서 좋아했다. 숙소를 광고하

---

3 슬립앤고 : 숙소는 AL 마크를 부착하고 있는데, 알로자멘투 로칼(Alojamento Local)을 의미한다. 즉 로컬 숙소, 현지 숙박소라는 뜻이다.

는 표지판이지만 지금 위치에서 숙소까지 몇 km가 남았는지 거리도 안내되어 있었다. 무엇보다 도착지까지 얼마나 남았는지 거리를 체크할 수 있어 좋았다.

우리가 들어선 마을은 팡Fão이라는 마을로 이곳에서 북동쪽으로 큰 반도를 이루고 있다. 왼쪽으로 가면 북쪽 해안가로 이어지고 계속 똑바로 걸어가면 카바두 강Rio Cávado이 나온다. 방금 길이 나누어지는 곳에서 우리는 도로를 건넜다.

앞서 걷던 할아버지 두 분이 먼저 도착해 마을 입구에 있는 카페에 앉아 계셨다. 오늘 순례 여정은 거의 두 할아버지와 동행하다시피 하였다. 하루 종일 두 분으로부터 배울 것이 많은 하루였다. 표지판이 없는 갈래 길에서는 "이쪽이야."라며 방향을 알려주기도 하고, 휴식을 취할 때도 먼저 지나가는 순례자들에게 일일이 길 안내를 해 주시곤 했다. 각자가 걷는 목적과 방식은 다르겠지만 이렇게 까미노 위에서의 우정을 맺어가는 것도 중요한 일이라는 생각이 들었다. 두 분은 맥주 한 잔씩을 드시고는 다시 길을 나섰다. 그런데 두 분이 나선 길이 순례의 방향과도 반대방향이어서 궁금한 표정으로 바라보고 있으려니까 다시 우리에게 돌아오셔서

"오늘 잘 곳은 있는가? 저 뒤에 알베르게가 있는데."

할아버지는 우리가 아직 숙소를 정하지 않은 것 같아 보여서 일부러 다시 오신 것이다. 우리는 숙소를 예약하고 왔고 좀 더 가야 한다고 하자, 잘했다고 하시며 내일 만나자는 인사를 하고 가셨다. 하루종일 품었던 감사

의 마음은 "오브리가두^{Obrigado}"라는 말로 대신할 수밖에 없나 보다. "부엔 까미노"를 큰소리로 외치며 두 할아버지에게 고마움을 전했다.

레스토랑에 남은 다른 순례자는 커피와 빵을 먹고 있었다. 우리는 식당에 순례자 메뉴가 있는지 물어보고 식사를 하고 가기로 했다. 이곳은 낮에는 베이커리와 커피를 위한 카페 공간, 점심 때에는 순례자를 위한 순례자 레스토랑, 그리고 저녁부터는 맥주와 와인을 위한 타파스 바^{Tapas & Bar}로 운영하는 곳이라고 한다.

'순례자 메뉴^{Peregrino Menu}'는 순례자들이 식사할 수 있도록 마련된 저렴하고 풍성한 메뉴이다. 전채요리, 본요리, 디저트로 된 간단한 코스 요리도 있고, 레스토랑마다 다양하게 구성한 원 플레이트 메뉴도 있다. 이 레스토랑의 순례자 메뉴는 바칼라우 스튜와 채소 스파게티였다. 포르투갈의 대표적인 음식으로 소금으로 절이고 대서양 바람에 말린 대구 바칼라우로 하는 요리는 우리도 좋아하는 것이라 갑자기 기대되고 즐거워졌다.

드디어 식사가 나왔다. 바칼라우와 감자와 토마토, 그리고 매콤한 스페인 파프리카 피미엔투^{pimiento}를 넣은 스튜가 먼저 나왔는데 거의 4인분은 될 정도로 푸짐했다. 주키니, 가지, 당근, 토마토, 양송이버섯 등이 어우러진 채소 스파게티도 2인분이 넘어 보였다. 바칼라우가 염장한 대구이기 때문에 잘 요리하지 않으면 지나치게 짜고 느낌이 좋지 않을 수도 있다고 하던데 이곳은 대구를 제대로 손질했는지 정말 맛있었다. 스튜로 만들어서 피미엔투의 매콤한 맛과 토마토의 새콤한 맛이 제대로 베어 들었다. 채소 스파게티는 갖가지 맛있는 채소가 가득 들어 있는데 질이 좋은 올리브유로 볶아서인지 무척 고소하고 풍부한 맛이었다. 포르투갈의 채소와 과일

토마토의 새콤한 맛과 피미엔투의 매콤한 맛이 잘 어우러진 바칼라우 요리. 이것이 1인분이다.

은 수분이 적은 대신 식감이 훌륭하고 건강한 맛이 났다. 우리는 각자의 접시에 바칼라우 스튜와 스파게티를 덜어 거의 4인분은 넘을 것 같은 식사를 하였다. 계속 순례자 메뉴만 먹으며 걸었으면 좋겠다는 말이 절로 나올 정도였다. 오렌지 주스까지 한 잔 마시고 우리는 계산을 하러 갔다. 너무 맛있고 푸짐했다고 엄지손가락을 들어 보이며 인사를 했다. 직원도 기뻐하며 무거운 배낭을 다시 짊어지고 떠나는 우리에게 "부엔 까미노"라고 격려해 주었다. 우리가 식사를 한 마지막 순례자였는지 식당을 나서자 순례자 메뉴 입간판을 치우고 타파스 바로의 변신을 준비하기 시작했다.

마을을 빠져나가 바로 카바두 강 Rio Cávado을 만났다. 예쁜 초록색 다리 폰트 메탈리카 드 팡Ponte metálica de Fão이 놓여 있는데 강폭이 생각보다 넓어 한참을 건넜다. 물과 높은 다리를 다 무서워해서 발만 쳐다보고 건넜다. 멀리 보는 게 덜 무섭다고 유니가 계속 고개를 들라고 하는데도 잘 안 된다. 겨우 다리를 건너 안도의 숨을 고르니 넓은 옥수수밭이 펼쳐졌다.

이스포센드에 도착하다

오늘 내내 숲 속에서 1km마다 표지판을 걸어 놓아서 우리에게 큰 힘을 주었던 숙소 슬립앤고에 도착했다. 숙소는 일반 2층 주택인데 제법 큰 집이었다. 대문으로 들어가니 왼쪽에 작은 정원이 있는데 이미 순례자 2명이 잔디에 앉아 책을 읽으며 자유롭고 편안하게 쉬고 있었다. 역시 우리 걸음이 느리구나, 다른 순례자들은 벌써 도착해 쉬고 있구나 싶었다. 집의 오른쪽 마당에는 순례자들에게 꼭 필요한 세탁실이 있어 빨래하고 건조할 수 있게 되어 있었다. 늦게 도착해서 해가 지는 시간이 다 되어 버렸지만 그래도 손빨래는 해야 한다. 1층은 공동 주방과 거실, 도미토리 룸이 있어 방금 만났던 순례자들의 배낭이 놓여 있고 2층에는 우리가 예약한 더블룸과 역시 도미토리 룸이 있었다. 우리가 머물 더블룸은 넓고 개인 욕실도 갖추어져 있었다. 큰 창문의 커튼을 열어 보니 아까 우리가 걸어온 옥수수밭이 펼쳐져 있었다. 오늘도 하루만 묵어가기에는 너무 좋은 마을과 숙소이다. 하지만 아쉬움보다 순례자의 환대라고 생각하고 잘 쉬고 푹 자고 피곤을 풀 수 있도록 해야겠다.

숙소의 호스트는 까미노 데 산티아고를 여러 번 걸었던 순례자이고 까미노에서 만난 친구와 결혼했다고 한다. 그리고 부부가 함께 순례자를 위한 숙소를 운영하고 있으니 참 멋진 일이라는 생각이 들었다. 순례를 끝내고 돌아간 친구들이 보내 온 편지와 선물이 거실과 복도에 많이 붙어 있었다. 삶 자체가 순례인 부부이다.

먼저 도착한 두 순례자는 오스트리아 여학생들인데 한 친구가 발목을 다쳐 길을 떠나지 못해 며칠 쉬고 있다고 했다. 지금은 많이 나았다며 내일부터 다시 길을 떠날 거라고 했다. 만약 다시 걷는 게 힘들어지면 버스를 타라고 호스트는 버스 노선도 알려주고 신경을 써 주었다. 친구들이 서로 도와가며 다치지 말고 마지막 산티아고 데 콤포스텔라에 도착할 수 있기를 기도해 본다. 그리고 우리도 아픈 무릎과 발목을 조심해서 걷지 않으면 이렇게 다칠 수 있다는 걸 염두에 두어야겠다고 다짐해 보았다.

서둘러 땀에 젖은 속옷과 손수건과 양말을 빨아 널고 벌써 석양에 물들고 있는 하늘을 바라보며 오늘을 마감한다. 오늘 걷는 중간에 마트가 없어 미처 장을 보지 못했기 때문에 내일 아침은 숙소에 조식을 신청했다.

오늘은 유니의 나무 지팡이가 새 가족이 되었으니 한동안 의지해 걷는 걸 지켜봐야겠다. 그리고 무엇보다 무릎과 발목의 통증이 가라앉기를 기도할 뿐이다. 그동안 몸과 마음이 나약했던 우리가 순례하는 동안 강철처럼 단련되기를 기도하며 오늘의 순례를 마친다.

이스포센드 - 비아나 두 카스텔루

<CAMINO DE SANTIAGO (3 DAY) : ESPOSENDE - VIANA DO CASTELO>

거리 : 27km | **시간** : 9시간

📍**Esposende** → (4.3km) →

Marinhas → (2.7km) →

Mar → (1.2km) →

Belinho → (1.9km) →

Antas → (2.9km) →

Castelo de Neiva → (4.6km) →

Chafé → (2.3km) →

Anha → (2.7km) →

📍**Viana do Castelo** → (1.3km) →

Monte Santa Luzia

산티아고 순례길(3일) :
산 너머 산

순례자에게 제일 힘든 셋째날

오늘의 여정은 이스포센드에서 시작해 비아나 두 카스텔루^{Viana do Castelo} 까지 27km 정도 되는 거리이다. 그것도 평지가 아니라 산을 넘어야 하니까 훨씬 더 길 것이다. 게다가 오늘은 보통 순례자에게 가장 힘든 시기라는 순례 3일째 되는 날이다. 여러모로 벅찬 하루가 될 것 같아 긴장된 마음으로 아침을 맞았다.

아침 일찍 오스트리아 친구들이 먼저 길을 나섰다. 발목을 다쳐 며칠 머물렀다가 다시 순례길을 걷는 날이기 때문에 그녀들도 꽤 긴장한 것 같았다. 서로 건강하게 까미노를 이어가자고 인사를 나누었다. 호스트는 숙소와 조금 떨어진 집으로 돌아가서 어젯밤 순례자 숙소에는 우리 부부와 오스트리아 여학생 두 명이 전부였다. 그녀들이 떠나고 나니 우리만 덩그러니 남았다.

공동 주방으로 들어가니 호스트가 식탁에 조식을 미리 차려 놓았다. 우리는 커피를 끓여 시리얼과 우유, 토스트, 바나나와 오렌지 등과 함께 맛있게 아침을 먹었다. 우리도 떠날 채비를 하고 현관을 나서니 어제 만나 가족이 된 나무 지팡이가 벌써 떠날 준비를 하고 대문 옆에서 기다리고 있었다. 자, 가자! 유니는 나무 지팡이를 잡은 손에 오늘의 각오를 담아 꽉 움켜쥐었다. 대문을 열자 아침 햇살에 눈부신 옥수수밭이 우리를 배웅해 주었다.

[까미노 포르투게스 해안길 —이스포센드]라고 쓰여 있는 표지석

"까미노 포르투게스 다 코스타-이스포센드
(Caminho Portugues da Costa - Esposende)"

길을 나선지 얼마 되지 않아 돌로 된 까미노 표지판이 나타났다. 이스포센드가 까미노 포르투게스 해안길에 있다는 문구와 조가비가 새겨져 있다. 조가비를 보면 순례자에게 힘내라고 격려해 주는 것 같아서 반가웠다.

"음, 우리가 제대로 가고 있군."

도로를 건너가자 곧바로 성당과 상점들이 모여 있는 마을 광장이 나타났다. 그리고 〈이스포센드의 마트리즈 성당Igreja Matriz de Esposende〉이 보였다. 우리는 성당으로 들어가 오늘의 순례에 대한 기도를 드렸다. 성당을 나오면 작은 가게들이 보이는데 과자나 빵, 채소, 과일, 생활필수품 등을 파는 마을 식료품 가게들이다. 예전에는 우리나라 마을에도 이런 작은 가게들이 많았다. 과일만 파는 가게, 반찬과 식재료만 파는 가게, 생선만 파는 가게들. 하지만 지금은 어디든 대형마트가 들어서 있다. 작은 가게가 사라지자 작은 마음을 나눌 기회도 사라진 것 같았는데 이렇게 유럽의 작은 가게들을 보니 반갑다.

한 잡화점에 들어가니 정말 생활에 필요한 것들이 조금씩 다 갖추어져 있다. 그중에 먹음직스러운 포도에 눈길이 갔다. 솔직히 사고 싶지만 씻을 데가 없으니 살까 말까 망설이고 있는데 주인이 우리의 마음을 눈치챘는지 포도를 골라 가져오라고 손짓을 하셨다. 우리가 큰 포도 두 송이를 골라 가져오니 아주머니는 저울에 달아 숫자와 가격을 보라고 가리켰다. 그리고는 봉지를 들고 가게 뒤로 가서 수돗물에 포도를 씻어 주셨다. 아주머니의 마음과 손길이 무척 고마웠다. 우리의 마음을 알아차리셨는지 엄지손가락을 척! 올리시더니 "부엔 까미노" 하신다. 격려의 인사를 가득 안고 다시 길을 나섰다.

아직 문을 열지 않은 동네 가게에는 예쁜 조가비와 나무 지팡이가 진열되어 있었다. 나무 지팡이는 좋은 나무로 보였고 무늬까지 넣어서 멋지게 만들어져 있었다. 유니는 어제 만난 나무 지팡이가 있으니 괜찮다며 가게 앞을 지나쳤다. 당장 무릎이 낫는 건 아니지만 걷는데 훨씬 도움이 된다며 유니는 나무 지팡이를 든든하게 여겼다.

정육점과 에스프레소

　본격적으로 걷기 시작하여 큰 도로를 걷다가 작은 시골 마을로 들어섰다. 돌담이 예쁜 집들이 늘어선 좁은 골목에 능소화가 소담스럽게 피어 있다. 어느 집 벽에 골목에서 오른쪽으로 꺾으라는 화살표가 크게 그려져 있다. 정식 까미노 표지판이 아니라 마을 주민이 순례자를 위해 표시해놓은 것 같았다. 그러지 않아도 조금 헷갈리는 곳이었는데 그들의 작은 손길이 큰 도움이 되었다. 화살표를 따라 꺾어지

마을 가게에서 에스프레소를 기다리고 있다.

는 곳에 가게가 있길래 기웃거리며 안으로 들어가 보았다. 제일 먼저 가게 안쪽에 에스프레소 기계가 눈에 뜨였다. 옆으로는 생활필수품을 진열해 놓은 선반들이 줄지어 있고 입구 오른쪽에는 정육점이 있었다.

　　　　　“정육점과 에스프레소라.”

이 부조화를 어떻게 이해해야 할지 난감했지만 모닝커피와 휴식이 필요했던 우리는 가게 바깥에 있는 의자에 앉아 배낭을 내려놓았다. 이미 마을 분들이 아침 에스프레소를 한 잔씩 즐기고 계셨다. 유니는 가게 정면에 있는 에스프레소 기계 앞에 줄을 섰다. 혹시 간식이 될 만한 게 있을까 해서 둘러보는데 생필품 계산대 앞의 아주머니가 세요를 찍어주시겠다며 부르셨다. 번거로울 듯도 한데 아주머니는 마을 이름과 가게 이름이 들어간 세요를 찍고 볼펜으로 날짜를 직접 써 넣어 주셨다. 얼마나 고마운지 마리냐스^{Marinhas} 마을의 〈아빌리오 카르도수^{Abílio Cardoso}〉 잡화점을 이제 영원히 기억하게 될 것이다.

바깥 의자에 앉아 잠시 마을 구경을 해 본다. 거리에는 손자들의 손을 잡고 장을 보러 나왔다가 끝도 없이 이야기꽃을 피우고 계신 할머니들이 보인다. 큰 개를 데리고 산책 나와 커피 한 잔의 여유를 즐기는 할아버지도 계셨다. 우리의 시선이 머문 순간 할아버지가 멋진 미소를 날려 주신다. 가게 앞 골목으로 순례자들이 지나가고 있었다. 대부분은 화살표가 보이기 전 멈춰 서서 좌우를 살폈다. 역시나 여기서 많이 헤매는구나. 화살표를 못본 순례자에게는 우리가 손짓으로 방향을 가리켜 주기도 하였다. 그들은 웃으며 "Buen Camino" 인사를 남기고 먼저 길을 떠났다. 우리는 순례자가 아니라 마을 주민이 된 듯하다. 언제 길을 떠나려고 우리는 이렇게 느긋할까. 드디어 에스프레소가 나왔다. 두 잔에 2유로가 안 되는 말도 안 되는 가격에다가 정육점과 카페의 조합에 기대도 하지 않았던 에스프레소는 정말 기가 막힌 맛이었다. 이 가게를 잊어버릴 수 없는 강력한 이유가 또 생겼다. 진한 크레마는 입에 감기고 아로마도 근사했다. 남은 한 모금에 갈색 설탕을 넣어 쌉싸름한 맛과 달콤한 맛이 어우러진 마지막 한 방울을 입안에 머금었다가 넘겼다. 이럴 땐 우리도 모르는 사이 행복한 미소에 젖어 있다.

작은 마을을 지나 도로를 건너면 마을이 나타나고, 그러다가 다시 도로가 나와 길을 건너면 마을이 이어지기를 반복하고 있다. 산 아래에 여러 작은 마을이 흩어져 살아가는 것 같았다. 한 마을에 들어서니 마치 순례자를 환영하는 듯 찬송가 음악이 힘차게 흘러나왔다. "페스타FESTA"라는 글자와 장식이 마을 입구부터 마을 성당[1]이 있는 곳까지 계속 이어져 있다. 축제를 준비하는 중인지 장식과 음악은 화려한데 마을 주민들은 어디에도 보이지 않았다. 인적이 없는 마을에 음악소리만 가득한 길 한가운데를 씩씩하게 걸어 마을을 통과했다. 순례자를 위한 행진곡처럼 느껴졌다.

길은 점점 오르막으로 이어져 산 중턱에 자리 잡은 마을까지 올라왔다. 왼쪽 아래로는 멀리 대서양이 펼쳐져 있고, 오른쪽으로는 돌산이 우뚝 자리 잡고 있는 산간 길이다. 마을이 참 예쁘다고 느꼈는데 아마도 집집마다 나무와 꽃을 정성스럽게 가꾸고 꾸며서인 것 같았다. 마치 시간 여행을 하는 듯 중세 분위기가 나는 마을 안을 통과해 갔다.

까미노에서 자주 마주친 순례자를 다시 만났다. 프랑스에서 온 모녀인데 처음 마주쳤을 때는 약국을 찾고 있었는데 다시 만났을 때는 딸이 발목에 붕대를 감고 있었다. 오늘은 발목이 어떤지 물어보니 괜찮다며 고맙

---

1 <마리냐스에 있는 상 미겔의 마트리즈 성당(Igreja Matriz de São Miguel Arcanjo das Marinhas)> : 마리냐스 마을에 있는 이 성당은 매년 마을 축제가 열린다. 9월 말에는 후원자 축하 행사가 열린다.

다고 한다. 그리고 손으로 가리키며 저 건물에서 세요를 받았으니 가 보라고 일러주었다. 아침에 에스프레소를 마신 가게에서 세요를 받은 게 전부라서 우리는 가 보기로 했다. 그런데 건물에는 우체국^{CTT}이라고 되어 있고, 안에서는 우체국 업무도 보고 있었다. 세요를 찍어주느냐고 물어 보았더니 직원은 미소를 지으며 고개를 끄덕였다. 이곳은 마을의 문화유산인 〈벨리뇨의 마트리즈 성당^{Igreja Matriz de Belinho}〉과 마을을 관리하는 시 단체 소속의 공공기관이었다. 그리고 우체국 사무실과 시 의회가 같은 건물에 있었다. 직원은 성당과 마을이 안내된 리플렛도 챙겨주고 예쁜 성당이 그려진 세요도 찍어 주었다. 그러면서 세요에 찍힌 성당이 가까이 있으니 보고 가라고 알려 주었다. 지친 순례자들이 만나는 친절과 환대는 순례길의 오아시스와 같다. 건물을 나와 맞은편으로 조금 더 걸어가니 세요에 그려진

문화유산으로 보존되어 있는 벨리뇨의 마트리즈 성당

성당이 있었다. 벨리뇨의 마트리즈 성당을 못 보고 지나칠 뻔했는데 고맙게도 아름다운 성당도 보고 세요도 받았다.

첫 번째 산을 넘다

국립공원 카르발랴^{Carvalha}에 들어섰다. 오늘 만나는 첫 번째 산이다. 다양한 나무들이 야생의 울창한 숲을 이루고 있는데 도토리나무, 밤나무와 같은 참나무도 보였다. 발아래에는 작은 개울물이 흘러가고 제법 울퉁불퉁한 험한 산길이 이어졌다. 무거운 배낭을 메고 기우뚱거리며 겨우 걷고 있는데 뒤에서 누군가 산악자전거를 타고 올라왔다. 큰 바위를 타고 산악자전거가 멈추었다 달렸다를 반복하며 오고 있었다. 걷기도 힘든 길을 자전거에 올라타고 지나가는 그에게 정말 대단하다며 "Buen Camino"라고 외쳤더니 그도 인사하고 지나갔다. 어제까지만 해도 대서양을 끼고 계속 걷다가 오랜만에 산 속의 에너지도 받고 계곡의 물소리도 들으니 기분이 좋았다. 숨이 차오를 무렵 숲으로 가려져 있던 시야가 열리며 시냇물과 돌다리가 보였다. 예전에는 개울에 돌로 된 징검다리가 많았는데 새삼 신기한 풍경이었다. 이미 산에서 기력을 다 쏟아 온몸은 땀으로 젖고 배낭을 메고 산길을 걸었더니 허리도 펴지지 않았지만 우리의 힘든 모습이라도 사진을 찍어 기념했다. 흐르는 시냇물을 뒤로 하고 오르막을 오르니 도로가 나왔다. 길에는 지나다니는 사람도 없고 조용한데 맞은편에 작은 예배당이 보였다. 맞은편으로 가 보았지만 〈예배당^{N. S. Guadalupe}〉은 닫혀 있었다.

도로를 따라 걷는데 공사 중이니 돌아가라는 안내문이 보였다. 산 쪽으로 가지 말고 직진해서 마트가 있는 곳에서 올라가라는 설명이었다. 계속 차가 다니는 도로를 따라가다 〈수페메르카두 비에가스Supermercado Viegas - Coviran〉을 발견했다. 마켓 앞에도 안내문을 붙여놓은 걸 보니 여기가 맞나 보다. 순례길 위에 있어서 그런지 길의 이름이 산티아고R. de Santiago이고 산티아고의 동상도 서 있었다. 여기에 있는 동상은 웬일인지 예수를 닮아 있는 듯하다. 길을 따라 올라가는데 아주 가팔랐다. 아주머니 세 사람이 탄 자동차 한 대가 우리와 같이 오르막길을 올랐다. 우리는 숨이 차서 헉헉거리고 자동차도 급경사라 윙윙거리며 힘겹게 오른다. 우리는 서로 웃었다. 다 오르고 보니 아주머니들이 향하는 곳은 성당 위에 있는 공원묘지였다.

성인 야고보를 기리는 〈성 야곱 예배당Chapel st. Jacob〉과 〈자비의 성모 예배당Capela de Nossa Senhora das Mercês〉, 그리고 가장 규모가 큰 〈카스텔루 네이바의 산티아고 성당Igreja de Santiago de Castelo de Neiva〉[2]이 넓은 터에 자리하고 있었다. 성당 안으로 들어가니 뒤에 작은 테이블이 있어 방문한 순례자들이 각자 세요를 찍을 수 있게 마련해 놓았다. 우리는 세요를 찍고 기도를 드렸다. 성당은 지친 순례자들을 늘 편안하게 품어준다. 고요한 성당 안에서 몸도 마음도 한참을 쉬었다. 여기는 브라가 현에 속하고 성당 옆의 산을 넘으면 비아나 두 카스텔루가 이어진다. 아직 오늘 우리가 걸어야 할 까미노의 반도 걷지 못했다.

---

2 카스텔루 네이바의 산티아고 성당 : 성당의 역사를 살펴보면, 먼저 <산티아고 드 네이바 (Santiago de Neiva)>라고 불리었다가 다시 <카스텔루 두 네이바 (Castelo do Neiva)>라고 바뀌었는데 지금은 <산티아고 드 카스텔루 드 네이바(Santiago de Castelo de Neiva)> 성당이 되었다고 한다. 성당 이름으로 우리가 브라가(Braga)를 지나 비아나 두 카스텔루(Viana do Castelo)로 들어섰다는 알 수 있게 해 주는 이름이다.

두 번째 산을 넘다

성당 앞 광장에서 북쪽으로 두 번째 산인 몬트 네이바^{Monte Neiva}의 산길이 바로 이어졌다. 조금 올랐을 뿐인데 가파른 산길에 금방 숨이 차오르고 배낭을 멘 어깨가 묵직하게 아파왔다. 무릎이 아픈 유니는 지팡이를 꽉 쥐고 오르고 있다. 우리에게 지금 오르막길은 고통이다. 더구나 산은 대부분 돌길이어서 한 걸음 내딛기도 어려웠다. 솟아오른 돌을 잘못 디뎌 발이 미끄러지며 발목이 돌아가는 줄 알았다. 자칫하면 발목을 삘 것 같다고 생각하니 식은땀이 주르륵 흘렀다. 이 산을 넘고 나면 다시 한번 쉬기로 하고 힘을 내보았지만 얼마 못 가 주저앉아 버렸다. 그냥 산길 중간에 배낭을 멘 채로 바위에 기대어 앉았다. 아무리 들이쉬고 내쉬기를 반복해도 숨이 가빴다. 오늘 아침부터 긴장하고 있지만 산을 두 개나 넘어서일까 순례자에게 가장 힘든 3일째여서 그럴까. 여간해서 진정되지 않는 숨을 몰아쉬며 무릎과 발목이 잘 견뎌주기만을 기도했다.

그때 프랑스 모녀가 올라오다가 주저앉은 우리를 보더니 웃었다. 딸은 역시 가느다란 발목을 붕대로 감싸고 있다. 조금만 더 가면 된다고 일어서라고 하는데도 잘 안 된다. 손을 흔들어 주며 모녀는 사뿐사뿐 걸어서 먼저 올라갔다. 우리만 몸이 무거운 걸까. 또 한 명의 순례자가 올라왔다. 까미노에서 처음 보는 아저씨는 네덜란드에서 왔다고 한다. 인상이 참 좋은 배불뚝이 아저씨는 잠깐 멈춰서 숨을 가다듬더니 우리에게 어디서 왔냐고 묻는다. 한국에서 왔다고 하니까 "코리아!"라며 반색을 했다. 그러더니 휴대폰을 꺼내어 예쁜 딸 두 명이 한국에 여행 갔을 때의 사진이라며 보여주셨다. 광화문에서 한복을 입고 찍은 사진이었다. 예쁜 미소를 띤 두 딸을

위　오른쪽으로 보이는 길을 걸어와 성 야고보 동상을 끼고 산으로 올라간다.
아래　카스텔루 네이바의 산티아고 성당

위　산을 내려오는 길에 만난 상 로망 성당
아래　십자가 계단과 그 길 끝에 있는 산 위의 예배당

보는 아저씨는 입을 다물 줄 모른다. 한국에 여행을 오거나 공부를 하러 오는 사람이 많이 늘었는지 코리아라고 하면 여러 이야기가 나오곤 했다. 아저씨의 입담에 힘을 받아 우리도 뒤따라 올라갔다. 조금 쉬었더니 다리에 조금 힘이 생겼다.

산에서 내려오는 길은 좋았지만 그동안 아팠던 다리가 휘청거렸다. 문득 큰 성당 하나가 우리를 반긴다. 오늘 까미노에서는 정말 많은 성당을 만났다. 〈네이바의 상 로망 성당Igreja de São Romão do Neiva〉은 파사드에 장식이 있어 화려해 보이고, 왼쪽으로 종탑도 올라가 있어 제법 큰 성당 같았다. 주위에는 공원이 조성되어 있고 뒤로는 큰 공원 묘원을 가지고 있었다. 성당 사진을 찍고 뒤를 돌아보았더니 멀리 산 위에 십자가가 보이는 게 아닌가. 뜻밖의 광경에 바라보니 앞쪽에 십자가가 하나 있고 무수히 많은 계단 끝에 또 하나의 십자가가 보였다. 그곳에는 작은 예배당도 있는 듯했다. 그곳까지 올라가고 싶었지만, 힘이 부족하여 그냥 지나가기로 했다. 그런데 그 위에서 한 순례자가 내려오는 게 아닌가. 방금 산 위에서 딸의 사진을 보여준 네덜란드 아저씨였다. 아저씨는 다시 만나 반갑다고 하시고는 위에 가면 멋있다고 올라가 보라고 하시고는 바로 출발하셨다. 대단하시다. 우리는 올라갈 엄두가 안 나는데 말이다.

언젠가 포르투갈에 오면 꼭 가 보고 싶었던 브라가의 〈봉 제수스 두 몬트Bom Jésus do Monte〉를 닮은 것 같아서 하염없이 바라보았다. 브라가의 외곽 산에 있는 명소인데, 선한 예수의 산이라는 뜻으로 116m에 이르는 계단이 이어지는 곳이다. 포르투에서 북쪽으로 순례길을 걸어가다 보니 꼭 가보고 싶었던 곳을 많이 지나치게 되어 아쉽다. 하지만 순례길을 걷지 않았더라면 네이바와 비아나 두 카스텔루의 경계에 있는 이 산과 십자가 길, 그리고 저 꼭대기의 〈크라스투의 성모 예배당Capela da Senhora do Crasto〉도 만나지 못했을 것이다.

완만해진 포장도로를 너털너털 내려가는데 유니가 맞은편에 멀리 보이는 산을 가리키며 혹시 우리가 가야 할 산이 저 산이 아닐까라고 했다.

"설마 저 산이 산타 루지아 산이라고?
그럼 성당이나 푸니쿨라가 보여야 하는데 안 보이잖아."

이렇게 강력하게 부인한 이유는 그 산이 너무 아득히 멀리 있었기 때문이다. 이 산을 내려가는 중인데 다시 저 높은 산을 올라가야 한다니 그런 상황은 오지 말았으면 좋겠다 싶어서 완강히 부정한 것이다. 나중에야 알았지만 아득히 먼 그 산이 오늘 우리의 목적지인 산타 루지아 산이었다.

또 하나의 산이 남았다

산을 내려온 후 포도 농장이 많은 마을을 뱅뱅 돌고 있다. 또 한 번 미로에 빠진 것처럼 포도가 열린 비슷비슷한 집들이 계속 나타났다. 산 아래 집들은 많지 않은데 가도 가도 마을이 끝나지 않았다. 오후의 햇살을 얼굴에 맞으며 걷다가 완전히 지칠 때쯤 작은 골목을 빠져 나와 오르막길을 오르니 갑자기 성당이 보이고 큰 마을이 나타났다. 성당 앞마당에 있는 나무와 돌로 만든 작은 벤치가 우리를 반겼다. 우선 배낭을 내려놓고 벤치에 털썩 주저앉았다. 정말 오늘은 유독 힘든 날이다. 모자를 벗고 땀에 젖은 머리카

락을 수건으로 닦았다. 배낭에 눌린 어깨와 등도 다 젖어버렸고 다리를 들어 올리니 무릎이 접히지 않고 끙~하는 신음소리만 절로 나왔다.

〈노바 드 아냐 마을의 상 티아구 교구 성당Igreja Matriz Da Paróquia De São Tiago De Vila Nova De Anha〉 안으로 들어갔다. 상 티아구São Tiago라는 이름에서 알 수 있듯이 정면 파사드에 성인 야고보 동상이 십자가 아래 서 있었다. 성당으로 들어가는 유리문은 아름다운 스테인드글라스로 장식되어 있고 손잡이도 조가비로 되어 있었다. 잠시 지친 몸과 마음을 내려놓고 조용히 기도를 드렸다. 조바심을 내던 마음을 조금 진정시키고 남은 길도 다시 침착하게 천천히 걸어야겠다는 생각이 들었다.

지금 이 마을은 어디쯤일까. 성당의 이름을 보아 이곳이 노바 드 아냐 마을Vila Nova De Anha이라고 짐작해 보았다. 마침 성당 앞에 잡화점이 있어서 마른 목을 축일 겸 과일 주스를 사서 마셨다. 가게 주인에게 지도를 펴서 이곳이 어디쯤인지 알려 달라고 했다. 그런데 아저씨는 오늘 순례길의 반 정도 지난 곳을 짚었다. 정말일까. 벌써 시간은 오후로 접어 들었고, 보통 때 같으면 순례자들이 여정을 끝내는 시간이다. 더구나 우리의 몸과 마음은 다 소진되어 가고 있는 상황이었다. 너무나 많은 거리가 남았다고 하니 난감해서 머릿속이 하얘졌다. 방금 성당에서 묵묵히 걷겠다고 기도드리고 왔는데 이런 상황이 닥치니 다시 당황스러워졌다. 일단 고맙다는 인사를 하고 나오는데 아저씨는 친절하게도 산을 하나 넘으면 거기가 비아나 두 카스텔루라고 설명을 덧붙여 주셨다. 또 산을 넘어야 한다고? 산타 루지아 산을 가기 전에 또 산이 있었던 것이다. 가게를 나오자마자 발걸음을 서둘렀다. 우리는 둘 다 초조해져서 말이 없었다. 이럴 때는 천천히 그리고 열심히 걷는 것 외에는 다른 방법이 없다. 우리는 힘내자며 서로 손을 꼭 잡고 마을을 빠져나왔다.

오늘 우리의 목적지 비아나 두 카스텔루. 산타 루지아 산으로 가야 한다.

한참을 걸어 집들이 드문드문 있는 산간마을로 들어섰다. 공동 수돗가에 아주머니들이 모여 빨래를 하고 있었다. 산에서 내려오는 물을 1단계, 2단계, 3단계로 받아쓸 수 있게 돌로 큰 수조를 만들어 놓았다. 맨 윗물은 마실 수 있게 하고 제일 아래 3단계에서는 물을 떠내어 빨래를 할 수 있게 해 두었다. 우리가 지쳐 보였는지 물을 마시고 가라고 부르셨다. 산에서 내려온 물은 너무나 시원하고 맛있었다. 우리는 비아나 두 카스텔루로 간다고 했더니 세 분 모두 이리로 가라며 손가락으로 길을 알려주셨다. 그곳에는 경사가 40도는 될 것 같은 가파른 고갯마루가 떡 버티고 있었다. 드디어 우리는 오늘 세 번째 산을 만났다.

경사가 급해서 혹시라도 다리에 힘이 풀려 넘어지면 바로 코가 닿을 듯했다. 저기를 올랐다가는 무릎과 발목이 성치 않을 것 같았다. 우리는 그저 허탈하게 웃었다. 유니는 고통을 줄이기 위해 지팡이를 짚고 지그재그로 올라갔다. 어깨에 멘 배낭은 짐꾼들처럼 손을 뒤로 넣어 받쳐 들었다. 그렇게 하니 어깨가 덜 아팠지만 앞으로 고꾸라질 것 같았다. 우리는 히말라야의 포터가 된 것 같다고 말하고는 웃어 버렸다. 오르막길이 끝나자 우리는 하이파이브를 하고 숨을 돌렸다. 산 중턱에 올라오니 예쁜 산길이 이어져 있었다. 그러나 그것도 잠시 길은 바로 내리막으로 이어졌다. 이 길로 내려가면 시내로 들어갈 것이다.

왼쪽으로는 자동차가 내려가는 도로(N 13-3)가 보이고, 가운데로는 흙먼지가 날 정도로 미끄러운 등산길[3]이 뻗어 있었다. 아스팔트 도로로 내려가자니 시간이 많이 걸릴 것 같고 등산길로 내려가자니 지름길이지만 거친 돌길이라 엄두가 안 났다. 나중에 알았지만 이 가운데 길에서는 산악 오토바이 경주가 열린다고 하니 얼마나 가파르고 거친 길인지 알 만 했다. 우리는 서로 고민을 하다가 산타 루지아 산 정상으로 올라가는 푸니쿨라의 시간에 맞춰야 해서 가운데 지름길로 가기로 했다. 하지만 산길은 오르막길일 때보다는 내리막길일 때 훨씬 다치기 쉽다는 것도 알고 있어서 조심스러웠다.

그런데 첫 발을 디디니 자갈돌이 굴러 떨어지고 큰 바위는 발을 대자 흔들거렸다. 건조한 날씨 때문에 산길에는 흙먼지가 날리고 돌을 잘못 디디

---

3 호다 세하 알타 33(Roda serra Alta 33) : 영어로는 하이 소 휠 33(High saw wheel 33)으로 비아나 두 카스텔루의 등산길이지만 산악 오토바이 경주가 개최되는 곳이기도 하다. 바위가 솟아있는 길을 흙먼지 가득 날리며 질주하는 경기이다.

면 발목을 삐게 될 것 같았다. 어제 숙소에서 만났던 오스트리아 친구들이 다친 것도 기억나고 오늘 점심때 만난 프랑스 친구가 발목에 붕대를 감고 있던 것도 생각났다. 우리의 무릎과 발목도 최악의 상태로 겨우 버티고 있는 것이어서 무척 불안했다. 우리는 최대한 정신을 집중해서 내려가자고 했다. 발을 옮겨놓을 때마다 무릎과 발목이 아우성을 치지만 꾹 참았다. 그런데도 돌멩이가 굴러 떨어지거나 발이 조금씩 밀릴 때마다 온몸에 식은 땀이 타고 흘렀다. 그렇게 얼마를 걸었을까. 발에만 정신 집중을 하고 있어 거리감을 잊었다. 그러자 나무로 가려져 있던 산이 열리며 저 아래로 도시가 펼쳐졌다. 산 위에 서 있어 도시가 한눈에 들어왔다. 도시 가운데 큰 강이 흐르고 있었다. 저기가 비아나 두 카스텔루의 시내이겠구나. 우리가 걷고 있는 길의 끝자락이 보이기 시작한 것이다.

산을 내려와 도시로 향하는 도로를 따라 걷는데 거친 산길을 걸었던 다리는 힘이 빠져 후들거렸다. 강으로 가는 도로는 자동차 전용도로처럼 인도가 없어 차와 바짝 붙어 걸어야 했다. 드디어 리미아 강 Rio Limia 앞에 있는 에펠 다리 Ponte Eiffel 4에 도착했다. 강폭은 무척 넓었고 다리도 높았다. 사람이 다니는 길은 한 사람이 겨우 걸을 수 있을 정도로 좁고 차가 다니는 도로에는 큰 트럭과 관광버스가 연이어 철교를 흔들며 지나갔다. 어쨌든 이 다리를 건너야 숙소에 도착할 수 있다. 그리고 내일의 순례길을 이어갈 수 있다. 그것 외에는 아무 것도 생각할 수 없었다.

높은 곳에 대한 공포증도 있는데 빠른 속도로 지나가는 차들 때문에 덜

---

4 폰트 에펠 드 히우 리미아 : 이 다리는 리미아 강을 관통하는 철교이다. 이름에서 알 수 있듯이 프랑스 파리 에펠탑을 세운 건축가 에펠의 작품이다. 에펠탑을 옆으로 뉘어놓은 것과 같다고 생각하면 비슷하다.

컹거림이 심해 극심한 공포가 밀려왔다. 걸어도 걸어도 끝이 보이지 않을 정도로 다리는 길었다. 다리 중간쯤에서는 맞은편에서 오는 사람까지 있어 길을 비켜야 할지 뒤돌아 물러나야 할지 난감한 상황이 되었다. 그 아저씨는 우리를 보자 비켜주려고 다리에 몸을 바짝 붙이고 상체는 거의 다리 난간 밖으로 내민 채 우리가 지나가기를 기다려주었다. 고맙다는 인사를 하는데 그의 포즈가 너무 아찔해서 더 겁을 먹었다. 온 몸이 긴장해서 어떻게 걷고 있는지도 모른 채 한참을 걷고 있으니 앞서 걷던 유니가 뒤를 돌아보며 이제 다 왔다고 말을 했다. 그러더니 갑자기 달려와 손을 잡더니 다리 끝으로 데리고 갔다.

"울었어? 그렇게 무서웠으면 날 부르지."

유니가 눈물범벅이 되었다며 얼굴을 닦아주었다. 눈물이 흐른 줄도 모르고 얼굴 근육이 모조리 굳어 버린 채 그냥 걸었다. 유니가 다 건너왔다고 괜찮다고 하는 순간 그제서야 겁에 질렸던 마음이 풀리며 소리내어 엉엉 울었다. 유니가 다리의 보행자 길이 조금만 넓었더라도 손잡고 걸었을 텐데 하며 눈물을 닦아주었다. 주위에 있던 사람들이 무슨 일인가 해서 쳐다보았다. 동양인 순례자 부부가 서로 손을 잡고 엉엉 울고 있으니 말이다.

푸니쿨라를 타고 산타 루지아 산으로
아직 오늘의 여정이 끝난 게 아니라서 눈물을 닦고 푸니쿨라 타는 곳을 찾아 나섰다. 산타 루지아 대성당은 이베리아 반도에서 가장 큰 장미창을

산타 루지아 산 정상에 있는 성당으로 가는 푸니쿨라.

가지고 있는 성당으로 알려져 있다. 우리는 그 성당 옆에 있는 알베르게에 예약을 했기 때문에 산타 루지아 산 위로 올라가야 했다. 만일 푸니쿨라를 타지 못하면 무거운 배낭을 메고 또 산을 올라야만 한다. 푸니쿨라 타는 곳을 몰라 길을 좀 헤매었다. 비아나 두 카스텔루 기차역 가까이에 있다고 했는데 고속도로가 길게 뻗어 있어 인도를 찾다 보니 빙빙 돌아서 한참이 걸렸다.

드디어 작은 간이역처럼 생긴 푸니쿨라 타는 정류장 엘레바도르 드 산타 루지아 Elevador de Santa Luzia 5에 도착했다. 기차역 가기 전 맞은편에서 겨우

5 엘레바도르/ 푸니쿨라 드 산타 루지아 : 산타 루지아 산꼭대기에 있는 산타 루지아 대성당으로 가기 위해서는 걸어가거나, 일반 차량을 이용하는 방법, 그리고 푸니쿨라를 타는 방법이 있다. 푸니쿨라는 총 650m로, 5-6분이면 도착할 수 있고 왕복 3유로이다. 푸니쿨라 운행시간은 계절별, 월별로 다르기 때문에 확인하고 이용하는 것이 좋다. http://www.cm-viana-caste-lo.pt/pt/funicular-de-santa-luzia

찾았다. 저녁 6시를 넘긴 시각이었다. 다급한 마음에 푸니쿨라 출발 시간을 물었더니 직원이 6시 30분에 있다고 알려주었다. 아, 푸니쿨라를 탈 수 있겠구나. 점심때부터 제대로 식사를 못해서 혹시 위로 올라가면 식당이나 가게가 있는지 물었더니 있다고 한다. 다행이었다. 우리는 바로 티켓을 끊었다. 내일 아침에도 내려와야 하니 왕복 티켓을 샀다. 푸니쿨라에는 3명의 순례자가 출발을 기다리고 있었다. 도착할 수 없을 것만 같았던 오늘 여정의 끝, 드디어 산타 루지아 산에 도착했다.

신기한 푸니쿨라를 타고 위로 올라가니 장엄한 산타 루지아 대성당이 우리를 맞아주었다. 정사각형의 독특한 성당은 거대했고 아름다웠다. 산 정상에 있어서인지 성당은 더욱 독보적인 아우라를 풍기고 있었다. 우리

산타 루지아 대성당은 이베리아반도에서 가장 큰 장미창으로 유명하다.

가 늦게 도착하는 바람에 성당 내부는 내일 아침에야 볼 수 있었다. 내일은 유서깊고 아름다운 성당을 둘러보고 여유 있게 푸니쿨라를 타고 내려가야겠다.

우리의 숙소는 성당 바로 뒤편에 있는 현대적인 건물의 〈알베르게 드 페레그리뇨스 호스텔Albergue de peregrinos Hostel〉이다. 도미토리 침대도 있지만 가격이 비슷해서 더블룸을 예약했다. 도미토리는 한 사람 당 침대 하나를 배정받고 가격

비아나 두 카스텔루의 예수 성심상이 대성당 입구에 있다.

을 지불한다. 그런데 침대 두 개의 값과 더블룸의 가격이 별로 차이가 안 나는 경우가 많다. 더블룸이라도 공동 욕실인 경우도 있고 전용 욕실인 경우도 있다. 이곳은 더블룸을 사용하지만 공동 욕실과 공동 주방을 사용하게 되어 있었다.

아무튼 방도 넓고 전면 유리창에 발코니까지 있어 숙소가 훌륭해 보였다. 발코니에 나가 보니 산 아래 풍경까지 내려다보였다. 참 멋지다. 순례길에 있는 도시는 멋진 곳이 많다. 하루만 머물고 일찍 길을 떠나기에는 아쉬운 점이 많았다. 오늘 이 산타 루지아 산까지 오기 위해 너무 힘든 여정이었지만 산타 루지아 대성당을 보러 올라오길 잘했다는 생각이 들었다. 산을 넘고 넘어 고된 순례길에서 다치지 않고 도착한 것이 감사할 뿐이다.

산 위에 딱 한 군데 있는 카페 겸 레스토랑 〈몬타냐Montanha〉로 늦은 저녁 식사를 하러 갔다. 우리가 산 위에 도착했을 때는 이미 관광버스도 떠나 한 적했고 그래서인지 카페에는 커피를 마시는 한 사람만 앉아 있었다. 식사를 하고 싶다고 했더니 레스토랑 공간으로 안내해 주었다. 순례자 메뉴가 따로 없다고 해서 원 플레이트 식사를 주문했는데 근사한 레스토랑이라 비싸지 않을까 싶었다. 그래도 우리는 오늘 점심부터 지금까지 식사를 제대로 하지 않은 상태라 식사를 할 수 있다는 것만으로도 고마워해야 할 상황이었다. 먼저 가져다 준 오렌지주스를 한 잔 마시니 온몸의 세포가 살아나는 듯했다. 배고픔을 참으며 한참 기다렸더니 방금 요리를 마친 따뜻한 식사가 나왔다. 치킨과 피시는 바로 튀겨서 재료 특유의 맛있는 냄새를 풍기고 감자튀김도 뜨겁고 고소했다. 샐러드에 발사믹과 올리브를 듬뿍 섞고 레몬까지 뿌려 먹으니 최고의 맛이었다. 지친 몸에 피로를 덜어 줄 새콤한 산미가 식욕을 당기게 해 주었다. 우리는 따뜻한 한 끼 식사에 큰 위안을 받았다.

숙소에 돌아와 오랜만에 세탁기와 건조기까지 이용하여 빨래를 다 마쳤다. 배낭을 정리하는 중에 누군가 문을 두드렸다. 알베르게 주인인가? 하며 문을 열어보니 뜻밖에 경찰관이 서 있었다. 바짝 긴장하며 여권을 보여주니 여행 중이냐고 물었다. 우리는 순례자이고 산티아고 데 콤포스텔라까지 간다고 했더니 갑자기 경찰관의 얼굴이 온화해지며 본인도 순례길을 걸었다면서 자랑스럽게 말했다. 그러고 보니 이 분은 서장쯤 되어 보였고, 뒤에는 신입인 듯한 경찰관과 우리 숙소의 호스트가 함께 서 있었는데 왠지 얼굴이 장난스럽게 웃고 있었다. 호스트가 우리와 마주치자 눈을 찡긋

해 보였다. 자주 있는 일이니 긴장하지 말라는 뜻인 듯했다.

　그제서야 단순한 순찰이라고 밝힌 경찰은 포르투갈 방문은 처음이냐, 순례는 어디서부터 시작했나, 포르투갈은 유럽에서도 치안이 잘 되어 있어 관광하기 안전한 나라다 등등 이야기가 점점 길어졌다. 우리는 지금 온몸이 여기저기 쑤시고 아파서 쉬고 싶은데 말이다. 경찰관이 자신이 걸었던 순례길 이야기를 하려고 하자 뒤에서 한 번 더 킥킥 웃었다. 늘 하던 레퍼토리인가 보았다. 마지막에는 웃으며 여행 중에 무슨 일이 있으면 포르투갈 경찰이 도와주겠다며 비상연락망이 있는 안내글을 주었다. 그리고 순례 잘 마치기를 바란다며 떠났다. 경찰관은 가고 호스트는 미안하다며 쉬라고 문을 닫아 주었다. 정말 마지막까지 많은 일들이 일어나는 파란만장한 하루다. 이게 모두 하루 만에 일어난 일인가 싶었다.

　오늘 세 개의 산을 넘었다. 아픈 무릎과 발목으로 오르락내리락 하느라 기진맥진해서 그대로 침대에 쓰러졌다. 밤에는 돌아누울 때마다 끙끙 앓는 소리를 내며 뒤척였다. 순례 중 가장 힘들다는 셋째 날이 끝났다. 내일의 순례길은 조금 수월해질까. 누군가 꿈속에 나타나 힘드니까 그만 하라고 한다면 그래도 우리는 바로 배낭을 메고 까미노를 걸을 것이다. 이렇게나 힘들지만 그보다 더 큰 설렘으로 우리는 또 내일의 순례길을 기다린다.

산티아고 순례길 (4일) :

비아나 두 카스텔루 - 빌라 프라이아 드 앙코라

<CAMINO DE SANTIAGO (4 DAY) : VIANA DO CASTELO - VILA PRAIA DE ÂNCORA>

거리 : 18.3km | **시간** : 6시간

Viana do Castelo → (4.9km) →

Areosa → (3.5km) →

Carreço → (9.9km) →

Vila Praia de Âncora → (1.7km) →

Guesthouse Pereira

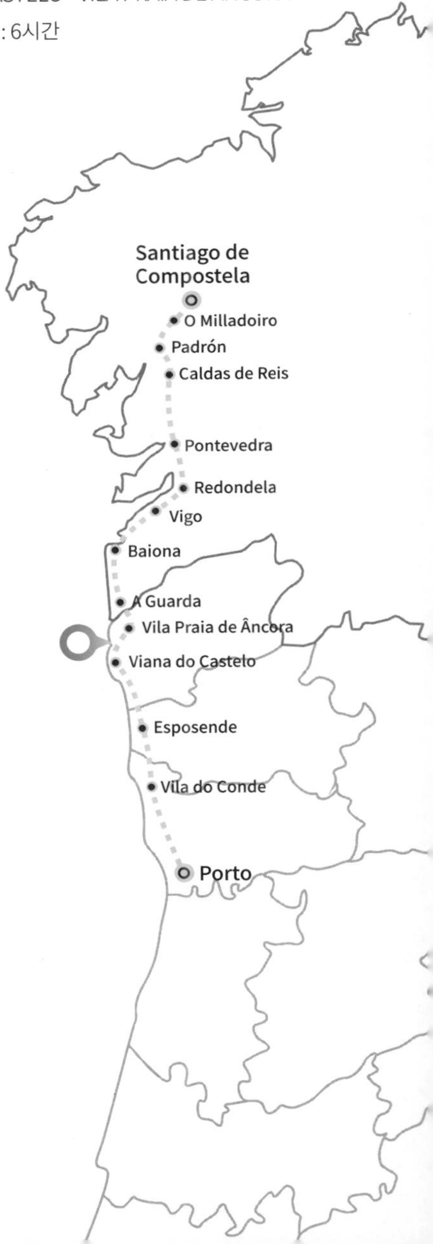

Santiago de Compostela
O Milladoiro
Padrón
Caldas de Reis
Pontevedra
Redondela
Vigo
Baiona
A Guarda
Vila Praia de Âncora
Viana do Castelo
Esposende
Vila do Conde
Porto

산티아고 순례길(4일) :
포르투갈 국경 마을에서

왼쪽으로는 어제 걸어온 산과 다리가 보인다. 왼쪽으로는 강이고 오른쪽이 대서양이다.

산타 루지아 대성당

눈을 뜨니 숙소의 큰 창문을 통해 해가 뜨는 것이 보였다. 알베르게 앞 나무들 사이로 어제 건너왔던 강도 어렴풋이 보였다. 유럽에 와서는 큰 창문으로 자연의 풍경을 보면서 아침을 맞는 것이 큰 즐거움이 되었다. 푸른 하늘과 눈부신 태양과 나무들을 보면서 우리의 생활은 얼마나 대자연의 힘으로부터 밀려나 있었나, 그리고 지금은 그 힘으로 얼마나 건강해지고 편안해졌나를 생각했다. 이렇게 산타 루지아 산 정상에서 해가 뜨는 것을 보며 아침을 맞이하다니 더할 나위 없다. 하지만 우리는 관광을 온 것이 아니라 순례 중이다. 이제 몸을 일으켜 다시 까미노를 향해 출발해야 한다. 침대에서 내려와 발을 디디니 온몸이 쑤시고 아프다. 가장 힘들다는 3일을 넘겼지만, 오늘의 순례도 순탄하지 않을 듯하다.

서둘러 세수를 하러 나오니 공동 욕실에도, 공동 주방에도 순례자들이 많이 보였다. 오늘의 까미노에 대한 기대 때문인지 모두 활기가 넘치는 얼굴이다. 우리는 첫 푸니쿨라를 타고 내려가기 전에 아침식사도 하고 어제 보지 못한 산타 루지아 대성당 내부도 볼 예정이라 서둘러 밖으로 나왔다.

아침에는 하늘을 붉게 물들이며 해가 떴었는데 금세 검은 구름이 몰려와 날씨가 잔뜩 흐리다. 나무들 사이에서 안개가 피어 올라 신비로운 풍경을 자아내고 있었다. 산타 루지아 광장 앞으로 나오니 시내가 내려다보였다. 비아나 두 카스텔루는 꽤 큰 도시인데도 산과 강이 곳곳에 있어서 그런지 삭막해 보이지 않았다. 왼쪽으로는 어제 건너 온 다리와 강 하구가 보이고 오른쪽으로는 대서양의 파도가 넘실대고 있었다. 곧 다시 우리의 까미노는 대서양을 가까이하고 이어지게 될 것이다.

성당에 들어가려고 하니 문이 닫혀 있었다. 산책하던 분이 성당은 9시에 문을 연다고 알려 주었다. 우리는 9시에 푸니쿨라를 타고 내려가야 하는데 말이다. 아쉬운 마음에 성당 주변을 돌며 이 대단한 건축물을 감상하였다.

위　외부에서 바라 본 산타 루지아 대성당의 장미창
아래　산타 루지아 대성당 내부에서 본 장미창 스테인드글라스

〈산타 루지아 대성당^{Santuário do Monte de Santa Luzia}〉은 포르투갈에서 흔히 보았던 성당의 모습과는 달랐다. 보통 포르투갈 성당의 외관은 소박하고 단조로운 파사드에 수직으로 길게 뻗은 라틴 크로스 구조였다. 그런데 산타 루지아 대성당은 화려한 중세 고딕 성당들처럼 외관이 무척이나 화려했다. 또 화강암과 대리석으로 만들어졌기에 중후한 느낌마저 물씬 풍겼고, 독특하게도 정육면체의 형태를 지닌 그릭 크로스^{Greek Cross} 구조의 성당이었다.

산타 루지아 대성당을 둘러보면 여러 건축 양식이 혼합되어 있다는 걸 알 수 있다. 성당의 네 모서리에는 로마네스크 양식의 탑이 각각 솟아있고, 성당 가운데에는 거대한 돔이 자리잡고 있다. 그리고 탑과 탑 사이에는 거대한 장미창이 있는데 이베리아 반도에서 가장 크고 유럽에서는 두 번째로 크다고 한다. 대부분의 성당은 서쪽에 가장 큰 장미창을 두는데 이 성당은 삼면에 모두 동일한 크기의 거대하고 아름다운 장미창이 있다. 성당 외부에는 거대한 장미창을 장식하고 있는 석조 프레임인 트레이서리^{Tracery}가 보였는데 고딕 양식의 성당이 지니는 특징이다.

성당을 한 바퀴 돌며 구경하다가 나무로 된 문이 열려있는 것 같아서 손으로 밀어보니 열렸다. 조심스레 들어가 보니 청소를 하고 계신 분이 있어 기도를 해도 되느냐고 손을 모아 보이니 괜찮다고 하셨다. 우리는 조용히 앉아 건강하게 순례를 마칠 수 있기를 기도했다.

눈을 들어 성당 내부를 보고 우리는 입을 다물지 못했다. 성당 외부는 중세 시대의 육중함이 느껴졌는데, 성당 내부는 무척 현대적이고 섬세한 아름다움이 흘러넘쳤다. 성당 내부는 스테인드글라스의 문양과 색채가 빛

위 하늘로 승천한 예수를 형상화한 천장화
아래 제단에는 순백의 예수상이 두 천사 가운데 서 있다.

나고 있어 숭고함이 가득했는데, 더욱 놀라운 것은 제단의 모습이었다. 보통 황금빛 찬란한 제단과는 달리 하얀 석고상의 예수와 천사상이 따로 독립적인 공간에 조각되어 있었다. 〈예수 성심 성당Santuário do Sagrado Coração de Jesus〉답게 예수의 거룩하고 숭고한 모습이 묘사되어 있다. 바라보는 우리에게도 그 경건함이 전해져 왔다.

돔의 천장화와 제단의 벽화는 조각상과 어우러져 표현되어 있었다. 조각상이 예수가 부활한 모습을 그린 것이라면 조각상 위로 펼쳐진 천장화는 방금 하늘로 승천한 예수의 모습을 묘사하고 있었다. 천사들이 손을 잡고 하늘의 영광을 표현하고 있었다. 그리고 뒤에 그려진 벽면의 프레스코화에는 라틴어 문구와 함께 예수의 일대기가 그려져 있었다.[1]

유서 깊은 성당 외관과 현대적인 내부가 어우러지니 묘하게 비현실적인 느낌을 주었다. 이른 아침 마치 현실 세계가 아닌 다른 시공간에 놓여있는 것 같은 착각을 일으켰다. 성당이 인간에게 경건함을 부여하기 위해 창조한 공간은 놀라웠다. 인간이 만들고 누리는 것이 이렇게 아름다울 수도 있다니 감탄스럽다. 오늘은 흐린 날씨라서 스테인드글라스의 화려한 빛이 미미했지만 포르투갈 특유의 파란 하늘이 펼쳐지는 날이면 얼마나 아름다울지 상상만으로도 충분했다.

---

1 산타 루지아 대성당 건축에 참여한 사람들 : 포르투갈 건축가 미겔 벤투라 테하(Miguel Ventura Terra)가 담당하였으며, 내부를 장식한 조각가와 화가, 그리고 건축에 참여한 사람들은 여러 국가와 각 처에서 온 사람들의 헌신과 노력으로 이루어졌는데, 이는 종교적 단결과 세계 연합을 위해서라고 한다. 산타 루지아 대성당 페이지 참조: https://templosantaluzia.org/

멋진 성당에 넋을 잃고 보고 있는데, 성당의 정문을 열고 성당 관계자분들이 들어왔다. 우리가 감사의 인사를 하고 밖으로 나오니 성당 앞 광장에는 관광버스들이 줄지어 올라오고 있었다. 아마 관광객 무리들과 함께 성당에 있었다면 이런 신비롭고 경건한 느낌을 받을 수 없었을지도 모르겠다. 이른 아침 순례자에게 허락된 고요한 기도의 시간에 감사했다.

어제 맛있는 저녁을 먹었던 카페 겸 레스토랑에 아침 식사를 하러 갔다. 산타 루지아 산 위에 있는 카페는 이제야 막 문을 열고 있었다. 보통 유럽의 카페는 출근하는 사람들을 위해 7시 즈음부터 오픈하는 곳이 많은데 이곳은 좀 느긋한 편이다. 아침 식사로 샌드위치와 커피를 주문했다. 산에는 안개가 가득해서 마치 비가 내리는 듯 축축했고, 더구나 산 정상이라 상당히 쌀쌀한 날씨였다. 그래서인지 아침식사로 주문한 크루아상 샌드위치도 따뜻하게 한 번 구워져 나왔다. 겉은 바삭하고 열기에 치즈가 녹아내려 더욱 맛있는 샌드위치가 되었다. 뜨거운 밀크커피는 어제의 순례로 몸살 기운이 가득한 몸을 따뜻하게 감싸 주었다.

우리는 비아나 두 카스텔루의 산타 루지아 산과 대성당에 반한 것 같다. 산타 루지아 산Monte de Santa Luzia 정상에서 바라보는 대서양은 정말 멋있었다. 이곳에서의 파노라마는 어디선가 선정한 가장 멋진 전망 중 하나라고 하는데 우리에게도 최고였다. 언젠가 화창한 날에 제대로 빛나는 스테인드글라스도 한 번 더 보고 싶다는 생각을 했다. 아름다운 기억을 안고 산타 루지아 산을 내려간다.

발이 미끄러지며 넘어지다

서둘러 떠날 준비를 하고 멋진 알베르게와도 작별 인사를 했다. 오늘의 까미노는 푸니쿨라를 타는 것으로 시작하니 다시 마음이 설레었다. 왕복 티켓을 구입했기 때문에 어제부터 잘 보관해 둔 티켓을 꺼내 보여 주었다. 산 아래에서 먼저 출발하는 푸니쿨라가 산 정상의 푸니쿨라를 도르래로 서로 당기며 움직이는데, 그래서 두 푸니쿨라는 중간 지점에서 만나게 된다.

우리가 탄 푸니쿨라가 천천히 움직이기 시작했다. 푸니쿨라에는 우리 부부 외에 20대로 보이는 여성이 한 명 더 있었다. 분명 순례자인 것 같은데 마치 잠깐 캠핑이라도 온 듯 가벼운 옷차림에 쾌활한 모습이었다. 어제 무리한 이후 체력이 바닥난 상태인 우리와는 정반대였다. 건강하게 순례를 하는 비결이 뭘까. 그 뒤로 이 여성 순례자와 몇 번 마주쳤는데 반가운 인사는 '앗, 푸니쿨라!'였다.

푸니쿨라에서 내려 밖으로 나가니 맞은편에 기차역과 비아나 역 쇼핑센터 건물이 보였다. 워낙 큰 규모라 잠깐 간식을 사러 들어간다는 게 시간이 많이 지체되었다. 오늘은 갈 길이 먼 데 게다가 비까지 내리기 시작했다. 길가에 배낭을 내려놓고 우비를 꺼내 입었다. 우리가 올랐던 산타 루지아 산 곁으로 걸어가는데 왼쪽 건물들 사이로 대서양이 내려다 보였다. 아침에는 몸이 풀리기 전이라 근육이 뭉쳐 있는 상태인데 어제의 까미노 여파로 몸이 평상시보다 훨씬 더 무거웠다. 아픈 무릎과 발목은 디딜 때마다 윽, 소리가 절로 났다. 아픈 곳에 무게를 두지 않으려 애쓰다 보니 무의식 중에 다리도 계속 절룩거리고 있다. 그래도 걷다 보면 풀리겠지 기대를 안고 조금씩 열심히 걸었다.

순례길은 도로에서 산길로 가라는 화살표가 나왔다. 약간 오르막길로 된 마을의 돌길은 비까지 내려서 몹시 미끄러웠다. 가쁜 숨을 몰아쉬니 입에서는 입김이 뿜어져 나왔다. 마을길을 올라와 산 중턱까지 온 것 같은데 화살표가 한 번 더 산 쪽을 향해 있자 맥이 풀리고 말았다. 유니가 앞서서 걷는데 쉬지 않고 걷다보니 둘 사이의 거리가 점점 벌어진다. 뒤에서 쫓아가다가 한순간 발이 미끄러지며 억, 소리와 함께 몸이 기우뚱했다. 넘어지기 직전에 겨우 몸을 가누었지만 주저앉고 말았다. 온몸에 식은땀이 흘렀다. 외마디 비명에 앞서 걷던 유니가 놀라서 다리를 절룩거리며 다가온다. 유니의 무릎도 어제 세 개의 산을 오르락내리락 하면서 많이 망가져 있었다. 아무래도 이대로 산으로 향해 걸었다가는 발목을 삐거나 넘어져 다칠 것 같았다.

다른 방도를 생각하려고 우리는 그대로 멈춰 지도를 펼쳤다. 지금 이 마을이 정확하게 어디인지는 모르겠지만 지도에 오늘의 목적지인 빌라 프라이아 드 앙코라Vila Praia de Âncora까지 이어져 있는 N-13 도로를 따라 걸어보자고 의논했다. 문제는 이미 산 중턱까지 많이 올라와 있는 상황에서 지도에 있는 N-13 도로까지 어떻게 내려가냐는 것이다. 오늘 아침 우리가 출발할 때 큰 도로에서 계속 동쪽 방향으로 화살표가 되어 있었으니 이번에는 반대로 서쪽으로 방향을 틀어 마을을 빠져나가 보자고 했다.

일단 다 젖어버린 몸이니 거추장스러운 우비는 벗어버리고 다시 출발했다. 마을의 돌길은 비에 젖어 내려가는 길이 더욱 미끄러웠다. 무릎에 하중을 줄이려고 지팡이를 꽉 잡다 보니 유니는 손가락에 물집이 생겼다. 어제의 까미노로 몸에서 비상등이 켜진 것 같다. 그런데 웬일인지 이 마을은 미로 같다. 골목을 따라 내려가면 도로가 나올 것 같은데 막다른 골목이거나 집으로 막혀 있었다. 그러면 다시 길을 올라가야 해서 여간 힘든 게 아니었다. 우리가 지도를 펴고 이 마을을 빠져 나가자고 한 지 1시간이 훌쩍 넘었다.

여러 골목길을 계속 헤매다가 어느 좁은 골목을 들어갔는데 예상과는 달리 모퉁이를 돌자 도로가 나왔다. 우리는 가슴을 쓸어내리고 환호성을 질렀다. 자동차가 다니는 지하 도로 위로 육교가 있어 건넜더니 넓은 부지에 큰 주유소와 대형 마트[2]가 있었다. 방금 우리가 있었던 마을은 마치 산 위 마법의 마을인 듯 갑자기 너무나 다른 도시의 풍경에 어안이 벙벙해졌다. 거기에는 자동차들과 쇼핑하려는 사람들로 무척 분주했고 그 앞으로는 우리가 찾아 헤매던 N-13 도로가 뻗어 있었다.

대형마트 안으로 들어가니 입구에 카페가 있었다. 배낭을 내려놓고 앉아 뜨거운 커피를 한 잔 마셨다. 아침부터 얼마 걷지 않았는데 하루의 까미노를 다 걸은 것처럼 지쳐 버렸다. 마트에 있는 직원에게 가서 우리는 순례자이고 길을 물어보려고 한다고 했더니 영어를 할 줄 아는 직원을 따로 불러 주었다. 그는 우리가 보여주는 지도를 보자 이곳은 아레오사[Areosa]라는 마을이고 대형마트 앞으로 나 있는 N-13 도로를 따라가면 오늘의 목적지인 빌라 프라이아 드 앙코라에 도착할 수 있다고 설명해 주었다.

이제 길도 알았으니 푸드 코트에서 점심을 먹고 출발하기로 했다. 푸드

---

2 <아레오사 인터마르쉐 슈퍼(Areosa Intermarché super)> : 아레오사 마을에 있는 대형 마트로, 주유소와 함께 마트가 들어서 있다. 프랑스 체인점이다.

코트에는 조리된 음식이 진열되어 있어 원하는 음식을 고르면 사 가지고 갈 수도 있고 테이블에서 먹을 수도 있는 것 같았다. 우리는 라이스와 샐러드와 치킨 등을 골랐는데 별로 맛이 없었다. 라이스는 차갑고 너무 딱딱해 씹을 수가 없었고 다른 음식도 마찬가지였다. 미리 조리해 둔 음식의 단점이었다.

전날 너무 많이 걷거나 무리하게 되면 다음날 순례길에 무척 부담이 된다. 우리에게 적당한 만큼 순례 구간을 정하고 걷고 있지만 낯선 길이고 지형이나 기후에 따라 몸에 느끼는 정도도 달랐다. 그래서 순례길을 걷는다는 것은 그리 쉬운 일이 아닌가 보다. 오늘 어쩔 수 없이 산길을 걷지 않고 길을 수정했지만 일정에는 차질이 생기지 않아서 다행이라고 여기며 다시 출발했다.

도로를 따라 걷다

밖으로 나오니 그사이 날씨가 맑아져서 해가 쨍쨍하게 비추고 있다. 도로에는 가로수가 없으니 그늘도 없었다. 도로를 따라 걷기 때문에 차들과 함께 걸어야 하고 갓길이나 인도도 좁아서 위험했다. 길은 직선으로 이어졌다. 왼쪽으로는 평지라 멀리 대서양이 바라보이고 오른쪽으로는 오늘의 까미노인 돌산이 보이는데 아직 산에는 안개가 끼어 있었다. 바다가 가까이 있어서인지 아니면 비가 그친 후에 날이 개어서 그런지 습도가 높았다.

한참을 걷다보니 로터리 길가에 약국이 보였다. 그렇지 않아도 계속 약국을 찾던 중이었는데 마을도 없는 한적한 도로 주변에 약국이라니 놀랍기도 하고 신기했다. 문을 열고 들어가니 손님들이 많았지만 약국 안에 에어컨이 켜져 있어서 기다리면서 시원하게 쉬었다. 우리 차례가 되자 영어와 제스처를 섞어 가며 파스와 무릎에 대는 압박붕대를 열심히 설명했다. 포르투갈어를 사용하는 직원과 영어로 말하는 우리는 의사소통이 안 되었다. 그러자 급한 마음에 유니가 바지를 걷어 올려 무릎에 감고 있는 압박붕대를 보여주었다. 그제야 이해한 직원은 압박붕대를 가지고 왔다. 우리나라 제품보다는 압박이 덜하고 부드럽다고 했지만 그런 걸 가릴 상황이 아니다. 이번에는 파스를 사기 위해 어깨가 아프다는 시늉을 하니까 직원이 약품이 있는 안으로 들어오라고 권했다. 뜻밖의 제안에 놀라 안으로 들어가서 케이스에 그려져 있는 그림을 보고 파스[3]를 골랐다. 정말 요긴하게 쓰고 있는 콤피드도 하나 더 구입했다. 세 가지를 고르고 나니 가격이 꽤 비쌌다. 기본 의약품은 우리나라에서 준비해서 왔지만 대부분은 사용할 일이 없었다. 대신에 순례길을 걸으니 파스와 멘소래담 같은 근육통 약품은 다 써 버렸다.

약국을 나와 좀 걷다 보니 버스 정류장이 보여서 앉아서 물도 마시고 잠시 쉬었다. 유니는 새로 산 압박 붕대를 다리에 착용하고 파스도 좀 붙였더니 다 나은 것처럼 보였다. 또 양말을 벗어 햇빛을 보게 한 다음 물집이 잡힌 곳은 없는지 살펴보았다. 바르는 기능의 콤피드를 꺼내어 발가락과 발바닥 앞쪽 부분에 듬뿍 발랐다. 이렇게 바르면 물집이 생기지 않도록 예방

---

3 올픈 엠플아스트로스(Olfen Emplastros) : 스위스 제약회사 메파(Mepha)에서 만든 파스의 이름이다. 가격은 높은 편이었지만 품질이 아주 좋았다. 피부에도 트러블이 생기지 않았고 효과도 좋아서 통증이 금세 가라앉았다.

도 된다. 콤피드^{Compeed 4}는 상당히 효과가 좋은 의약품이다. 특히 물집이 생겼을 때 콤피드를 붙여 두면 마치 내 피부가 된 것처럼 밀착되어 있는데 샤워할 때도 절대 떨어지지 않는다. 나중에 낫게 되면 저절로 떨어지는데, 정말 어디에 물집이 있었는지 구분이 안 될 정도로 깨끗하게 치료가 되었다.

마을과 떨어져 있는 도로로 걷다 보니 카페나 레스토랑이 없어 간식을 먹지 못했다. 다행히 주유소에 미니 마트가 함께 있어 반가웠다. 마트에 들어가 과일 주스부터 사서 마셨다. 마트에서 파는 사과, 포도, 복숭아 주스 등은 거의 착즙이라 신선해서 좋았다. 직원에게 빌라 프라이아 드 앙코라에 간다고 했더니 얼마 안 남았다고 한다. 정말일까. 기쁜 마음에 여기가 어디쯤 되는지 물었더니 대략 5km 정도 가면 해변이 나올 거라고 했다. 빌라 프라이아 드 앙코라는 "앙코라의 해변 마을"이라는 뜻이다. 하지만 마을도 안 보이고 바다와 산 사이에 난 도로만 계속 걸어서인지 거리 감각이 느껴지지 않는다. 직원의 말이 믿기지 않지만 그래도 힘을 내기 위해 믿어 보기로 한다.

길은 처음으로 평지에서 오르막길로 이어졌다. 조금씩 오른쪽으로 꺾이며 산으로 올라가는 도로였다. 차선이 좁아져서 모퉁이를 도는 차들이 우리를 보지 못한다면 위험해질 수 있는 곳이었다. 다시 오르막길을 오르니 숨이 차오르고 다리가 무거워졌다. 일상생활에서 우리는 얼마나 두 다리를 내버려 두었던 걸까. 언제쯤 다리에 활력이 생겨서 육체로부터 자유로워질까 생각했다. 어느덧 오르막길이 끝났는지 도로 옆으로 숲과 공원이

---

4 콤피드 : 물집이 생긴 부위에 따라 여러 종류가 있다. 붙이는 기능의 콤피드는 발뒤꿈치용, 발바닥용, 발가락용 등이 있고, 물집이 생길 것 같은 부위에 미리 바르는 콤피드도 있다. 콜로플라스트(Coloplast) 회사가 덴마크에서 개발한 제품이다.

보였다. 작은 숲길 사이로 예쁜 시골 주택도 보였다. 이제는 내려가는 길인데 맞은편에서 자전거로 순례를 하는 사람들이 올라오고 있었다. 땀을 흘리며 힘겨워하던 우리는 자전거 순례자 앞에서 겸연쩍어졌다. 그들에게 기운 내라고 "Buen Camino"라고 힘차게 인사했다. 이 구간을 지나면 내리막길과 평지가 나와 자전거가 달리기에 좀 수월해질 것이다.

빌라 프라이아 드 앙코라 마을에 도착하다

드문드문 집들이 보이기 시작했다. 도시의 초입에 들어선 것이라 생각하니 걸음이 빨라졌다. 앞에 작은 초록색 다리가 놓여 있다. 어제 비아나 두 카스텔루의 공포스럽던 에펠 다리가 생각나서 우리는 마주 보며 웃었다. 너무 작고 앙증맞아서 '이쯤이야 무섭지 않게 건널 수 있지!'라며 폴짝 뛰어 보이자 유니는 '아이고' 하는 표정을 짓는다. 그러자 어제 말 한마디 못 하고 눈물범벅이 되어 따라오던 게 생각났는지 마음이 아프다며 쳐다보았다. 앞으로도 그런 다리는 안 건너면 좋겠다. 하지만 도시의 입구에는 꼭 크고 작은 강이 있기 마련이다. 강이 있는 곳에 사람들이 모이고 그 강은 마을을 풍요롭게 해 줄 것이다. 오늘은 앙코라 강^Rio Âncora을 건너 마을로 들어간다.

다리를 건너 중심지로 이어지는 큰 도로를 벗어나 오른쪽에 있는 마을로 들어갔다. 집들이 좁은 골목을 끼고 다닥다닥 붙어 있어 힘들게 빠져나가니, 탁 트인 넓은 곳에 광장과 초등학교가 보였다. 뒤에는 산자락이 펼쳐져 있고 중간에 성당도 보였다. 학교 앞에서 길을 물으니 학교 선생님이 유창한 영어로 자세하게 알려 주었다.

성당이 보이는 산 쪽으로 계속 걸어갔다. 산자락을 따라 집들이 보이고 그 앞으로는 넓은 들판에 포도밭이 자리하고 있었다. 오늘 우리가 머물 숙소는 예쁜 주택 단지 안에 있는 숙소이다. 집들이 같은 구조여서 구분하기가 어려웠는데 그중 한 집에 〈게스트하우스 페레이라 Guesthouse Pereira〉라는 작은 간판이 달려 있어 바로 찾을 수 있었다.

호스트는 스페인어로 인사했다. 국경에 인접한 포르투갈의 마을에는 스페인 사람들도 많이 살고 있었다. 현관으로 들어가니 1층에 호스트의 주거공간과 사무실이 있고 나무계단으로 된 2층으로 올라가면 3개의 게스트 룸이 있었다. 우리가 머물 더블룸을 열어보니 전용 욕실과 발코니가 있는 환한 방이었다. 패브릭과 옷걸이, 액자 등 아기자기한 인테리어가 마치 시골의 친구 집에 온 것처럼 예쁘고 정겨웠다. 우리가 호텔보다는 순례자 숙소(알베르게)나 순례자를 위한 호스텔 또는 B&B 스타일의 게스트하우스를 좋아하는 이유가 이런 특유의 정겨움이 있기 때문이다. 발코니로 나가보니 아까 우리가 걸어올 때 보았던 넓은 포도밭이 펼쳐져 있었다. 넓은 포도밭을 가운데에 두고 집들이 동그랗게 에워싸고 있는 형태의 마을이었다. 잠시 마을을 둘러보았다. 예전 우리나라 시골의 풍경을 닮은 듯하다. 하지만 이제 어딜 가더라도 이러한 풍경은 찾을 수 없을 것이다. 까미노에는 자연 속에 변하지 않는 작은 마을이 많았다. 해는 서쪽 산으로 기울고 새는 무리 지어 날아간다. 그 풍경 속으로 성당의 종소리가 가득 울려 퍼지고 있었다.

다시 호스트에게 내려가니 우리가 이용할 시설을 설명해 주었다. 호스트의 스페인어와 우리의 영어가 묘하게 대화를 나누고 있는 상황이 되었다.

숙소는 독특한 구조였는데 1층에서 다시 지하로 내려가면 도미토리 룸과 함께 공동 공간이 나왔는데 공동 주방, 거실이 멋지게 꾸며져 있었다. 지하에서 반대 방향으로 두세 계단 올라가니 외부와 연결이 되고 세탁실과 자전거 보관실이 나왔다. 그래서 지하에 있는 시설도 어둡지 않고 햇살이 많이 들어오는 밝은 구조였나 보다. 그곳에는 세탁을 하고 있는 자전거 순례자가 있었다. 자전거 양쪽에는 살림살이가 가득 들어있는 가방이 달려있고 바퀴에는 흙덩이가 잔뜩 묻어 있었다. 그는 손빨래를 하며 호탕하게 인사를 건넸다. 스스로 식사를 해결하며 자유롭게 자전거 여행을 하고 있다는 그가 대단해 보였다.

저녁에 공동 주방을 이용하라며 호스트가 마트 위치를 알려주었다. 걸어가도 되고 숙소의 자전거를 타고 나가도 된다고 했다. 오랜만에 숙소에

저녁으로 만들어 먹었던 채소 스파게티

서 스파게티를 만들어 먹기로 했다. 숙소에 공동 주방이 있을 때마다 자주 해 먹는 음식은 신선한 채소를 듬뿍 넣은 스파게티였다.

스페인 국경이 가까워서인지 낯선 마트가 보였다. 〈수페르메르카도 프로이스 Supermercado Froiz〉이다. 스페인 체인점 마트를 보자 신기함보다는 서운함이 밀려들었다. 우리는 내일이면 스페인 국경을 넘는다. 거의 한 달 동안 지낸 포르투갈과 이별하는 아쉬움이 몰려왔다.

마트 안에 들어서자마자 빵의 고소한 냄새가 코끝에 확 끼쳐왔다. 고개를 돌리니 한쪽 벽에 붙은 화덕에서 긴 막대로 방금 막 구워진 빵들을 줄줄이 꺼내고 있었다. 오늘 순례길에서의 피로와 포르투갈에서의 마지막이라는 아쉬움은 간데없고 얼굴에는 저절로 미소가 번졌다. 유럽에 와서야 빵에서 고소한 밀 냄새가 난다는 걸 알게 되었고 빵을 좋아하게 되었다.

재빠르게 달려가서 빵을 한 봉지 받아 들었다. 그리고 이미 손은 봉투 안으로 들어가 따뜻한 빵을 덥석 꺼내 반을 부러뜨리고 말았다. "바~싹"하는 소리와 함께 빵이 갈라지고 뜨거운 김이 올라왔다. 입에 넣으니 빵의 식감과 고소한 맛으로 저절로 웃음이 배어 나왔다. 유니의 입에도 한 덩어리를 넣어 주자 아무 말 않고 행복한 미소로 맛있게 먹는다. 이 지역의 밀로 만든 빵이라면, 방금 화덕에서 구워 나온 빵이라면 그 맛은 확인해 볼 필요가 없다. 우리는 리스본에서 산 장바구니 가방을 메고 연신 빵을 뜯어 먹으며 어슬렁어슬렁, 이 마을의 주민이 된 것처럼 천천히 산책을 하며 숙소로 돌아왔다.

마을 한가운데 포도농사를 짓는 풍요롭고 넉넉한 마을, 벌써 붉은 기운을 가득 머금은 하늘이 동네를 아름답게 물들이고 있었다. 오래도록 기억하고 싶은 마음에 한동안 멈춰 서서 하염없이 마을을 보았다. 참, 아름다웠다. 또 아름다움을 마음에 간직하고 간다. 아침에 힘들었던 시간은 아득히 멀어져 가고 순례자에게 그윽한 충만함만이 밀려오고 있었다.

오늘 이 마을에서 밤을 보내고 나면 한 달 가까이 지냈던 포르투갈을 떠나게 된다. 미뇨 강^{Rio Miño}을 건너 우리는 내일 스페인으로 넘어갈 것이다. 그리고 내일의 목적지인 아 과르다^{A Guarda}부터 스페인 까미노가 이어질 것이다. 스페인 갈리시아 지방에 있는 산티아고 데 콤포스텔라 대성당에 더 가까워진 셈이다.

포르투갈에서의 마지막 날이 저물고 있다.

산티아고 순례길 (5일) :
빌라 프라이아 드 앙코라 - 아 과르다
<CAMINO DE SANTIAGO (5 DAY) : VILA PRAIA DE ÂNCORA - (SPAIN) - A GUARDA>
거리 : 12.8km | **시간** : 6시간(포르투갈과 스페인의 시차 1시간)

Vila Praia de Âncora → (4.7km) →

Moledo → (3.8km) →

Fontela(로터리) → Caminha → (0.7km) →

A Pasaxe → 국경[CAMINHA(포르투갈) →

(Ferry : Río Miño) →

CAMPOSANCOS(스페인)] → (3.6km) →

A Guarda

Santiago de Compostela

O Milladoiro

Padrón

Caldas de Reis

Pontevedra

Redondela

Vigo

Baiona

A Guarda

Vila Praia de Âncora

Viana do Castelo

Esposende

Vila do Conde

Porto

산티아고 순례길(5일) :
강을 건너 스페인으로

국경을 넘는 날 아침

오늘은 비교적 짧은 거리의 까미노를 걷게 된다. 포르투갈에서 스페인으로 국경을 넘어야 하기 때문이다. 국경이라고 해도 유럽은 검문소나 경계 표시가 없다. 우리가 걷는 까미노 포르투게스 해안길의 국경은 포르투갈과 스페인 사이에 있는 미뇨 강을 중심으로 나누어져 있어 그 사이를 페리로 건너갈 예정이다. 정든 포르투갈과의 헤어짐과 낯선 스페인과의 설렘이 교차하는 날이다. 아침부터 날씨가 화창했다. 구름 하나 없는 파란 하늘. 267일이나 되는 태양일수를 자랑하는 포르투갈은 오늘도 태양의 축복이 가득한 날이 지속되고 있다.

길을 나서자마자 성당이 우리를 반겼다. 먼저 순례를 시작하는 아침 기도를 위해 성당부터 들렀다. 〈카펠라 드 노싸 시뇨라 다 보난사 Capela de Nossa Senhora da Bonança〉이다. 성당이나 예배당의 이름을 자세히 읽어보면 어떤 성인을 추대하는지 알 수 있다. 특히 유럽의 각 나라에서는 성모 마리아를 부르는 이름이 달라서, 포르투갈어로 "노싸 시뇨라 Nossa Senhora", 스페인 갈리시아어로는 "노싸 세뇨라^{Nosa Señora}"라고 하며 프랑스에서는 "노트르 담 ^{Notre Dame}"이라고 한다. 이 단어가 들어 있으면 성모 마리아를 모시는 성당 인 것이다. 지금까지 익숙했던 포르투갈 언어, 문화, 역사는 이제 곧 국경을 넘자마자 스페인(갈리시아)의 언어와 문화로 바뀌게 될 것이다.

국경을 넘는 날이라 약간의 긴장감이 오늘의 기도를 절실하게 만들었 다. 세요까지 받은 우리는 사람들이 흥성이는 광장으로 나왔다. 성당 앞 광 장에는 마켓이 열려 북적였다. 아, 오늘이 토요일이구나. 농부들의 마켓이 라기보다 수공예품이 많이 보였고 간혹 베이커리와 생필품을 파는 상인들 도 보였다. 특히 포르투갈의 자랑 중 하나인 아름다운 레이스로 장식한 패 브릭과 타일 공예 등이 보였지만 순례자에게는 그림의 떡이라고 할 수밖 에 없다. 배낭의 무게도 줄이지 못하고 있는 상황에 장식품을 산다는 것은 꿈도 못 꿀 일이다.

포르투갈 국경마을 몰레두

오늘은 순례길을 걸은 이후 처음 맞는 토요일이다. 사람들이 꽤 많이 보 였는데 주말이라 거리에는 조깅과 산책을 즐기는 사람들이 많았다. 까미 노는 이제 바다 곁으로 이어진다. 다시 만나는 대서양은 여전히 두렵기만 한 대양(大洋)이지만 순례길 첫날부터 우리의 길벗이 되어 주어서인지 반 가웠다. 이 거대한 바다의 빛깔은 오늘 눈부시게 파란 하늘빛에 승부를 걸 지 않을 듯하다. 그러고 보니 오늘따라 대서양이 조금은 유순해진 것 같기 도 했다. 바닷가 풍경은 주말을 맞아 산책을 즐기는 사람들이 더해져 더욱 한가롭게 보였다.

바닷가에는 양들도 산책을 나와 있다.

　바다에서 조금 떨어진 곳에 작은 예배당이 보였다. 〈성 이시도루 예배당 Capela Santo Isidoro〉[1]이다. 참으로 아담한 이 채플은 모두 단단한 돌로 지어졌다. 안내해 주시는 분이 있어 성인에 대한 설명도 해 주시고 순례자들이 마실 물도 준비해 주셨다. 그리고 세요도 예쁘게 찍어주셨다. 오늘은 부쩍 순례자들이 많이 보였는데 그들도 이 예배당과의 만남을 축복으로 여기는 듯했다. 포르투갈을 떠나는 순례자들을 배려해주고 축복해 주는 바닷가 채플과 주민이 있어 떠나는 길이 훈훈해졌다.

　밖으로 나오니 한 청년이 양 떼를 몰고 천천히 지나갔다. 한가롭고 풍요

1 성 이시도루 예배당 : 성인 이시도루(Santo Isidoro)를 모시는 곳이다. 그는 스페인 마드리드에서 1100년경에 태어났으며 믿음이 강하고 작은 것이라도 나누며 살았다고 한다. 교황 그레고리 15세에 의해 성인에 추대되었으며 농부와 마드리드 시의 수호성인이다.

오늘은 포르투갈을 걷는 마지막 날. 멀리 스페인 쪽의 몬테 산타 트레가가 보인다.

로운 정경을 구경하느라 발걸음이 계속 늦어진다. 얼마 못가 우리는 바다
건너 높고 거대한 산[2]이 우뚝 솟아 있는 걸 보았다. 산허리까지 구름이 끼
어 산꼭대기만 드러나 있었다. 설마 저기가 오늘 우리가 도착할 스페인인
가. 이쪽은 화창하고 평평한 들판인데 저쪽은 험난한 산자락에 잔뜩 구름
이 끼어 있어 극명하게 대조를 이루었다. 너무나 다른 풍경에 국경을 넘는
일이 두려워지기까지 했다. 걷는 내내 그 거대한 산은 우리의 시야에서 벗
어나지 않았다.

---

2 몬테 산타 트레가(Monte Santa Trega) : 스페인 국경을 넘으면 아 과르다에 도착하게 되는
데 이곳에는 대서양을 바라보며 우뚝 서 있는 몬테 산타 트레가를 볼 수 있다. 국경 마을에 있
는 높은 산이어서 포르투갈 국경에서도 보인다. 산 정상에는 전망대도 있고 성당도 자리하고
있다. 하이킹 코스가 잘 되어 있어 등산을 즐기는 사람이 많다.

이제 까미노는 바닷가를 등지고 몰레두^{Moledo}라는 마을로 잠시 들어간다. 바닷가를 달리는 철길 아래로 통과하니 마을이 나타났다. 지도를 보니 이제야 대략 5km를 걸은 것 같은데 시간이 많이 걸렸다. 오늘은 소풍 나온 듯 구경도 하고 풍경도 즐기며 느긋하게 걸었나 보다. 마을에 들어서니 벌써 카페에는 순례자들이 북적이는 것이 보였다. 우리도 제법 커 보이는 카페에 들러 잠시 커피로 휴식을 취하고 다시 길을 나섰다.

어느 집 발코니에 순례자 조가비가 붙어 있었다.

작은 도로가에는 깨끗한 빌라들이 많이 들어서 있었는데 어느 한 발코니에 순례자 조가비와 산티아고 표시가 붙어 있어서 우리는 걸음을 멈추었다. 순례자는 까미노 조가비만 보아도 반가운 법이다. 그런데 어떻게 개인 주택 발코니에 조가비가 달려 있을까 신기해서 쳐다보고 있으니 한 할아버지가 발코니로 나오며 "Buen Camino! Sello~?"라며 나오셨다. 세요를 찍어 준다는 반가운 말에 우리는 얼른 인사를 했다.

'여기는 개인 집인데 이 할아버지가 어떻게 세요를 찍어준다는 거지?'

의아해하며 크레덴시알을 꺼냈다. 사실 세요는 순례자 사무소에서 찍어주기도 하지만, 마을의 카페나 빵집, 숙소 등에서 저마다의 디자인으로 만든 세요를 찍어준다. 우리는 이런 세요를 더 좋아했는데 마을 이름이나 날짜를 손으로 직접 써 줄 때는 더 좋았다. 할아버지는 우리의 크레덴시알을 가지고 가서서 거실에 있는 책상 앞에 잔뜩 구부린 모습으로 서 계셨다. 그런데… 한참이 걸린다. 그냥 세요를 쾅 찍어주면 끝나는데… 이렇게 오래 걸릴 리가 없는데… 점점 페리 시간이 걱정되어 '그냥 갈 걸 그랬나.'라는 후회의 마음까지 스멀스멀 올라오기 시작했다. 그러자 유니는 참다못해 할아버지를 재촉하기 위해 "Excuse me~."라며 안쪽을 향해 나직이 불렀다. 그러자 잠시 후 할아버지는 우렁찬 목소리로 웃으며 나오시더니 크레덴시알을 우리에게 내밀었다.

"아 !"

우리의 입에서는 외마디 감탄만 흘러나왔다. 할아버지는 자신이 디자인한 세요를 찍고 그 위에 색연필로 각각 색칠해서 한 폭의 풍경으로 만들어 오신 것이다. 까미노 포르투게스 해안길이라는 이름과 몰레두라는 마을 이름이 찍혀 있고 그 위에는 십자가를 목에 달고 바다를 건너는 성인이 배

직접 디자인하고 색칠까지 해 주신 세요.

를 타고 있는 모습이었다. 배를 타고 스페인으로 넘어가는 순례자들이 많은 포르투갈 국경 마을 몰레두에서의 특징이 잘 나타난 세요였다. 디자인을 일일이 색칠하고 할아버지가 날짜와 사인까지 하느라 시간이 걸린 것이다. 순간 마음이 울컥했다.

　우리는 혹시 할아버지도 순례자이셨냐고 여쭈어보았다. 그러자 할아버지는 방으로 뛰어 들어가 손에 가득 크레덴시알을 가지고 나오셨다. 아, 할아버지도 순례자이셨구나. 할아버지의 손에는 크레덴시알 16개가 쥐어져 있었다. 그렇다면 까미노 데 산티아고를 16번이나 순례하신 것이다. 할아버지는 우리의 예상을 넘는 순례자이셨다. 16번이나 까미노에 섰던 할아버지가 순례자에게 베푸는 애정은 감동 이상이었다. 언젠가 우리도 다시 순례를 하게 된다면 까미노에서 건강하게 걷고 있는 할아버지를 또 만날 것만 같다. 그때는 우리가 먼저 "Buen Camino"라고 반갑게 인사할 것이다.

세상에 대해 열린 시각을 갖는 것이 우리가 까미노에 선 이유이기도 하다. 그런데도 기다리는 동안 회의와 불안으로 안절부절 못했던 우리가 부끄러웠다. 앞으로 까미노에서 더 많은 것을 배우고 편견으로부터 자유로운 눈을 가지기 위해 더 노력해야겠다고 생각했다. 오늘 까미노에서 큰 깨달음을 얻고 간다.

페리를 타고 미뇨강을 건너 스페인으로

이제는 국경을 넘기 위해 페리를 타는 선착장으로 열심히 걸어가는 일만 남았다. 우리는 12시에 출발하는 페리를 타기 위해 오늘 일정을 맞추었다. 그 시간대를 놓치면 점심 때 배 시간이 한동안 뜸해지는 걸로 알고 있어서 걷는 속도를 높였다. 할아버지와 헤어지고 로터리를 지나자 길은 직선도로로 이어졌다. 숲을 옆에 두고 걷는 길이 무척 좋았고 평지를 계속 걸으니 조금씩 속도가 나기 시작했다. 이 직선도로가 끝나면 바로 바다가 보이는 선착장이 있을 것이라고 추측하고 열심히 걷고 또 걸었는데, 우리의 추측과는 다르게 길이 끝나가는 데도 바다가 보이지 않았다. 길 끝에는 큰 공공건물이 나오고 이어 옛 모습을 간직한 작은 마을이 다시 나타났다. 이미 시간은 12시가 다 되어가고 있는데 말이다.

포르투갈의 북서쪽 마지막 마을 카미냐^{Caminha}에 들어섰다. 점심 식사를 준비하는지 베이커리와 채소 등을 운반하는 차들이 골목에 늘어서 있다.

마을 벤치에 순례자들이 앉아 있는 모습이 보였다. 세 순례자 중에 여자 순례자 한 명이 발목을 다친 듯 붕대를 감고 마사지를 하고 있었다. 괜찮은지 물어보았더니 우울한 얼굴로 그래도 괜찮다고 말했다. 옆에 있던 남자 순례자가 혹시 페리 시간을 아느냐고 했다. 그래서 12시에 출발하는 걸로 알고 있다고 말해주었더니 아쉬운 표정으로 그건 못 탈 것 같다고 했다.

부지런히 걷다 보니 좁고 긴 골목길 끝에 광장이 나타났다. 뜻밖에도 광장에는 햇살을 받으며 비둘기가 노닐고 있고 주변 레스토랑에는 주말을 즐기는 사람들이 모여 있었다. 시간이 급해 땀 흘리는 순례자와 느긋하게 점심을 즐기는 그들의 모습이 사뭇 비교되었다. 지금까지 보이지 않았던 표지판이 바닥에 있어서 열심히 따라갔지만 강 하구는 나오지 않았다. 아마도 내륙으로 이어지는 것 같았다. 다시 발길을 돌려 다른 주민에게 페리 타는 곳을 여쭈어보니 역시나 이 길이 아니었다.

다시 광장까지 돌아가서 북쪽으로 가니 얼마 지나지 않아 강이 나타났다. 우리는 이때부터 거의 뛰다시피 하여 페리 선착장을 찾았다. 〈바 페리 카미냐Bar Ferry - Caminha〉 건물에 시간표가 있어 직원에게 물어 보았더니, 그건 개인 보트를 빌려 건너가는 시간이라고 했다. 그리고 페리는 바로 옆에 티켓 창구가 있다고 알려 주었다. 티켓 창구로 가니 문이 닫혀 있었다. 페리를 놓쳤구나 순간 허탈해 있는데 옆에 있던 할아버지가 12시 30분에 페리가 있다고 알려주셨다. 배를 놓치지 않았다는 안도감과 우리가 시간을 잘못 알고 있었다는 당혹감이 교차했다. 그래도 배를 탈 수 있다고 하니 마음이 가라앉았다.

기다리는 동안 땀이 식기 시작하니 몸이 쌀쌀해졌다. 옆에 있던 할아버지가 윈드 재킷을 꺼내 입는 걸 보고 우리도 재빨리 겉옷을 꺼내 입었다. 할아버지가 웃으시며 어디서 왔냐고 물으셔서 한국 South Korea에서 왔다고 했더니 아저씨는 프랑스에서 왔는데 싱가포르에 근무한 적이 있다며 반가워하셨다. 주위를 둘러보니 할아버지 부부뿐만 아니라 페리를 기다리는 순례자들이 많이 보였다. 다리 운동도 하고 물도 마시고 방파제에 올라가 음악도 들으면서 각자 스페인으로 넘어갈 시간을 기다리고 있다. 드디어 티켓 창구가 열리고 우리는 스페인의 아 과르다로 가는 페리 티켓을 3.5유로에 구입했다. 그리고 얼마 후 페리 Ferryboat Santa Rita de Cássia 3가 들어왔다.

드디어 포르투갈을 떠난다. 순례길 중간에 국경을 넘는다는 모험보다는 한 달간 정들었던 포르투갈을 떠난다는 서운함이 앞섰다. 우리는 손을 잡고 포르투갈 해변 쪽을 향해 다음에 꼭 다시 오자는 약속을 하고 손을 흔들었다. 페리는 맞은편이 바로 보이는 스페인 아 과르다를 향해 출발했다.

티켓 창구 앞에서 만난 프랑스 할아버지는 할머니와 함께 '이쪽에 앉는 것이 구경하기에 더 좋아.', '의자가 젖어 있으니 조심해.' 하시며 여러가지로 신경 써 주셨다. 조금이나마 고마움을 전하고 싶어 두 분의 모습을 사진으로 찍어 드렸다. 할아버지도 우리의 사진을 찍어주셔서 오랜만에 순례하는 우리 두 사람의 모습이 기록으로 남았다. 다른 사람들도 미뇨강과 강하구 끝에 보이는 대서양의 사진을 찍느라 정신이 없었다. 뱃머리에는 알프스의 소녀처럼 머리를 곱게 땋고 치마를 입은 순례자가 커다란 반려견

---

3 페리: 페리에 대한 자세한 정보는 아래 사이트에서 확인할 수 있다. 시간표와 가격이 달라질 수 있으므로 미리 알아보고 배 시간에 맞추어 걷는 것이 좋다. www.cm-caminha.pt

미뇨강 하류 끝에 대서양이 보인다. 왼쪽은 포르투갈 오른쪽은 스페인이다.

과 함께 그림처럼 앉아 있었다. 아까 만났던 독일 친구들은 발랄하게 포즈를 잡으며 페리 위를 이리저리 돌아다녔다. 단 10여 분 만에 페리는 스페인 땅에 도착했다. 이제 스페인에서의 까미노가 이어진다.

포르투갈을 떠나 스페인에 도착하다

페리에서 내리는 순간부터 스페인 문화권이다. 눈에 보이는 표지판이 스페인어로 바뀌었다. 아마 갈리시아어로 되어 있을 것이다. 점심시간 동안 떠나는 배가 없어서인지 우리가 타고 온 페리가 떠나자 부둣가는 한순간에 한적해졌다. 우리는 잠시 간식도 먹고 마음을 추스르기 위해 그늘에 앉았다. 부둣가 앞에는 까미노 데 산티아고 표지판이 서 있다. 순례자들은 남은 거리 165.600km와 까미노 화살표가 있는 표지석 앞에서 기념사진을 찍고 출발했다. 프랑스 할아버지 부부도 기념사진을 찍고 출발하셔서 "Buen Camino!"를 크게 외쳤다. 두 분도 우리가 들을 수 있도록 큰 소리로 인사를 전해 주고 떠나셨다. 배려와 상냥함이 넘치는 할아버지와 할머니가 건강하게 까미노를 이어가기를 바랐다.

다시 길을 나섰다. 바닷가에서 오르막으로만 계속되는 길을 걸어 아 과르다 시내에 도착하니 도로변에 우리가 묵을 숙소가 보였다. 도시의 초입 부분이라 순례자들이 들어오는 모습이 많이 보였다. 하지만 여기서 순례자들은 두 부류로 나누어진다. 국경을 넘는다는 것 때문에 아 과르다에 도착해서 하루 머문 다음, 다음날 출발하는 순례자도 있고 아 과르다를 통과해 계속 걸어서 다음 마을까지 이어가는 순례자도 있었다.

우리는 일찍 도착했지만 오늘 여기 머문 후 내일 떠나기로 했다. 그래서 오늘은 거리가 짧고 그 대신 내일은 순례를 시작하고 가장 긴 거리를 걸어야 한다. 왜냐하면 아 과르다에서 바이오나^{Baiona}까지는 큰 도시가 없는 작은 마을들이라 숙소가 거의 없는 순례 구간이기 때문이다. 그래서 하루 만에 걷게 되면 35km 정도 되고 마지막에 산을 하나 넘는다. 만일 산을 넘지 않고 해안길로 돌아 걷게 되면 거리는 더 길어질 것 같다. 우리에게는 내일 일정이 까미노 포르투게스 해안길에서 가장 긴 구간이 될 듯하다.

우리의 시계는 오후 2시이지만 마을의 시계는 오후 3시를 가리켰다. 단지 10분 정도 강을 건넜을 뿐이지만 국경을 넘어오니 1시간의 시차가 생겼다. 본래 두 나라는 시차가 없지만 포르투갈이 섬머타임을 적용하고 있기 때문이다. 바로 숙소로 들어가 체크인을 하고 배낭을 내려놓은 뒤, 늦은 점심 식사를 하기 위해 숙소를 나섰다. 오후가 되면 마을은 모두 시에스타에 빠지는 것 같다. 더구나 오늘은 토요일이라서 지금부터 일요일까지 주말 내내 문을 닫는 곳도 많이 있다. 이 모든 것을 생각하면 식사를 할 곳이 있을지 걱정이 되었지만 작은 기대라도 안고 열심히 식당을 찾았다. 골목은 미로 같았고 인적도 없고 불이 켜져 있는 곳이 거의 없었다. 계속 길을 찾다가 유서깊은 시계탑[4]이 보여서 구경하려고 골목 안으로 들어섰다. 오래된 중세 건물에 시계탑이 있는 걸 보니 이곳의 유적인 듯 보였다. 그런데 그 옆에 세워져 있는 입간판에 "순례자 메뉴"라고 적혀 있고 반가운 글자 옆에는 오후 3시까지라고 되어 있었다. 이 간판을 세워 둔 레스토랑이 어디 있는지 찾아보려고 골목 안으로 더 들어가 보았다.

골목길을 따라 내려가니 〈레스토랑 산타RESTAURANT XANTAR〉가 보였다. 돌로 지은 작은 레스토랑이었다. 레스토랑에 들어가니 한 사람이 식사를 하고 있었다. 바삐 오가는 주인에게 순례자 메뉴가 되는지 물어보니 들어오라고 했다. 우리는 전채 요리로는 수프와 파이를, 본 요리로는 치킨과 연어를, 그리고 후식으로는 커피와 푸딩을 주문했다. 그제야 식사를 할 수 있다는 안도감에 내부를 돌아보니 안쪽에도 테이블이 있어 식사를 즐기고 있는 사람들이 많이 보였다. 오랜 기다림 끝에 전채요리가 나왔다.

수프[5]는 마치 채소 된장국처럼 구수하고 깊은 맛이 났다. 따뜻한 수프가 들어가니 피로가 말끔히 사라지고 속이 편안해졌다. 파이도 겉은 얇고 바

---

4 토레 델 렐로(Torre del Reloj) : 시청 건물에 붙어 있으며 토르케마다(Torquemada) 주교에 의해 세워진 오래된 탑 유적이다. 1730년에 지어졌으며 상단에 있는 시계탑을 볼 수 있다.
5 칼도 갈레고(Caldo Gallego) : 스페인 갈리시아 지방에서 먹는 수프로 양배추나 케일과 함께 감자를 넣어 끓인 채소 수프를 말한다.

맛있는 순례자 메뉴를 먹었던 레스토랑 산타. 왼쪽에 2019-미슐랭 마크가 보인다.

삭한 식감이고 속은 촉촉한 느낌으로 부담 없는 맛이었다. 얼마 안 있어 나온 본요리는 연어구이였는데, 도대체 맛있게 굽는 방법이 뭘까 궁금할 정도로 살이 부드럽고 고소했다. 유니는 자신의 요리가 더 놀라운지 치킨을 베이컨으로 감싸 튀긴 요리가 독특하고 맛있다고 했다. 나이프로 자른 단면을 보니 정말 멋지게 롤이 된 모양이었다. 우리는 배고픔도 잊고 되도록 맛을 음미하기 위해 천천히 식사를 즐겼다. 후식으로 나온 푸딩도 폭신하고 달콤한 맛이었다. 지나치게 달지 않은 유럽의 디저트는 우리도 자주 즐기게 되었다.

스페인에 오자마자 스페인(갈리시아) 음식을 먹을 수 있어서 좋았다. 우리는 맛있다, 감사하다는 마음을 전하기 위해 스페인어와 영어를 총동원

했다. 레스토랑 주인은 우리의 미소를 보고 짐작했을 것이다. 처음에 나온 수프의 이름을 알고 싶다고 했더니 종이에 적어 주며 순례자 조가비까지 선물로 챙겨주셨다. 스페인 입국부터 후한 대접을 받았다.

레스토랑을 나오니 역시 골목은 한적하고 인적이 없었다. 이곳만이 식사하려는 순례자를 위해 불이 켜져 있었던 것처럼 신기한 기분이 들었다. 순례길에서는 이런 신기루 같은 축복이 가끔 찾아오곤 한다. 뒤돌아 레스토랑을 한 번 더 바라보며 사진을 찍는데 오른쪽 입구에 콤프로미소 칼리다데 트리스티카 Compromiso Calidade Tristica-2019 6라고 적힌 팻말이 보였다. 아마도 2019년 스페인이 선정한 맛집이라는 표시인 것 같았다. 우리는 그럴 만하다며 고개를 끄덕이다가 우연히 왼쪽의 또 하나의 마크를 보았다. 이번에는 너무 놀라 눈이 동그래졌다. 거기에는 2019-미슐랭2019-MICHELIN이라고 쓰여 있는 빨간 마크가 붙어 있었다.

숙소 1층에 있는 카페에 들어가 밀크커피를 한 잔씩 마셨다. 옆자리에 있던 아주머니들이 우리를 자꾸만 보길래 순례자라고 인사했다. 산티아고 데 콤포스텔라까지 간다고 하니까 무척 놀라며 격려해 주셨다. 많이 걸어야 할 텐데 하셔서 종아리를 만지며 아픈 시늉을 했더니 깔깔 웃으신다. 스페인 사람들은 무척 쾌활한 성격을 가졌다.

포르투갈에서 순례를 시작했지만 스페인으로 들어오니 순례자에 대한 사람들의 시선이 조금 달라진 듯하다. 스페인 땅에 있는 산티아고 데 콤포

---

6 콤프로미소 칼리다데 트리스티카 : 스페인 관광 품질 인증 시스템이다. 관광 프로그램으로서의 서비스와 품질이 높은 곳에 주는 인증 마크이다.

스텔라로 가는 순례자들에 대한 관심과 친절이 훨씬 더해졌다. 그들도 까미노 데 산티아고에 대한 애정과 자부심이 대단하다.

아주머니들은 카페를 나가면서 "Buen Camino"라고 인사해 주고 가셨다. "Gracias."라고 감사의 말을 전하며 헤어졌다. 정말 스페인에 온 게 실감 났다. 왜냐하면 "Buen Camino(부엔 까미노)"는 스페인어 인사이기 때문이다. 우리가 사실 순례를 시작할 때부터 이렇게 인사했지만 포르투에서는 "Bom Caminho(봉 까미뇨)"라고 포르투갈어로 인사해야 맞다. 프랑스어로는 "Bon moyen(봉 모엥)" 또는 "Bon voyage(봉 봐야쥬)"이다. 하지만 순례자는 모두 스페인의 산티아고 데 콤포스텔라로 향해 가기 때문에 스페인어로 인사하는 것이 가장 흔하다.

내일은 먼 거리를 걸어야 하기에 일찍 쉬려고 한다. 아무래도 긴 거리를 앞둔 날은 긴장이 되기 마련이다. 잘 걸을 수 있을까. 바이오나까지 35km의 여정. 스페인 까미노는 본격적으로 내일부터 시작이다. 스페인 아주머니들의 응원도 받았으니 힘을 내야겠다.

산티아고 순례길 (6일) :
아 과르다 - 바이오나
<CAMINO DE SANTIAGO (6 DAY) : A GUARDA - BAIONA>
거리 : 35km | 시간 : 9시간

A Guarda → (7.0km) →

Portecelo → (5.8km) →

Oia → (3.6km) →

O Serrallo → (2.8km) →

Porto Mougás → (1.8km) →

Pedra Rubia → (2.5km) →

A Ermida → (3.9km) →

As Mariñas → (3.9 km) →

Baredo → (3.3 km) →

Baiona

Santiago de
Compostela
O Milladoiro
Padrón
Caldas de Reis
Pontevedra
Redondela
Vigo
Baiona
A Guarda
Vila Praia de Âncora
Viana do Castelo
Esposende
Vila do Conde
Porto

산티아고 순례길(6일) :
우리보다 더 나은 우리

자기만의 방식으로 자유롭게

먼 길을 가야 하는 날이라 특별히 일찍 일어났다. 어제 포르투갈에서 일어난 시각과 같은데 밖은 캄캄하다. 두 나라의 시차로 인해 지금 스페인의 7시는 포르투갈 시간으로는 6시이다. 이제 스페인에서는 매일 1시간 일찍 움직이는 셈이 되었다. 밖이 너무 캄캄해서 출발하기가 불안하다. 불안함이 채 가시기도 전에 밖에는 술 취한 스페인 청년들이 큰소리로 노래를 부르며 지나갔다. 젊음이 좋은 것인지 스페인의 열정이 남다른 것인지 잘 모르겠다.

아침식사를 든든히 하고 출발을 하고 나니 날이 밝았다. 오늘의 까미노는 아 과르다에서 바이오나까지 35km를 걸어가는 여정이다. 무릎과 발목, 물집 등이 아직은 말썽인지라 우리 걸음으로는 부담이 가는 거리이다. 그래서 열심히 걷다가 심하게 아플 경우에는 목적지까지 버스를 타고 이동하는 것도 고려해 보자고 제안했다. 걷는 동안 다치지 않는 것이 가장 중요하기 때문이다. 숙소를 나와 걷기 시작하는데 도로에 버스가 지나갔다.

"ATSA"[1]라고 쓰여 있어 크게 발음해보다가 우리는 한참 웃었다. 버스가 지나다니는 것도 확인해 걱정이 사라졌다.

잔뜩 흐린 날씨, 스페인 태양마저 모습을 감추면 기운이 나지 않는다. 어느 집에 걸린 마녀 모양의 풍향계가 꼼짝도 하지 않는 걸 보니 시원한 바람도 불지 않는구나. 하지만 이런 날의 까미노는 자연과 더불어 걷는 기쁨 이외에 낯선 길에 대한 모험심과 도전 정신을 느낄 수 있다. 그리고 긴장되고 힘든 여정을 앞둔 날은 배낭의 끈을 더 꼭 부여잡게 만든다. 소나무가 하늘로 쭉쭉 뻗어있는 숲길로 들어간다. 숲이라도 산길이 아니라 나무의 간격

아 과르다에서 오이아 마을로 가는 길. 얼마 후 이 길은 걷기대회에 참가한 사람들로 붐볐다.

1 ATSA : 스페인 갈리시아 지방의 비고(VIGO)를 중심으로 운영하는 버스운송회사이다. 자세한 노선과 시간은 moovitapp.com/index/en/public_transit-lines-Vigo-3841-1305934에 설명되어 있다

이 넓게 펼쳐져 있는 평탄한 길이어서 걷기에 좋았다. 발은 푹신하고 소나무 내음 가득한 숲의 에너지가 몸을 점점 깨어나게 해 주었다.

일요일이라 레저를 즐기기 좋아하는 유럽인들은 집에 있기보다 밖에 머물기를 좋아하는 것 같다. 오늘따라 사람들이 많이 보였다. 자세히 보니 마주 오는 사람들의 가슴에 번호표가 달려 있었다. 걷기 대회가 열리고 있는 것 같았다. "걷기 대회 잘하세요!" "순례길 잘 걸으세요!" 서로 인사를 주고 받았는데 모두 인사말은 "Buen Camino"이다. 맞은편에서 오는 선수들과 계속 웃으며 인사하다 보니 끝이 없는 사람들의 물결에 얼굴에 마비가 올 정도이다. 너무 많이 웃어서 눈물이 고여 있었다.

조금 더 가다 보니 걷기 대회에 이어 마라톤 행렬이 다가왔다. 선두에 선 선수들은 정말 야생마가 달리듯 힘차고 빠른 속도로 진격해 나가고 있었다. 그다음 행렬은 땀을 흘리며 조금이라도 열심히 뛰려는 사람들이 지나갔다. 그들에게는 우리의 응원이 큰 힘이 되는 듯해서 박수로 격려를 해 주었다. 마지막에 달리는 사람들은 거의 걷는 수준이랄까. 그들은 승부나 순위에는 관계없이 웃고 대화하며 이 순간을 즐기고 있는 듯했다. 오히려 무거운 배낭을 메고 걷는 순례자들에게 박수를 보내주었다. 마라톤 행렬이 지나가자 롤러스케이트를 타고 질주하는 사람들이 나타나 깜짝 놀랐다. 아이들부터 어른들까지 즐겁게 질주하고 있었다. 그리고 마지막은 사이클이었다.

아, 이런 대회도 있구나. 각자 자기가 운동하고 싶은 방법으로 달리면 되는 거구나. 하나의 종목이 아니라 각자 원하는 방식대로 자유롭게 즐기는 문화가 참 좋아 보였다. 1등을 뽑는 스포츠가 아니라 즐기는 레저로서의 운동이 참 신기하게 여겨졌다. 그들 덕분에 대략 두 시간 정도를 우리도 즐겁게 걸었다. 까미노에 대한 불안이 한 번에 날아갔다. 마지막 참가자들이 지나가자 까미노는 다시 고요해졌다. 우리도 우리만의 방식으로, 우리의 걸음으로 걷기로 했으니 오늘의 까미노도 걱정하지 말자고 생각했다. 이 길을 충분히 즐겁게 가는 것이 제일 중요한 게 아닐까. 마치 그들이 우리를 위해 퍼레이드를 펼치고 간 게 아닐까 싶었다.

까미노는 큰 도로에서 바다 쪽으로 이어진 작은 길로 우리를 이끌었다. 앞서 간 순례자들이 모여 쉬고 있는 게 보였다. 마을 빈 터에 천막으로 만든 카페였다. 아마도 아까 보았던 대회를 위해 만든 임시 카페인 듯했다. 유럽에서는 주말이면 마트, 카페, 레스토랑이 모두 문을 닫고 쉬기 때문에 임시 카페라도 있어 커피 한 잔을 마실 수 있다면 고마운 것이다. 손놀림이 재빠른 청년이 내려주는 캡슐커피와 작은 머핀을 먹고 나니 피곤이 한결 덜어졌다. 날씨가 흐리고 쌀쌀할 때는 따뜻한 커피가 주는 위안이 크다. 천막 안과 밖을 보니 오늘따라 순례자가 많아졌다. 스페인에서 시작되는 까미노라서 그런가 보다. 그리고 오스트리아에서 단체로 순례를 왔다고 하는데 각자의 속도에 맞춰 걷다가 중간중간 합류하는 듯했다.

작고 아름다운 오이아 마을

까미노는 포르테셀로Portecelo를 지나 바닷가 마을 오이아Oia로 들어섰다. 입구에 들어서자 작은 예배당과 함께 바닷가 정경이 한눈에 들어왔다. 예쁜 마을이다! 벌써 카페와 레스토랑에는 대부분의 순례자들이 휴식을 겸

해 점심을 해결하고 있었다. 바닷가로 좀 더 내려가니 거친 파도 앞에 유서 깊은 대성당이 보였다. 그 주위로 포구가 있고 휴일을 마음껏 즐기려는 사람들이 여기저기 모여 맥주를 마시며 이야기를 나누고 있었다. 한가로운 바닷가에 갑자기 많은 사람들이 북적여 놀랐지만 흥성거리는 일요일의 풍경은 활력이 되어 주었다.

우리는 바닷가 쪽에 있는 레스토랑 〈타페리아 아 캄보아 TAPERÍA A CAMBOA〉 안으로 들어가 정원에 놓인 야외 테이블에 배낭을 내려놓았다. 그런데 직원들이 뭔가 불만이 있는 얼굴로 서 있다. 시선을 따라가 보았더니 테이블에 앉은 오스트리아 순례팀이 맥주를 마시며 각자의 배낭에서 간식을 꺼내어 먹고 있었다. 신발과 양말까지 벗고 편한 차림으로 왁자지껄하게 소란까지 피우면서 말이다. 한 순례자는 주문도 하지 않고 테이블에서 수제 담배를 말고 있었다. 레스토랑에 들어와서 식사는 하지 않고 휴게실처럼 이용하고 있으니 레스토랑 측에서는 별로 반갑지 않은 손님이었던 모양이다.

우리는 직원에게 메뉴판을 달라고 해서 메뉴 공부를 시작했다. 순례자 메뉴가 따로 없어서 원 플레이트 음식을 찾아 채소 빠에야 Paella와 치킨 플레이트를 주문했다. 비록 한참을 기다렸지만 기다림 끝의 음식은 훌륭했다. 빠에야의 채소는 무척 신선했고 양도 푸짐했는데 무엇보다 따뜻하고 적당하게 익은 식감이 좋아 빠에야 냄비를 끌어안고 먹었다. 지나가는 직원과 눈이 마주쳐서 맛있다고 손가락을 들어 보였더니 활짝 웃었다. 다른 손님들도 들어오자 직원들은 얼굴에 미소를 띠고 활기를 되찾은 듯 바삐 움직였다. 나중에 들어오는 순례자들은 우리가 맛있게 먹는 걸 보고 똑같

점심으로 먹은 채소 빠에야는 따뜻하고 맛있었다.   오이아 마을의 포구에 있는 그림 지도

이 빠에야를 주문하기도 했다. 일요일을 즐기는 사람들이 와인을 마시며 화덕 피자나 타파스를 즐기기 위해 많이 모여 들었다. 맛있고 든든하게 식사하고 계산을 하러 갔더니 직원이 레스토랑에서 디자인한 세요까지 찍어 주었다. 우리는 "Muchas gracias(매우 감사합니다.)"라고 인사를 건넸다. 동양에서 온 까미노가 서툴게 발음하는 스페인어를 듣고 직원도 기뻐해 주었다. 오스트리아 순례팀은 배낭을 챙겨 떠났는지 보이지 않았다.

레스토랑을 나오니 포구에 전망대가 있고 주변 마을 이름과 볼거리를 그린 예쁜 그림 지도가 있었다. 우리는 오늘 걸어야 할 마을 이름을 찾느라 그림지도 안을 이리저리 살펴보았다. 페도레스 Pedores - 무가스 Mougás - 페드라 루비아 Pedra Rubia 등이 오늘 거쳐 지나갈 마을들이다.

식사하는 내내 눈길을 끌었던 바닷가 앞의 대성당으로 발길을 돌렸다. 자세히 보니 〈오이아의 산타 마리아 왕립 수도원 Royal Monastery of Santa María de Oia〉2 성당이었는데 문이 닫혀 있어 아쉬웠다. 아까 식사할 때는 사람들이

---

2 오이아의 산타 마리아 왕립 수도원 : 1137년에 세워졌으며 로마네스크 양식, 고딕 양식, 바로크 양식을 모두 볼 수 있다. 바닷가 앞에 위치해 있어 방어의 역할도 해내었으며 필립 4세 때 로열(Royal)의 칭호를 받았다.

오가는 게 보였는데 말이다. 외관과 규모만으로도 상당한 문화유산임을 알 수 있었다. 바다를 바라보며 우뚝 서 있는 위용에 놀랐지만 경건함도 그에 못지않았다. 이 작은 마을에 왜 이리 많은 사람들로 북적이는지 이유를 알 것 같았다. 다시 해안 쪽으로 가다가 오이아 마을을 돌아보고 산 중턱까지 펼쳐져 있는 알록달록한 집들과 수도원 성당을 마음속에 새겨 보았다.

오이아 마을에는 로마네스크 양식의 산타 마리아 왕립 수도원이 있다.

바이오나로 가는 버스는 없다

이제 대서양을 바짝 끼고 있는 까미노로 다음 마을까지 힘내어 걷는 일만 남았다. 크게 오르락내리락 하는 경사가 별로 없고 풍경을 감상하며 걷다 보니 벌써 다음 마을이 나왔다. 길 양쪽으로 제법 큰 마을이 모여 있었는데 축제 중인지 길 한가운데에 "페스타Festa"라고 크게 장식되어 있었다.

그리고 불꽃축제를 준비하는 듯, 우리가 마을을 다 통과할 때까지 계속 축포를 쏘아 올려서 귀가 먹먹했다. 미리 연습하는 걸까. 남은 축포를 마저 쏘는 걸까.

그러는 동안 비가 제법 굵어지기 시작해서 우리는 문 닫은 약국 처마 아래로 비를 피했다. 비옷을 꺼내 입으며 발 상태도 살펴보고, 바르는 콤피드와 붙이는 콤피드로 각각 치료했다. 그 사이에 낯익은 순례자들과 함께 아침에 본 "ATSA" 버스도 지나갔다. 무릎이나 발목에 무리가 오면 버스를 타고 가도 괜찮다고 아침에 약속했는데 일단 제법 큰 마을인 무가스Mougás까지 간 다음 의논하기로 했다.

이제 까미노는 큰 도로길로 이어진다. 까미노 표지판이 고속도로 안내판처럼 되어 있다. 일요일 오후라 지나가는 자동차도 거의 없었다. 떠들썩한 대회를 본 게 오늘 아침이 맞나 싶을 정도로 오후에는 무척 조용했다. 저 멀리 순례자 한두 명만 보일 뿐이다. 약하게 내리는 빗속이지만 해안길로 걸어가는 까미노라서 체감 온도가 낮아져 몸이 떨리기 시작했다.

시간을 보니 벌써 오후 3시 30분. 보통 때 같으면 순례를 마칠 시간이고 비 내리는 오후라 어둑해져서 마음이 불안했다. 가끔씩 지나가는 자동차가 헤드라이트를 켜고 비와 안개가 섞인 도로를 헤치며 사라졌다. 무가스 마을에 도착하면 버스를 기다려보자고 결정했다. 조금 더 가니 푯말만 서 있는 버스정류장이 보였다.

비를 맞으며 얼마간 서서 기다려 보았지만 버스는 물론 자동차 한 대도 지나가지 않았다. 저 앞쪽으로 레스토랑 건물이 한 채 보여서 가 보기로 했다. 일요일이라 불은 꺼져 있지만 사람들이 모여 맥주를 마시는 모습이 보여 문을 두드려 보았다. 눈이 마주친 한 아저씨가 다가와 문을 열어 주었다. 배낭을 메고 있는 것을 보더니 순례자냐고 물었다. 우리를 알아본 아저씨가 고마워서 무릎과 발목이 아프니 여기서 바이오나까지 버스를 타려고 한다는 상황을 설명했다. 그런데 뜻밖에도 지금은 버스가 없다고 하는 게 아닌가. 걸어오는 동안 버스를 봤다고 했더니 그래도 없다고 한다. 아저씨가 어리둥절한 우리를 데리고 레스토랑 옆 건물로 갔다. 그리고 열심히 책상을 뒤져 "ATSA" 버스시간표를 보여줬는데, 바이오나로 가는 버스는 일요일Domingo의 경우 마지막 버스가 2시 30분이라고 되어 있었다. 그럼 아까 앞마을의 약국 앞에서 쉬고 있을 때 지나가던 버스가 마지막 버스였단 말인가. 한동안 당황스러워서 아무 말도 못 하고 서 있었다. 비는 점점 더 거세지고 날은 어두워지고 있는데 어떻게 해야 할까. 순간 생각이 멈춰 버렸다.

하지만 아무리 생각해봤자 방법은 하나밖에 없지 않은가. 앞으로 바이오나까지 남은 거리를 계속 걸어가야 하는 것이다. 아저씨는 그런 우리를 보고 친절하게 설명을 해 주었다. 이곳은 이미 무가스 마을을 지난 곳이라는 좋은 소식과 해안길을 따라가다가 마지막 산을 넘으면 도착할 수 있다는 나쁜 소식이었다. 우리는 미리 가지고 온 지도를 보여주며 산을 포기하고 루트-2로 표시된 해안길로 돌아갈 거라고 했다. 사실 아저씨는 공방을 운영하면서 순례자들을 위해 안내도 하고 있었는데, 직접 디자인한 세요까지 찍어 주었다. 아저씨를 만나지 못했다면 어땠을까 생각하니 얼마나 고마운지 모르겠다. "Muchas gracias(매우 감사합니다.)"를 몇 번이고 반복했다. 떠나는 우리들에게 "Buen Camino"라고 외치는 아저씨의 격려를 들으며 우리는 다시 길을 나섰다.

스스로를 믿고 다시 출발하다

무릎과 발목이 아픈 걸 생각하면 지금부터 걷는다는 것은 힘든 상황이다. 하지만 일단 다음 마을까지 걷자. 또 다음 마을까지 걷고… 이렇게 조금씩 걷다 보면 바이오나에 도착할 수 있을 거라고 마음을 다잡아 보았다. 몸이 힘들면 마음을 굳게 먹어야 한다. 어느 순간 마음이 약해진다면 열심히 걷고 있는 두 다리를 믿어야 한다. 이렇게 각오를 했다.

서로 손을 잡고 지팡이에 의지하며 천천히 걷기 시작했다. 돌이켜 보면 순례길 셋째 날 산타 루지아 산을 오르던 날에도 몸과 마음에 한계가 올 정도로 힘든 까미노였다. 하지만 우리는 결국 도착했고 다음날의 까미노를 이어 나갈 수 있었다. 그런 경험들이 벌써 우리에게 힘과 용기가 되어 주고 있었다. 오늘도 우리의 몸과 마음은 이 상황을 잘 극복하고 이겨낼 것이다. 아마도 육체적인 단련뿐만 아니라 정신적인 극복 그리고 잘할 수 있을 거라는 스스로에 대한 믿음이 생겨나고 있는 것 같다.

누구도 이 길을 강요하는 사람은 없다. 다만 우리가 가는 것이다. 그러니 순례길은 고행이 아니라 기쁜 마음으로 걷는 길이다. 이 낯선 길을 모험심 가득한 마음으로 걷는 것 자체가 우리에게는 기쁨이다. 이렇게 생각하니 어느덧 우리는 몸도 마음도 자유로워진 것 같은 기분이 들었다.

저 멀리 그동안 보이지 않던 순례자들이 한두 명씩 보여 반가웠다. 우리처럼 늦게 걸어가는 순례자들도 있구나 싶었다. 산으로 올라가라는 까미노 표지판 앞에 서 있는 사람은 낯익은 오스트리아 순례팀의 가이드였다. 그는 아직 도착하지 않은 순례자를 기다리고 있었다. 몬테스 데 바레도 Montes de Baredo 산 위로 순례자 몇 명이 오르고 있는 모습도 보였다. 가이드와 인사를 하자 산쪽 길로 올라가라며 안내를 해 주었다. 우리는 무릎과 발목이 아파서 해안길을 선택해 걸을 거라고 했더니 걱정해 주었다. 이제 그와 인사를 나누고 안개가 가득한 산 아래 대서양을 바라보며 우리만의 까미노로 다시 출발했다.

이제 바이오나로 가는 해안길에는 우리 두 사람 외에는 아무도 없는 듯하다. 대서양은 우리들 곁에 바짝 붙어 있어 거친 파도가 이따금 도로 위로도, 그리고 우리에게도 물살을 뿌리곤 하였다. 가끔 헤드라이트를 켠 자동차 한 두 대가 빗속에서 서둘러 집으로 돌아가고 있었다.

비는 조금씩 잦아들고 있었다. 평평한 해안 도로를 따라 걸으니 무릎과 발목도 덜 아팠다. 걱정과 불안이 사라지고 나니 풍경이 눈에 들어왔다. 해안도로 옆으로는 대서양의 파도가 넘실대고 있었다. 이곳의 지형은 포르투갈에서 정북향으로 이어지다가 동쪽으로 꺾이는 모양으로, 즉 곶이다. 그래서 예부터 적들이 침공해 들어오는 것을 감시하거나 방어하는 요충지였던 것 같다. 암석으로 이루어진 산에는 전망대와 대포가 설치된 방공호가 곳곳에 설치되어 있었다. 대서양을 가장 넓은 시야로 바라볼 수 있는 지점에서 망망대해를 보고 있자니 보호와 감시를 위해 군사시설이나 전망대를 설치했던 그들의 두려움을 조금은 이해할 수 있을 것 같았다.

대서양의 위엄에 반해서 걷느라 몸이 다 젖은 것도 모르고 있었다. 우리

거친 대서양의 파도가 세상의 끝을 알린다.

는 안개처럼 보이는 대서양의 물보라를 고스란히 다 뒤집어쓰며 걸어온 것이다. 처음에는 비에 젖은 거라고 생각했는데 자세히 보니 몸의 뒤쪽 부분이 흠뻑 다 젖어버렸다. 등에서 허리, 종아리까지 젖어서 등산복 바지가 다리에 붙어 버렸고 바지 아랫단에서 물이 뚝뚝 떨어지고 있었다. 이런 상황인데도 갑자기 대서양을 탐험하는 대원이 된 것 같아서 호탕하게 웃었다. 대서양을 똑바로 바라보며 잠시 멈춰 섰다. 우리는 정말 유럽의 서쪽 끝, 세상의 끝에 서 있었다. 지금까지 알고만 있었던 대서양의 이미지를 제대로 눈앞에서 느끼고 있는 것이다. 벅찬 감동이다.

대서양의 파도에 다 젖어버린 몸이 점점 무거워지고 어깨와 무릎의 통증이 한꺼번에 몰려왔다. 다음 마을에 도착하면 화장실을 해결할 수 있고 따뜻하게 커피 한 잔을 할 수 있는 곳이 있었으면 좋겠다며 서로 소원을 말했다. 그러다가 바닷가 쪽으로 멋진 건물 하나가 눈에 뜨였다. 〈레스토랑 로카마르Restaurante Rocamar〉라고 되어 있는데 레스토랑 뒤로는 대서양이 액자처럼 걸려 있었다. 몇 시간 만에 레스토랑을 만났고 문을 연 곳도 이곳밖에 없으므로 우리의 소원을 이루어 볼 셈으로 레스토랑 안으로 들어갔다. 입구에 있는 바에 가서 직원에게 말을 건넸다.

"우리는 순례 중인데 커피를 마실 수 있을까요?"

잠시 후 영어를 하는 직원이 와서 오늘은 가족 행사 때문에 문을 연 것이지만 커피라면 괜찮으니 앉으라고 했다. 우리는 번갈아가며 화장실도 이용하고 젖은 얼굴과 손도 씻었다. 자리로 돌아오니 뜨거운 밀크커피가 기다리고 있었다. 한 모금을 마시자 온 몸이 따뜻해지며 아픈 것도 잊어버릴 만큼 편안해졌다. 레스토랑 한 쪽에서 행사를 마친 가족들이 몰려 나왔다. 아마도 아기의 세례식이 있었던 것 같은 풍경이었다. 우리는 신기해서 가족들과 아기를 구경하고 있는데 가족들은 순례하는 우리가 신기한지 쳐다보았다. 남은 커피를 마시며 언젠가 아기도 자라서 이 세상 속으로 걸어가겠지 생각하며 축복해 주었다. 몸이 녹자 다시 힘을 얻었다. 우리를 기운나게 해 준 따뜻한 커피와 레스토랑의 배려가 고마웠다.

대서양과 우리 부부만이 풍경의 전부이다. 까미노는 대서양에 바짝 붙어 동북쪽을 향하여 올라가고 있었다. 우리는 손을 잡고 노래도 크게 부르고 이야기도 하며 걸었다. 이럴 때는 함께 손을 잡고 걷는 서로가 있어 따뜻함과 고마움을 느낀다. 아직 바이오나에 도착하지 않았지만 오늘 이 길에 도전한 것은 정말 잘한 일 같았다. 제대로 대서양을 마주 보고 제대로 '나'와 대면해 보고 제대로 현실과 부딪쳐 본 날이기도 했다.

대서양을 등지고 바이오나 도시로 들어가다

앞서 가던 자동차들이 갑자기 우회전을 하고 사라졌다. 지금까지 해안을 따라 직선으로 뻗어있던 길이 끝나고 오른쪽으로 방향을 틀었다. 우리도 걸음을 재촉했다. 그런데 얼마 못 가서 모퉁이를 돌자마자 전혀 예상하지 못한 풍경이 펼쳐졌다. 망망대해의 대서양 옆으로 거대한 요새[3]가 자리잡고 있었다. 그리고 가로등과 상점들이 늘어서 있는 도시가 나타났다. 갑자기 대서양을 등지고 도시가 펼쳐져서 비현실적으로 느껴졌다. 뚜벅뚜벅 거리로 들어가니 거친 파도는 간 데 없고 호수같이 잔잔한 바다 위에 멋진 요트가 정렬해 있는 선착장이 나타났다.

그렇게 우리는 스페인의 첫 도시 아 과르다에서 출발해 바이오나에 도착했다. 지도상에는 35km 정도라고 되어 있었지만 실제로는 더 길게 느껴졌다. 그래도 포기하지 않고 오길 잘했다는 생각이 들었다. 순례길이 순조롭지 않은 만큼 성취감은 그만큼 더 커졌다. 우리는 감격해서 하이파이브를 했다.

예쁜 호수 같은 바닷가에 요트가 줄지어 서 있는 풍경을 보니 대서양의 파도를 뒤집어써 가며 걸었던 우리의 까미노가 무색해졌다. 오늘 우리의 순례, 아니 우리의 모험을 사람들에게 열심히 설명해도 사람들은 믿어줄 것 같지 않았다. 비는 그쳐 있었고 거리는 일요일의 관광객으로 가득 차 있었다.

숙소는 그 예쁜 바다 앞에 있었다. 바닷물인지 비인지 안개인지 모르지

---

3 포르타레사 데 몬테레알(Fortaleza de Monterreal) : 영어로 몬테리얼 캐슬(Monterreal Castle)이다. 갈리시아 비고 강에 있는 성(요새)으로 12세기에서 16세기에 걸쳐 완성된 곳이다.

대서양의 거친 파도와 다르게 잔잔한 호수 같았던 바이오나 선착장

만 흠뻑 젖은 몸으로 도착한 순례자를 숙소의 호스트는 따뜻하게 맞아 주었다. 비가 내린 거리에 겨우 열려 있는 타파스 바로 가서 따뜻한 수프로 저녁을 대신하고 일찍 돌아왔다. 뜨거운 샤워와 따뜻한 난방 덕분에 노곤한 몸을 편히 쉴 수 있었다. 밤새 끙끙 앓겠지만 내일 아침이면 또 내일의 순례가 우리를 기다릴 것이다.

오늘은 '걷는다'는 것의 의미를 많이 생각하게 되었다. 세계적인 명성을 얻은 순례길을 걸으며 '왜 이 길을 걷게 되었어요?'라고 물으면 뭐라고 대답할까. 이 길의 끝에서 우리는 무엇을 얻을 수 있을까. 이러한 것들에 대한 답을 얻을 수 있어야만 순례길의 의미를 알게 될 거라고 생각했다. 걸으면서 무엇을 얻을 것인지 개인에게 어떤 변화를 가져올 것인가는 각자마다

다를 것이다. 하지만 순례길의 진정한 의미는 걷는다는 자체에 있는 게 아닐까 생각해 본다. 진정으로 자신과 부딪칠 준비가 된 상태에서 최선을 다해 걸으면 자신에게 '무언가'가 다가올 것이다. 꼭 종교적인 의미가 아니더라도 지금까지 살아온 시간과는 다른 변화가 오는 것이다. 순례길의 의미는 이 길 끝에서 기다리는 것이 아니라 매일 걸으면서 다가온다고 생각한다. 까미노 위에서 우리는 생각했던 것보다 더 큰 존재로서의 우리를 만날지도 모른다. 까미노는 우리보다 더 나은 '우리'로 거듭나게 해 줄 것이다.

산티아고 순례길 (7일) :
바이오나 - 비고
<CAMINO DE SANTIAGO (7 DAY) : BAIONA - VIGO>
거리 : 27.1km | 시간 : 8시간

▶ **ROUTE 1(camino oficial)**

📍**Biona** → (3.0km) →

Sabras → (1.5km) →

A Ramallosa → (6.6km) →

Nigran → Prieque → (4.8km) →

O Coruxo → (2.6km) →

Santo Andre de Comesana → (1.6km) →

San Pedro de Matama → (7.0km) →

📍**Vigo**

▶ **ROUTE 2(por litoral)**

📍**Biona** → (3.0km) →

Sabras → (1.5km) →

A Ramallosa → (A Bouza Vella) → (7.4km) →

Saiáns → (3.0km) →

Oia(Vigo) → (10.4km) →

📍**Vigo**

Santiago de Compostela
◎
● O Milladoiro
● Padrón
● Caldas de Reis

● Pontevedra

● Redondela
● Vigo
● Baiona

● A Guarda
● Vila Praia de Âncora
● Viana do Castelo

● Esposende

● Vila do Conde

◎ Porto

산티아고 순례길(7일) :
비고라는 거대한 도시

대서양을 탐험한 거대한 꿈

어제의 힘든 순례길은 꿈이 아니었을까. 대서양을 탐험한 거대한 꿈. 몸 구석구석이 쑤시고 아픈 걸 보니 꿈은 아닌가 보다. 난방 덕분에 땀을 흠뻑 흘리며 잔 것 같다. 몸을 일으켜 앉으니 발목이 제일 많이 아프고 어깨와 목의 근육도 뭉친 것 같았다. 배낭을 꾸려 서둘러 나와 아침 식사할 곳을 찾았다. 바닷가 앞에는 예쁜 카페들이 많이 있었다. 직접 빵을 굽느라 바쁜 한 카페로 들어가니 고소한 빵 냄새가 가득했다. 크루아상과 커피를 주문하고 바다를 바라보았다. 우리는 어제 대서양과 마주했다. 조금은 세상 경험을 한 듯 성장한 우리는 오늘도 씩씩하게 걸으리라 다짐하며 서로를 바라보았다. 어제의 여독이 가득한지 눈도 얼굴도 퉁퉁 부어 있다. 서로의 모습에 한참을 웃으며 따뜻한 커피를 마셨다. 카페 창문에는 잔잔한 바다와 요트가 그림처럼 걸려 있었다.

카페를 나와 어제 바이오나에 도착했을 때 보았던 성(요새) 쪽으로 걸어갔다. 바닷가 언덕 위에 여러 문화재들과 기념비가 들어서 있고 주위로는 성곽이 둘러져 있었다.[1] 요새 위로 올라가 대서양을 한 번 보고 싶었지만 시간이 없을 듯하다. 항구에는 콜럼버스의 배[2]가 정박해 있었다. 우리가 본 것은 복제품이지만 매년 콜럼버스의 항해를 기념하는 축제가 열린다고 한다. 하지만 이제 콜럼버스의 항해는 '신대륙 발견'이 아니라 '구대륙 침략'[3]으로 보는 시각이 늘어나고 있다.

바이오나 항구에는 콜럼버스의 배가 정박해 있다.

---

1 바닷가의 언덕은 포조 다 아구아다(Pozo da Aguada)이고 성곽의 이름은 카스텔로 데 몬테레알(Castelo de Monterreal)이다.
2 콜럼버스의 배 : 1493년 3월 1일, 신세계를 항해하던 콜럼버스의 배 중 하나인 핀타호는 유럽으로 돌아와 바이오나에 도착하였고, 이곳이 아메리카를 발견했다는 소식을 처음으로 들은 항구가 되었다. 선박의 복제품을 볼 수 있으며 매년 기념하는 행사가 열린다.
3 콜럼버스의 항해 : 10월 12일에는 콜럼버스의 항해를 기념하는 날인데, 중앙아메리카를 비롯한 여러 나라에서는 '원주민 저항의 날' 또는 '인종의 날(Dia de la Raza)'로 선포해야 한다고 밝혔다.

관광안내소는 콜럼버스의 배가 보이는 항구 바로 앞에 있었다. 친절한 직원이 우리를 반갑게 맞아 주었다. 순례자들에 대한 통계가 필요하다며 어느 나라에서 왔는지, 어제 어느 숙소를 이용했는지, 어디부터 걸어왔는지 등을 물어 보았다. 우리가 포르투에서 순례를 시작했고 어제는 아 과르다에서 출발했다고 하니, 직원은 아 과르다에서 바이오나까지는 먼 거리여서 이틀 동안 나누어 걷는 사람이 많다며 놀라며 말했다. 우리의 고된 여정을 알아준 것 같아 괜히 흐뭇했다.

아직 몸이 풀리지 않아 산책 나온 주민처럼 천천히 걸었다. 느리게 걸으니 아름다운 풍경이 보여 좋았다. 잔잔한 바다 주위로 낮은 산들이 둘러져 있었다. 어제 대서양의 거친 파도를 마주 할 때는 마음이 굳건해지더니 잔잔한 바다를 보니 마음이 가라앉고 고요해졌다.

비고로 가는 까미노

비고로 가는 루트인 까미노 공식길Camino official과 해안길por litoral 중, 우리는 공식길로 가기로 했다. 몇 번이나 도로에서 벗어났다 돌아오기를 반복할 때쯤 니그란Nigran 마을에 도착했다. 휴식과 커피가 필요했던 우리는 카페를 찾아가 배낭을 내려놓고 지친 상태로 주스와 커피를 주문하고 앉았다. 벌써 점심식사를 하는 사람들도 있었다. 2시간 반 정도 걸었는데 땀이 비 오듯 하고 몸이 무거워서 주체할 수가 없다. 먼저 나온 오렌지 주스를 단숨에 마셔 버렸더니 조금은 에너지 충전이 된 것 같았다.

배낭을 다시 들쳐 메고 걷기 시작하는데 동네 아저씨 두 분이 길거리에서 이야기를 나누고 계셨다. 길을 물어보니 아저씨는 우리가 그려온 그림

지도를 보고 여기는 니그란이고 계속 길을 따라 오르면 큰 산 하나를 넘을 거라고 하셨다. 오늘의 목적지 비고는 갈리시아에서 제일 큰 도시라고 하시며 비고 표지판을 만나도 도시를 통과하려면 한참이 걸릴 거라고 하셨다. 순례자에게 베푸는 그들의 친절이 늘 고맙다. 그리고 우리도 길을 물어보고 이야기를 나눔으로써 동네에서 만나는 사람들과 교류하며 걷는 것이 좋아졌다. 설명을 들었으니 이제 열심히 걷는 일만 남았다. 하지만 아저씨가 그토록 강조하시던 거대한 비고라는 도시가 우리가 짐작한 것보다 더 어마어마하다는 건 나중에야 알게 되었다.

마을을 벗어나자마자 오르막길이 이어졌다. 너무 경사가 급해서 숨이 턱까지 차올랐다. 중심지를 벗어나니 여기저기 보이던 집들이 줄어들었다. 그러자 버스정류장도 없어지고 산길만이 우리를 맞았다. 그래도 힘겹게 올라갈수록 펼쳐지는 대자연의 풍광은 경이로울 만큼 아름다웠다. 인간의 손길이 닿지 않는 자연 그대로의 모습이 남아 있었다. 이렇게 호젓한 자연만을 마주하고 있으면 인간 세상과 부딪히느라 힘들었던 마음이 치유되고 자유로운 사색도 방해받지 않고 맘껏 펼칠 수 있다.

제일 높은 산꼭대기에 올랐나 싶었는데 신기하게도 마을이 나타났다. 오이아^{Oia, Vigo} 마을이다. 어제 우리가 바이오나로 오면서 지나온 마을과 우연히 이름이 같지만 오늘은 비고의 오이아 마을이다. 버스정류장이 나타나서 잠시 배낭을 내려놓고 앉아 숨을 고른다. 카페나 레스토랑이 있을까 두리번거렸지만 보이지 않았다. 아침에 사 온 빵과 주스를 꺼내어 간식으로 먹었다.

순례자들을 위해 사과를 마련해 둔 모습.

출발하려는데 길가에 "순례자"라고 쓰인 사과 상자를 보았다. 위에는 "산티아고" 방향을 표시해 두고 하얀 조가비와 조롱박도 걸어두었다. 이미 많은 순례자들이 가져갔는지 작고 상한 사과만 몇 개 보였지만 순례자를 위한 환대를 거절하고 갈 수는 없어서 작지만 예쁜 사과를 하나 집어 왔다. 사과는 생각보다 새콤하고 맛있었다. 작은데 맛있는 즙이 배어 나와 딱 한 입씩 나누어 먹었다. 그리고 노란 표지판의 화살표 방향대로 길을 내려갔다.

마을을 지나면서 길은 내리막으로 이어지고 길 양쪽으로 숲이 우거졌다. 저 멀리 산 아래에 큰 마을이 보이자 비고의 초입부에 들어선 것은 아닌가 생각했다. 숲의 그윽한 향이 끝나자 카페도 있고 작은 레스토랑도 나타났다. 독특하게도 각종 자재상과 수입 자동차들의 전시장이 많았다. 우리나라의 현대 자동차 대리점도 보였다. 조금 더 가자 드디어 커다랗게 비고라고 쓰인 표지판이 나왔다.

항구도시 비고와 산티아고 성당

작은 길은 큰 도로로 바뀌고 높은 건물들이 하늘을 가리는 대도시가 나타났다. 거리 이름을 보니 플로리다^{Florida}라고 되어 있었다. 비고라는 단어가 적힌 대형 간판을 본 이후로 까미노 표지판은 자취를 감추었다. 대형 마트들도 줄지어 나타나고 똑같은 규모와 디자인의 빌라도 줄지어 있었다. 길이 계속 오르막인걸 보니 아마 산을 깎아 만든 신도시가 아닐까 생각해 보았다.

도시를 걷는 것은 역시 지치고 힘이 들었다. 가로수가 만들어주는 그늘이 없으니 현기증이 날 정도로 더웠다. 자동차가 많이 다니는 도로 옆을 지나가자니 숨이 막혀 왔다. 조금만 더 힘을 내자고 생각하는 순간 종아리가 뻣뻣해오더니 결국 다리에 쥐가 나고 말았다. 눈앞에서는 우리가 건너려고 했던 건널목에 파란불이 깜빡거렸다. 유니가 배낭을 받아 주어 빌딩 옆에 일단 앉았다. 빨리 바지를 걷어 올리고 멘소래담을 바르고 마사지를 시작했다. 지금 다리에 문제가 생기면 순례를 이어가지 못한다고 생각하니 덜컥 겁이 났다. 한참을 위아래로 주무르다 보니 뻣뻣하게 굳어있던 근육이 조금씩 풀어지기 시작했다. 우리는 앉은 김에 쉬어가기로 했다. 굳은 다리에 파스를 하나 붙이고 물도 꺼내어 마셨다. 이 낯선 길 위에서 몸도 아프니 마음까지 약해질 것 같아서 정신을 차리고 일어났다. 그리고 일단 비고에 도착했기 때문에 이제부터는 큰 길을 따라 숙소를 찾아가기로 했다.

넓은 광장이 나와서 횡단보도 신호를 기다리는 아주머니에게 여쭤보니 이곳이 아메리카 광장 Praza de América이라고 하셨다. 하지만 아직 기뻐하기에는 이르다. 여기까지 찾아왔다면 다음은 에스파냐 광장 Praza de España을 찾아가야 하기 때문이다. 그런데 아주머니는 에스파냐 광장은 여기서 멀다고 버스를 타고 가라고 하셨다.

또 오르막길을 걸어 올라갔다. 오르막이 끝나는 '저 길 끝이 에스파냐 광장이겠지.' 생각하며 묵묵히 걸었다. 어느 학교 앞에 학생들이 모여 있었다. 시간을 보니 하굣길인가 보다. 지금쯤 슬슬 도착해야 하는 시간인데 싶었다.

한 번 쥐가 났던 다리가 힘들 때마다 다시 뻣뻣하게 굳으려고 해서 벤치가 나올 때마다 앉아서 쉬었다. 유니가 걷기에는 어제 대서양 해안길이 훨씬 나았다고 한다. 아무래도 도시에서는 거리 감각도 무뎌지고 자동차와 사람들 속을 걸으니 더 많이 지치게 되었다. 이 도시는 크고 거리에 사람도 많아서 북적이는데 우리만 홀로 떨어져 사막을 헤매고 있는 것 같았다. 거대 도시 비고[4]의 공기가 숨쉬기 힘들 정도로 답답했다. 어쨌든 이 도시의 중심부를 가로질러 빠져나가야만 한다.

빌딩이 이어지다가 한 블록이 끝나면 신호등이 있고, 거리를 건너면 다시 빌딩들이 밀집해 있는 블록이 이어지고 있었다. 거리에는 늦은 오후가

---

4 비고 : 갈리시아 주에서 가장 큰 도시로 대형 크루즈선이 자주 들어올 정도로 인기 있는 관광 도시이며 조선업과 대형 항구가 발달한 산업도시이다. 2018년 인구는 29만 명을 넘었는데, 참고로 산티아고 데 콤포스텔라 인구는 9만 명이다.

되어 타파스 바들이 문을 열고 야외에는 맥주나 와인을 즐기는 사람들이 늘어나서 인도를 걸어가기가 더 힘들어졌다. 한참을 걸어 오르막길 정상에 도착하니 큰 광장에 하늘을 날아오를 것 같은 말의 조각상이 나타났다. 바로 에스파냐 광장이었다. 상당히 높은 조각상은 말이 포효하며 하늘로 날아오르려는 듯한 형상이었다. 하지만 우리가 찾는 것은 '말의 조각상'[5]이 아니라 어부들의 조각상이다. 사람들에게 트라바호 기념물 MONUMENTO AL TRABAJO [6]을 물어 보았지만 아는 사람이 없었다.

이 광장에는 여러 갈래의 도로가 뻗어 있었지만 항구로 가는 중심도로인 그란 비아 Gran Via로 내려가니 드디어 어부들의 조각상인 트라바호 기념물이 나타났다. 너무나 힘들어서 작품을 감상할 힘도 없었지만 사진을 찍는 동안 살펴보니 어부들의 역동감과 생동감이 세밀하게 표현된 멋진 작품이라는 생각이 들었다. 하지만 그란 비아가 공사 중이라 무척 혼잡해서 조각상 가까이로는 갈 수 없었다.

이 기념물을 지나 그란 비아를 조금 벗어난 골목길에 이르자 바로 숙소가 나왔다. 하지만 사이트에서 본 모습과는 달리 오래되고 낡은 숙소였다. 지금까지는 편안한 숙소 시설 덕분에 피로도 풀고 순례길을 걸어갈 힘도 얻었는데, 오늘 여기서 자야 하나 생각하니 막막했다. 역시 관광도시인데다 대도시여서 다른 작은 마을의 숙소와는 달리 가격은 높고 시설은 좋지

---

5 로스 카바요스(Los Caballos) : 비고의 기념물로 나선형으로 상승하는 물과 다섯 마리의 말이 힘차게 올라가는 모습이 표현되어 있다. 상당히 높은 꼭대기(전체 20m)에 있는 말은 하늘을 향해 울부짖는 모습으로 말의 움직임이나 근육 등이 잘 표현되어 있다. 조각가 후안 호세 올리베이라 비에이테스(Juan José Oliveira Viéitez)가 1991년에 만든 청동 기념물이다.
6 트라바호 기념물 : 비고 항구로 내려가는 도로 입구인 그란 비아에 있는 조각상으로, 7명의 어부들이 그물을 끌어올리는 역동적인 모습이 형상화되어 있다. 높이 8.5m, 길이 3m의 쾌 큰 작품으로 작가는 기예르모 스타인뷔르겐(Guillermo Steinbrüggen)이다. 이곳이 예전 어업이 성행했던 곳이고 지금도 항구 중심의 산업이 발달하고 있다는 걸 알 수 있다.

어부들의 역동적인 모습을 형상화한 모뉴먼트 트라바호

않았다.

아직 점심을 제대로 못 먹어 서둘러 레스토랑을 찾아 나갔으나 이미 저녁이 다 되어서 타파스 바만 문을 열고 대부분은 문을 닫았다. 어쩔 수 없이 숙소에서 식사를 해결하기로 하고 마트에 들었다. 숙소에는 공동 주방이 있었지만 전자레인지 정도만 이용할 수 있을 것 같아서 피자와 샐러드, 라비올리와 과일 등을 사서 돌아왔다.

마트에서 돌아오는 길에 뜻밖에 규모가 큰 성당이 있어 가까이 가보니 〈비고의 산티아고 성당Igrexa de Santiago de Vigo〉이었다. 산티아고의 이름을 보자 눈이 번쩍 띄었다. 거대한 대도시인 비고 중심에서 중세 성당의 외관을 보자 큰 위안이 되었다. 성당의 규모는 컸고 화강암의 무거움이 오히려 고

비고 구시가지에 있는 산티아고 성당의 모습.

덕 양식의 견고함을 풍기고 있었다. 높이 솟은 두 개의 종탑 사이로 난 아
치형 정문으로 들어갔다.

　밖은 벌써 밤의 흥성거림이 가득한데 성당 안은 고요하기 그지없었고 기
도를 드리기 위해 몇 사람이 앉아 있었다. 우리는 자리에 앉아 성당의 제단
과 스테인드글라스를 바라보았다. 제단에는 야고보 성인의 조각상이 있고
스테인드글라스의 문양에도 야고보 성인의 모습과 표식인 지팡이와 표주
박, 조가비가 그려져 있었다.

　기도를 드리고 나니 생각의 찌꺼기들도 가라앉았다. 우리가 걷는 곳이
사막이든 도시이든 숲 속이든 그건 우리가 고를 수 있는 문제가 아니다. 오
늘 어떻게 자야 하나, 오늘 무엇을 먹을까, 몸이 아프면 어떡하지. 온갖 격

정과 불안이 가득했던 우리의 마음이 조금씩 가라앉았다. 시대는 다르지만 우리도 성인과 비슷한 모습으로 걷고 있다. 성인 야고보가 모자와 지팡이, 순례자를 표시하는 조가비와 물병만 가지고 걸었듯이 우리도 너무 많은 것을 원하지 말고 까미노에 집중하자고 다짐해 본다. 주위를 보니 아직도 기도를 드리는 사람들이 있었다. 그들의 기도가 하늘에 닿을 수 있기를 바랐다.

밖으로 나오니 대기가 가라앉고 어둠이 내리기 시작했다. 구시가지의 모습은 옛 도시의 영화로움을 그대로 간직하고 있었다. 중세 건물들이 길 양쪽으로 늘어서서 품위를 갖추고 있었다. 구시가지 중심을 차지하고 있는 산티아고 성당이 오늘 하루 우리의 가장 큰 쉼표이자 마무리였다.

서둘러 숙소에 가서 저녁을 먹었다. 피자와 라비올리를 전자레인지로 데우고 샐러드는 발사믹과 올리브오일 소스를 뿌리고 과일과 참치를 듬뿍 추가해 버무렸다. 우리가 지칠 때마다 먹는 적포도와 청포도까지 듬뿍 접시 위에 올려놓으니 저녁식사가 풍성해졌다. 허기진 상태인데다가 마음까지 비워내고 나니 음식이 꿀맛 같았다. 낡은 숙소이지만 공동 욕실은 새로 공사를 했는지 시설이 깨끗했다. 더구나 손님이 많지 않은 평일이라 느긋하게 샤워를 할 수 있었다. 뜨거운 물에 몸을 씻고 빨래를 하고 나니 노곤함이 밀려왔다. 어제도 오늘도 무척 힘들었다. 그래도 내일의 순례길이 기대되는 걸 보니 참 신기한 일이라며 웃었다. 이내 곤한 잠에 빠지고 말았지만 말이다.

산티아고 순례길 (8일) :
비고 - 레돈델라
<CAMINO DE SANTIAGO (8 DAY) : VIGO - REDONDELA>
거리 : 16km | **시간** : 5시간

📍Vigo →

Chapela → Cabanas →

A Formiga → (14.1km) →

O Eido Vello cabanas(Cafe) →

Puente de Rande → Cedeira →

[Iglesia de San Andrés] → (1.9km) →

📍Redondela

산티아고 순례길(8일) :
지금의 우리를 있게 한 건

비고에서 받은 순례자 환대

스페인 국경을 넘은 이후로 긴 거리를 걷는 날이 계속되고 있다. 어젯밤은 숙소의 침대가 불편하고 난방이 제대로 되지 않아 잠을 제대로 이루지 못했다. 피곤이 풀리지 않은 찌뿌둥한 몸을 간신히 일으켜 숙소를 나왔다. 순례길과 만나기 위해서는 바다 쪽으로 이어진 길을 따라가야 한다. 그래도 항구까지 내려가면 안 되고 바다를 왼쪽으로 두고 동쪽 방향으로 난 길을 따라가야 한다. 그러다보니 어제처럼 해안가를 따라 도시 중심지를 관통해야 까미노 위에 서게 되었다.

비고는 역시 큰 도시인가 보다. 아침부터 자동차와 사람이 엉키기도 한다. 마트나 작은 가게 주변으로 모여 장을 보거나 이야기를 나누는 주민들도 많았다. 몸도 풀리지 않은 아침부터 강행군에 숨이 찼다. 잠시 멈춰 서서 바다를 돌아보니 대형 크레인이 걸려있고 컨테이너 부두에는 물류가 가득 쌓여 있어서 그 너머에 펼쳐져 있을 대서양도 보이지 않았다.

우리는 빨리 도심에서 벗어나 한적한 까미노로 접어들기를 고대하며 열심히 걸었다. 숙소에서 가르쳐 준 길과 지도를 비교해 보니 좀 달랐다. 더욱이 도심에서 까미노 표시는 찾아보기 어렵기 때문에 순례자들이 많이 헤매게 된다. 우리 부부는 갈림길이나 길목이 나올 때마다 서로 이쪽이다, 저쪽이다 길을 우기다가 옥신각신하고 말았다. 이래서는 안 되겠다 싶어서 길가 벤치가 보이자 잠시 앉아 쉬었다. 유니가 근처 가게에 가서 길을 물어 보고 오더니 다행히 도심에서 빠지는 길을 가르쳐 주었다고 한다. 배낭의 무게도, 몸의 무게도, 정신적인 부담감도 오늘은 한꺼번에 몰려왔다. 두 사람이 걸을 때 너무 의지하게 되면 스스로 이겨낼 힘이 약해지기도 한다. 하지만 오히려 상대방이 얼마나 힘들까를 생각하면 혼자만의 의지뿐만 아니라 두 배로 극복할 힘을 얻기도 한다. 그것이 사랑하는 가족을 위한 관계의 힘이 아닐까. 다시 출발하는데 서로 절룩거리는 모습이 안쓰러워서 우리는 손을 꼭 잡고 걸었다. 다행히 점점 도심을 빠져 나가게 되었다.

길의 방향을 보니 산 쪽으로 올라가야 하지만 계속 직선도로를 따라 걸었다. 자전거를 타고 지나가던 주민이 우리가 순례자인걸 알았는지 산 쪽으로 올라가야 한다고 방향을 가리켜 주었다. 고마웠지만 지금 급경사인 산길을 올라가기에는 우리에게는 무리였다. 그런데 얼마 못 가 작은 길이 끝나고 탁 트인 바다가 보이면서 복잡하게 얽혀 있는 고속도로가 나왔다. 산으로 올라가지 않으려면 고속도로를 따라 걸어야 한다는 것인가. 차마 어느 길을 선택해야 할지 몰라 가만히 서 있었다.

그때 앞에서 걸어오던 주민이 배낭을 메고 서 있는 우리에게 다가와 이 길이 아니라 저 산길로 가야 한다고 손으로 가리켰다. 우리는 방금처럼 다리를 만지며 아파서 올라가기가 힘들다고 했다. 아저씨는 그래도 산길로 가야 한다며 계속 우리를 말렸다. '여기는 위험하다.', '조금만 가면 된다.', '저 길이 편하다.' 등 영어를 섞어가며 계속 설명을 하셨다. 그러더니 갑자기 아저씨가 자기가 같이 가 주겠다며 우리의 팔을 잡아 끌었다. 뜻밖의 상황이었다. 다리가 아파서 산으로 갈 수 없는 형편과 고속도로를 걷기에는 무리인 상황에서 갈등하고 있던 우리는 얼떨결에 아저씨의 손에 이끌려 방향을 바꾸게 되었다.

어쨌든 산으로 가려면 길을 건너야 했는데 고속도로이기 때문에 자동차들이 전속력으로 달리고 있어 위험했다. 아저씨는 손을 들고 건너려는 의사를 표시하며 자동차가 속력을 줄이기를 기다렸다. 몇몇 자동차들이 천천히 속력을 줄여 주어서 우리는 아저씨와 함께 얼른 길을 건넜다. 우리 앞에는 산길로 올라가는 작은 시멘트길이 보였다. 경사가 몹시 가파르고 중심을 잃으면 앞으로 쿵하고 넘어질 것 같은 급경사였다. 한 발 디뎌보니 발목이 꺾여 무척 아팠다. 다른 다리가 힘을 받쳐주느라 절룩거리는 바람에 심하게 뒤뚱거렸다. 아저씨는 그런 우리를 부축해 주며 조금만 가면 된다고 격려했다. 얼마 안 가 집이 몇 채 보이고 오르막길이 끝났다. 정말 아저씨의 말처럼 짧은 거리였다. 아저씨는 이 길을 계속 따라가다가 보면 산티아고 표지판이 나올 테니까 그때부터는 화살표만 따라가면 된다고 하셨다. 그리고는 손을 크게 흔들며 내려가셨다. 너무 갑자기 일어난 일이라 정신없는 중에 아저씨는 멀어져 가고 있었다. 우리는 영어와 스페인어를 섞어가며 고맙다는 말만 되풀이하고 있었다. 아저씨는 가다가 뒤돌아보며

"Buen Camino"라며 크게 손을 흔들고는 사라져 버렸다. 우리는 아저씨의 모습이 보이지 않는데도 한동안 그 자리에 서 있었다. 방금 우리가 걸어가려고 했던 고속도로가 눈 아래로 보였다. 마법사가 나타나 공간 이동을 한 것처럼, 친절한 아저씨가 우리를 도시에서 이 산 속으로 데려다 놓았다.

흙을 밟으며 걷는 산길은 순례자에게 가장 좋은 길이다.

산 위에는 생각보다 많은 집들이 모여 있었다. 저 아래로 보이는 항구 주변에는 크레인과 컨테이너가 가득한 대도시이지만, 이곳은 산새가 지저귀는 아담한 시골마을이었다. 산 속으로 이어진 평평한 길을 따라 걸으면 된다고 생각하니 마음이 편해졌다.

갑자기 비가 흩뿌리기 시작했다. 비가 제법 내릴 것 같아서 우리는 배낭을 내리고 비옷을 찾기 시작했다. 그런데 뒤에 있던 유니가 동네 아주머니 가 우리를 부르는 것 같다고 했다. 오르막길에 있는 집에서 한 아주머니가 도자기 그릇을 들고 우리를 부르고 있었다. 가보니 뜻밖에도 조개가 들어 있는 수프를 내밀었다. 받아야 할지 말아야 할지 망설이는데 아주머니가 우리를 비가림 처마 쪽으로 이끌었다. 수프는 따뜻했다. 유럽에서는 빵을 곁들여 수프를 먹는 식이어서 그런지 그냥 먹기에는 좀 짰다. 아주머니는 알아차렸는지 "좀 짜지?"라고 하시더니 집으로 들어가 물을 한 잔 가져 오 셨다. 그리고는 다 먹으면 그냥 두고 가라고 하시며 "Buen Camino" 인사 를 남기고 집으로 들어가셨다. 우리는 엉겁결에 수프를 한 그릇씩 받아들 고 먹기 시작했다. 따뜻함과 짭짤함이 한꺼번에 입안에서 풍겼다. 뽀얀 봉 골레는 싱싱했다. 짠 수프 한 그릇을 다 먹고 물도 한 잔 다 마셨다. 우리는

마을 주민이 주신 봉골레 수프. 종이에 "Gracias ^____^"라고 적어 두고 왔다.

문 앞에 있는 화분대 위에 수프 그릇을 갖다 놓았다. 그리고 비 맞은 종이가 보여서 펜을 꺼내 "Gracias(감사합니다.)"라고 쓰고 미소를 그려 넣었다. 아침식사로 끓인 수프를 순례자에게 나눠 준 아주머니에게 우리의 마음이 전해지기를 바라면서 말이다. 연달아 순례자 환대를 받은 아침, 아직은 실감나지 않았다. 그러는 사이에 비는 이미 그쳐 있었다.

까미노 포르투게스의 두 길이 만나는 날

숲 속의 푹신한 흙길을 밟으며 걸으니 다리가 많이 편해졌다. 그리고 따뜻한 수프를 먹어서 그런지 걷는 데 기운이 났다. 비가 그치고 스페인의 찬란한 햇살이 내리쬐자 산에는 짙은 숲의 내음으로 가득 찼다. 작은 폭포도 만나고 대나무로 물길을 만들어 놓은 약수터도 지나쳤다. 우리나라 가을에 많이 보이는 밤송이도 길가에 가득했다. 자연으로부터 한순간에 치유받는 기분은 이루 말할 수 없이 행복했다. 그렇게 산 속 풍경을 마음껏 즐기며 걷고 있는데 갑자기 손등이 간지러웠다. 이상해서 보니 손등에 땀띠가 생겼다. 날이 개니 후덥지근하다며 등산바지의 발목을 걷어 올리는 유니의 종아리에도 땀띠가 생겼다. 도대체 무슨 일인지 생각해 보니 어제 비고 시내를 통과할 때 땀을 너무 많이 흘려서 그런 것 같았다. 어깨가 너무 아파서 손을 허리 뒤로 넣어 배낭을 들다가 보니 손등에 땀이 고여 땀띠가 난 것 같았다. 유니도 유럽의 순례자들이 면바지를 입거나 반바지를 선택하는 이유를 알 것 같다고 했다.

오늘의 목적지는 레돈델라Redondela이다. 레돈델라는 까미노 포르투게스 해안길과 내륙길이 만나는 곳이다. 까미노 포르투게스 해안길로 걸어온 순례자는 포르투에서 출발하여 까미냐에서 페리를 타고 국경을 넘는다.

또 하나의 순례길인 까미노 포르투게스 내륙길은 포르투갈의 리스본 등에서 출발한 순례자들이 발렌사 두 미뇨^{Valença do Minho}에서 걸어서 국경을 넘는다. 서로 다른 순례길로 걸어와, 서로 다른 방법으로 스페인 국경을 넘은 순례자들이 모두 레돈델라에 모이게 되는 것이

포르투갈의 두 까미노가 레돈델라에서 드디어 만나게 된다.

다. 이제부터 산티아고 데 콤포스텔라까지는 하나의 까미노로 이어지기 때문에 많은 순례자들을 볼 것 같다.

그렇게 대략 10km를 걷다보니 산티아고 표지석이 나왔는데, 거기엔 "Santiago de Compostella 96.440km"라고 쓰여 있었다. 까미노 포르투게스 해안길에는 비고에서부터 순례를 하는 사람들이 부쩍 많아지는데, 그건 기본으로 100km를 걷는 순례자들에게 산티아고 순례 증명서를 발급해주기 때문이다.

산티아고 표지석을 지나고 나니 카페가 있다는 안내판이 있었는데, 얼마나 반가웠는지 우리는 카페에서 쉬기로 하고 열심히 걸었다. 카페는 길에서 약간 벗어나 가파른 오르막길 위에 있었다. 힘들게 오른만큼

산티아고까지 96km 남았다는 표지석

전망 좋은 풍경이 눈앞에 펼쳐졌다. 걸을 때 앞쪽으로 보였던 하얀색의
란데 다리^{Puente de Rande}가 이제 우리 뒤쪽으로 물러났다. 호수처럼 잔잔한
강과 맞은편 낮은 산등성이가 조화롭게 어우러져 있는 풍경이었다. 카페
앞에서 우두커니 풍경을 감상하다가 들어가니 뜻밖에도 카페 안에는 벌써
도착한 순례자들이 많이 있었다. 이미 전망 좋은 야외 벤치에는 먼저 도착
한 순례자들이 차지하고 앉아서 맥주를 즐기고 있다. 오스트리아 단체 순
례팀도 만나고, 우리에게 미국에서 왔다며 자기를 소개하는 순례자도 있
었다. 다양한 국적의 순례자들이 많이 늘었다. 산장 분위기의 목조주택 카
페는 땀을 식히고 휴식을 취하기에 멋진 곳이었다.

갑자기 순례자들로 가득 찬 카페는 손님을 맞이하느라 정신이 없었다.
우리는 파스타가 들어간 샐러드를 주문했다. 음식은 늦게 나왔지만 발사믹과 올리브 드레싱이 듬뿍 뿌려진 샐러드는 훌륭했다. 스페인 햇살에 자란 토마토는 늘 건강해지는 맛이다. 당분이 적은 대신 기분 좋은 새콤함이 몸을 깨어나게 했다. 샐러드 한 접시로 생기를 되찾은 우리는 길을 나섰다. 아침에는 흐리고 비까지 뿌렸는데 이제는 날이 개었다. 햇살이 쨍쨍하게 빛나고 있어 한결 기분이 좋아졌다.

숲길이 끝나고 산 아랫마을로 내려간다. 산 중턱에 갑자기 가파른 내리막길이 나와 힘들었지만 그만큼 동화 같은 마을 풍경을 감상하며 내려가게 되어 좋았다. 굽이굽이 돌아 내려가는 길에는 커다란 밤나무가 우람하게 지키고 있었다. 유독 고사리와 밤나무와 도토리나무 등 낯익은 나무들이 보였다. 마을에는 포도밭이 가득했고 가을에 접어들어 호박을 말리고

마을과 산이 멋지게 어우러져 동화같은 풍경을 자아내고 있다.

있는 모습도 보였다. 아마 할로윈데이를 준비하는 호박이 아닐까. 우리에게는 사라진 예쁜 조롱박도 담장에 주렁주렁 열려 있다. 잠시 걸음을 멈춰 담장 너머 정원도 바라보고 꽃밭 사진도 찍으며 여유를 부려본다.

눈은 아름다움에 젖어 있는데 산을 계속 내려가야 하니 통증이 계속 되었다. 우리는 다리의 부담감을 덜기 위해 지그재그로 걸어보다가 또 뒤로 걸어보기도 하면서 내려왔다. 뒤따라오던 순례자 청년들이 웃으며 괜찮으냐고 묻는다. 왜 그렇게 걷는지 순례자라면 이유를 다 안다는 듯 공감의 미소를 보내며 천천히 오라고 한다.

크루세이로 마을의 할아버지

학교도 있고 성당도 보이고 집들도 옹기종기 많이 모여 있는 큰 마을이 나왔다. 한 사람이 차를 타고 와서 세우더니 약수터에서 물을 떠가지고 가다가 우리를 발견하고는 손을 흔들어 주었다. 그러더니 이곳 약수터 물이 좋다며 마셔도 된다고 일러주고는 내려갔다. 우리는 마침 비어 있는 물통을 꺼내 물을 받았다. 목을 축이니 시원하고 물맛도 좋았다.

물을 마시며 주위를 살펴보니 위쪽에 성당이 보여 가 보았다. 〈성 안드레 성당Iglesia de San Andrés〉은 넓은 앞마당이 있고 옆으로는 마을 공동묘지가 자리잡고 있었다. 막상 성당은 잠겨 있어 기도는 드리지 못하고 앞마당 벤치에서 햇살을 받으며 앉아 쉬었다. 땀도 닦고 신발도 벗어 햇볕을 쐬어 주었다. 성당 마당 안으로 다른 순례자들도 들어왔다. 몇 번 만났던 오스트리아 순례팀의 아주머니와 아저씨였다. 아주머니는 절룩거리는 다리를 늘 워킹

풀에 의지해 열심히 걷는 분이었다. 몸이 불편함에도 순례를 계속하는 아주머니가 우리에게 늘 힘이 되어 주었고 그런 아주머니에게 우리는 힘내라고 인사를 드리곤 했다. 아저씨는 오스트리아 순례팀의 가이드와 함께 걷는 걸 몇 번 보아서 서로 얼굴을 아는 정도였는데, 지금 두 분이 들어오시며 부부라고 하셔서 깜짝 놀랐다.

함께 웃으며 쉬는 사이, 저 멀리 한 할아버지께서 큰소리로 성당 문은 닫혀있다고 일러주셨다. 우리도 알고 있다고 기도를 못해서 서운하다고 했더니 손을 크게 휘저으며 세요를 찍어줄 테니 오라고 하셨다. 다같이 할아버지가 서 계셨던 성당 옆 건물로 가니 마을회관 같은 곳이었다. 우리는 세요도 찍고 방명록에 감사의 글도 남겼다. 아저씨와 아주머니는 세요를 찍은 뒤 나중에 보자는 인사를 남기고 먼저 가셨다.

세요를 찍어주겠다던 할아버지께 감사 인사를 하러 안쪽으로 들어갔더니 뜻밖에 카페가 있었다. 오르막에 있는 건물이라 입구는 1층이었는데 안쪽에 있는 카페는 발코니와 더불어 멋진 2층의 풍경이 펼쳐져 있었다. 넓은 카페 안에는 마을 할아버지들이 모여 게임을 하고 있었다. 할아버지와 눈이 마주쳐서 감사하다고 고개를 꾸벅했더니 커피나 한 잔 하고 가라고 손짓을 하고 다시 게임에 몰두하셨다. 커피가 그립던 참이라 에스프레소 두 잔을 주문하고 발코니로 나가서 앉았다. 상쾌하고 시원한 바람이 불어왔다. 방금까지 쉬고 있었던 성당 앞마당이 내려다보이고 멀리 낮은 산에 둘러싸인 마을도 보였다. 비록 기도는 드리지 못했지만 성당을 보고 마을로 들어 온 덕분에 순례자 부부와 이야기할 기회도 생겼고 무엇보다 할아버지와 마을 분들도 만날 수 있었다. 죽기 전에 가 보아야 하는 멋진 관광 명소가 많다지만 우리는 까미노에서 만난 모든 것이 가장 최고라고 여기고 싶다. 순례길이 아니었다면 만나지 못했을 작은 마을과 이름 모를 사람들이 우리에게는 모두 보석같이 영롱하다. 크루세이로ㅇ Cruceiro 마을의 회관에서 마신 에스프레소는 최고의 맛이었다.

게임에 열중인 할아버지들 사이로 조끼를 입고 열심히 돌아다니는 한 아저씨를 발견했다. 한참을 지켜보니 로또를 파는 아저씨였다. 유럽에서 로또 회사 직원이 직접 사람들을 찾아다니며 판매를 하는 것을 몇 번 보았던 거 같다. 특히 노인들이 많이 모여 있는 마을에는 직접 찾아오는 것이다. 우리가 배낭을 메고 카페를 나오니 아저씨도 일을 마치고 차를 타러 내려왔다. 우리가 인사했더니 큰소리로 "Buen Camino"라고 하더니 "산티아고 데 콤포스텔라로 가는 것 맞지? 나도 언젠가 순례를 할 거야."라고 하시며 이야기를 늘어놓았다. 우리가 길을 내려가는 동안 앞서 내려가던 아저씨는 자동차 창문 밖으로 손을 내밀어 흔들어 주셨다. 우리는 언젠가 순례길을 걷겠다는 아저씨의 꿈이 꼭 이루어지기를 바랐다. 그러고 보면 사실 우리도 순례길을 걷겠다는 오랜 꿈을 이룬 것이다. 아직도 누군가에게는 순례가 이루지 못한 꿈일 수도 있다고 생각하니 앞으로 더 열심히 걸으리라 다짐해 본다. 우리는 그 꿈의 길에 서 있으니 말이다.

길을 내려와 아까 보았던 약수터로 다시 왔다. 옆에 있는 학교 울타리에는 까미노라는 단어를 여러 나라의 언어로 쓴 팻말이 보였는데 한글도 있었다. 까미노에 얼마나 다양한 나라와 문화를 가진 사람들이 걷고 있는지 실감할 수 있었다.

천사의 모습으로 다가온 고마운 사람들

레돈델라에 도착했다. 예상했던 것처럼 거리에는 많은 순례자들이 북적였다. 우리가 오늘 묵을 숙소 근처에는 작은 개울에 짧은 다리를 건너면 있다고 미리 알고 왔는데 도시 입구에서 벌써 다리가 나오는 바람에 착각하고 말았다. 숙소가 근처에 있을 거라고 생각하며 거리를 몇 번이나 돌았지만 헛수고였다.

서로 각자 길을 찾아보러 나섰는데 저만치에서 유니가 손을 흔들며 불렀다. 동네 아주머니가 하던 일을 멈추고 직접 길을 찾아 주셨다는 것이다. 동네에 볼 일이 있었던 아주머니가 친구들에게 물어가면서 길 안내를 해 주셨단다. 오늘 아침부터 우리는 너무 많은 천사들을 만나고 있다.

관광안내소는 우리가 걸었던 골목 끝 쪽에 있었다. 사실 근처까지 왔었는데 좀 더 가지 않고 발길을 돌리는 바람에 찾지 못한 것 같았다. 지금까지 만난 곳 중 가장 작은 사무실이었지만 직원 아저씨는 지금까지 중 가장 친절하고 좋은 분이었다. 아저씨는 시티맵을 비롯해서 여러 지도도 챙겨 주시고, 내일 걸을 까미노도 자세히 설명해 주셨다. 다행히 우리 숙소도 알고 있어서 길을 가르쳐 주셨다. 멋진 세요까지 받고 나오는데 아저씨가 따라 나오며 사무실 바로 옆으로 작은 골목이 있는데 거기로 가면 숙소가 있는 골목으로 이어진다고 일러주셨다. 그 계단을 지나 내리막길로 가면 우리 숙소가 있다고 알려 주셨다. 그리고 좀 더 내려가야 하지만 내일 순례길에는 더 가깝다고 하셨다. 어쩌면 이런 친절이 우리가 지나 온 도시와 마을을 잊지 못하게 만드는 게 아닐까.

우리가 레돈델라로 들어왔을 때 개울과 다리가 보여서 숙소에 다 왔다고 착각했었는데, 그건 이곳이 레돈델라 강^{Rio de Redondela}의 하구에 있는 곳이어서 바다 가까이로 갈수록 강의 폭이 넓고 다리가 많기 때문이었다. 관광안내소에서 준 시티맵을 보고서야 알게 되었다. 강 옆에는 알라메다 데 레돈델라^{Alameda de Redondela}라는 거대한 공원도 자리하고 있고 파세오 다 포르텔라^{Paseo da Portela}라는 습지보호구역도 있었다. 이 도시에 들어서자마자 풍요롭고 활기찬 자연의 기운을 느꼈던 건 강의 영향이었을지도 모르겠다.

바로 숙소로 갈까 하다가 이곳에서 점심을 먹고 가기로 했다. 아까 길을 헤매다가 "순례자 메뉴"라고 크게 쓰인 입간판을 보았기 때문이기도 했다. 관광안내소 앞 광장으로 내려가서 레스토랑 〈라 바라카 데 프레디^{La Barraca}

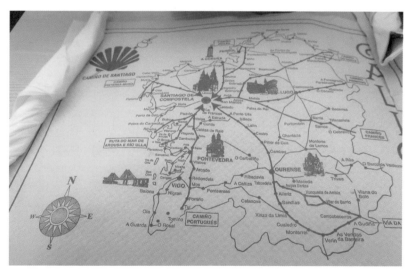

레돈델라 레스토랑에서 식사 준비를 위해 펼쳐준 종이에는 순례길이 그려져 있었다.

De Fredyy)로 갔다. 지금 순례자 메뉴가 되냐고 했더니 가능하다는 반가운 대답이 돌아왔다.

콘스티투시옹 광장 Praza da Constitución 앞은 자연의 싱그러움이 가득하고 흘러가는 강물도 보였다. 이 강물은 흘러서 어제 걸었던 비고의 강과 합류한다고 하니 신기하다. 광장에 가득 놓인 테이블은 커피 한 잔을 두고 휴식을 취하려는 손님들을 기다리고 있다. 우리도 이 풍경 속에서 잠시 쉬어간다.

식사를 기다리는 동안 오늘 하루를 돌아보니 특별한 일을 많이 겪었다. 오늘 하루 천사의 모습으로 다가온 고마운 사람들을 떠올렸다. 아침에 도로로 걷던 우리를 산길로 안내해 준 아저씨, 마을에서 수프를 대접해 준 아주머니, 세요를 찍어주겠다는 마을회관의 할아버지, 하던 일을 멈추고 길을 찾아 준 아주머니까지… 너무 많은 환대 속에서 우리는 지금 여기에 와 있다. 스페인에서는 지나가는 순례자를 '나를 대신하여 순례하는 자'라고 여긴다고 한다. 그 모든 이들 덕분에 순례길은 전 세계인들의 걷고 싶은 길이 되었다.

옆 테이블에서도 순례자 부부가 식사를 하고 있었다. 아저씨는 이미 식사를 끝내고 아내가 식사하는 걸 지켜보고 있었다. 인사를 나누자 아저씨가 먼저 말을 건넸다.

"어디서 왔어요?"
"한국 South Korea 에서 왔어요. 두 분은 어디에서 오셨어요?"
"오스트리아. 즐겁게 걷고 있어요?"

"네, 좋아요."

"잘됐네. 순례는 어떻게 오게 됐어요?"

"까미노 데 산티아고는 우리의 꿈이었어요. 10년이 넘어요."

"우와. 어떻게 준비를 했어요?"

"주로 책을 읽었어요. 한국에는 까미노 데 산티아고에 대한 책이 많아요.
지도도 열심히 보구요."

아저씨와 얘기하는 동안 아주머니는 가끔씩 미소를 지으며 돌아보았다. 순례길에 대한 대화를 나누다 보니 우리가 얼마나 오랫동안 까미노 데 산티아고를 꿈꾸었는지 생각났다. 까미노를 꿈꾼 순간부터 일을 하느라 바쁜 와중에도 책과 지도를 보며 열심히 준비하던 일, 정말 갈 수 있을까 불안했던 날들, 그래도 걷는 연습을 게을리 하지 않으려고 노력했던 일 등이 우리의 기억을 스쳐갔다. 우리 부부가 늘 같은 꿈을 꾼 것에도 감사했다.

순례자 부부가 식사를 마치고 "Buen Camino"와 "See you Tomorrow"의 인사를 남기고 떠나자마자 우리의 식사가 나왔다. 오래 걸리기는 했지만 바로 요리해 나온 식사는 따뜻하고 맛있었다. 치킨과 소시지, 토마토와 샐러드에 빵까지 곁들여진 푸짐한 원 플레이트를 남김없이 다 먹었다. 하루종일 순례길을 걸어서 그런 건지, 순례길의 레스토랑이 요리를 잘 하는 건지 순례자 메뉴는 늘 맛있고 풍성했다. 우리는 이곳에 와서 더 건강해졌다. 늘 같은 시간에 맞춰 잘 먹고, 잘 자고, 잘 걷고 있으니 당연한 것인지도 모르겠다. 식사를 마치니 디저트까지 있다고 해서 즐거움이 배가 되었다. 디저트를 주문하며 직원에게 스페인어 몇 가지도 배웠다.

식사를 마치고 관광안내소에서 가르쳐 준대로 좁은 계단을 지나 골목길을 따라 내려가니 〈알베르게 아보아 레지나ALBERGUE AVOA REGINA〉가 보였다. 알베르게에 들어서니 넓은 휴게실이 보였고 사무실에 있던 호스트가 우리를 반겨주었다. 그런데 문제가 생겼다. 우리는 산티아고 데 콤포스텔라까지 걷는 동안의 숙소를 대부분 예약하고 결제하고 왔다. 그런데 호스트는 예약은 되어 있는데 결제는 안 됐다며 숙박요금을 계산해 달라고 했다. 그래서 상황을 설명하려고 했지만 우리의 영어와 호스트의 스페인어가 소통이 될 리 없었다. 결국 번역기로 대화를 나누며 인터넷을 통해 예약서를 다시 확인해 본 결과 호스트의 설명처럼 예약만 되어 있고 결제가 되어 있지 않았다. 우리가 상황을 잘못 알고 있어서 미안하다고 사과의 글을 번역기에 입력하니 호스트는 괜찮다며 일이 해결되어 기쁘다고 했다. 그리고 처음 만났을 때부터 띠고 있던 미소를 잃지 않았다.

오늘의 알베르게는 도미토리만 있는 순례자 숙소인데 시설이 깨끗하고 훌륭해서 만족스러웠다. 2층에 있는 도미토리 룸에는 이미 순례자들이 도착해 쉬고 있거나 배낭만 있고 벌써 외출한 사람도 있었다. 쉬고 있던 주위의 순례자들이 인사를 건넸다. 뉴질랜드에서 온 유쾌한 순례자도 있었고 프랑스에서 혼자 순례를 온 여성도 있었다. 잠시 낮잠을 청하는 순례자도 있어서 조용히 이야기를 나누었다. 배낭을 정리한 후 빨래를 하기 위해 1층으로 내려갔다. 세탁과 건조는 이용료가 각각 2유로로 오늘은 세탁기와 건조기를 모두 이용할 수 있다는 게 좋았다. 지나가던 호스트가 건조기가 잘 안 될 때가 있다며 코인은 더 내지 않아도 되니까 건조기를 한 번 더 돌리라고 했다. 마르지 않은 빨래가 있으면 내일 배낭에라도 매달고 가야 했는데 호스트의 세심한 배려가 고마웠다.

    우리 침대 옆에 순례자 부부가 막 도착해 있었다. 부인이 발가락을 다쳐 아픈 것 같았다. 주위의 순례자들이 모두 걱정하는 얼굴로 인사를 건네자 애써 미소를 지어 보였다. 그런데 그날 밤 일찍 잠자리에 든 아내와 달리 외출했던 남편이 문제였다. 밤새 코고는 소리가 천둥같이 들려서 잠을 이룰 수가 없었던 것이다. 아내를 걱정하다가 와인을 너무 많이 마신 탓일까. 나머지 순례자들은 모두 뒤척이며 잠을 설칠 수밖에 없었다.

"걷기... 당신의 걸음이 길이 됩니다. 부엔 까미노"

산티아고 순례길 (9일) :
레돈델라 - 폰테베드라
<CAMINO DE SANTIAGO (9 DAY) : REDONDELA - PONTEVEDRA>
거리 : 19.6km | 시간 : 6시간

Redondela → (2.2km) →

Cesantes → (4.5km) →

Arcade de Riba → (1.4km) →

Albergue Axesteira → Pontesampaio → (11.5km) →

Senda Fluvialdo Río dos Gafos →

Pontevedra(Pontevdra Station) →

Cafeteria Asador → Capela da Peregrina →

Parroquia de San Bartolomé → Guesthouse

Santiago de
Compostela

O Milladoiro

Padrón

Caldas de Reis

Pontevedra

Redondela

Vigo

Baiona

A Guarda

Vila Praia de Âncora

Viana do Castelo

Esposende

Vila do Conde

Porto

산티아고 순례길(9일) :
모든 사람들이 사랑한다면

순례자 메시지가 담긴 칠판

어젯밤 잠을 설치는 바람에 몸이 찌뿌둥하다. 바로 옆 침대의 아저씨가 밤새 천둥소리로 코를 고는 바람에 제대로 잠을 못 잤다. 더구나 새벽에 출발하는 순례자들이 나가는 소리까지 겹쳐 잠을 잔 건지 안 잔 건지 멍한 상태가 되었다. 알베르게는 순례자들과 교류하는 장점이 있지만 번잡함으로 인한 피곤은 어쩔 수가 없다.

순례자들이 한적할 때 씻고 준비를 했다. 간단히 아침식사를 챙겨 아래층으로 내려갔다. 제법 여러 명의 순례자들이 각자의 아침식사를 하고 있었다. 간단하게 캡슐 커피 한 잔을 마시고 있거나, 토스트로 대신하기도 하고, 우유를 부은 오트밀을 먹고 있는 순례자도 있었다. 유럽은 채식하는 사람, 특정한 음식에 알레르기가 있는 사람 등 다양해서 자신에게 맞는 식사를 하는 사람들이 많았다. 그래서 순례자를 위한 숙소가 아니라도 공동 주방을 가진 숙소가 제법 많이 있었다. 아침을 꼭 챙겨먹는 스타일인 우리는 다양한 식단으로 양도 푸짐하게 먹고 있다. 오늘 아침 메뉴는 커피와 티,

바게트, 사과와 포도, 그리고 요거트와 견과류 등이다.

　주위를 둘러보니 순례자들이 모두 피곤한 얼굴들이다. 눈이 마주치자 서로 피곤한 이유를 알겠다는 듯 미소를 짓는다. 어떤 순례자가 크게 하품을 해서 다들 크게 웃었다. 오늘 여기에 있는 순례자들은 산티아고 데 콤포스텔라까지 가는 동안 동행하게 될 것이다. 산티아고 대성당 광장에서도 만나길 기원해 보았다.

　휴게실 벽면에는 세계 곳곳에서 온 순례자들의 메시지가 적힌 칠판이 있었다. 숙소에서 칠판과 색연필을 준비해 두어서 세계 각국의 언어로 적힌 메시지가 가득 담겨 있다. 그렇게 완성된 벽면의 칠판

우리도 칠판에 사랑의 메시지를 써 넣었다.

은 멋진 예술작품 같았다. 우크라이나, 러시아, 독일, 브라질, 오스트리아, 영국, 남아프리카공화국까지... 언뜻 보아도 이렇게나 다양하고 많은 나라에서 까미노를 걷기 위해서 온 것이 신기했다. 그리고 세계의 많은 사람들이 까미노를 걸으며 서로가 우정을 나누는 모습이 보기 좋았다. 우리도 칠판의 빈 곳을 찾아 메시지를 적어 넣었다.

"If Everybody in the World loves everybody in the World - From Corea"
(이 세상 모든 사람이 이 세상 모든 사람을 사랑한다면)

　우리가 좋아하는 문장이다. 만일 이 문장처럼만 된다면 세상에는 평화가

깃들 거라고 기대해 본다. 뜨거운 캐모마일 티를 텀블러에 한 통 담고 출발했다. 어제 친절하게 맞아주었던 호스트를 만나지 못해 아쉬웠다. 대신 아침시간을 담당하는 직원이 힘찬 인사를 건네 주었다.

까미노의 활기가 가득하다

알베르게를 나서니 골목으로 많은 순례자들이 우르르 지나갔다. 반가운 오스트리아 순례팀도 지나간다. 레돈델라부터 산티아고 데 콤포스텔라까지 하나로 이어진 까미노에는 각자 흩어져 있던 순례자들이 합류하여 걷고 있다. 시내를 빠져나갈 때 신호등에 걸려 멈췄는데 대기하고 서 있는 순례자들이 너무 많아서 마치 단체관광객처럼 서 있게 되었다. 서로 민망해서 아침 인사를 정겹게 나누어 본다.

큰 도로를 건너자 숲이 시작되었다. 어디선가 음악 소리가 들려 둘러보니 순례자들이 잔뜩 모여 사진을 찍는 모습이 보였다. 알프스 산에서 방금 내려온 듯한 복장의 할아버지가 백파이프 연주를 하며 세요도 찍어주고 조가비도 팔고 계셨다. 우리도 다가가 사진을 찍었는데 멋진 모습이 담겼다. 나무로 만든 공예품도 예뻐서 사고 싶었으나 짐을 만들지 않기로 했기 때문에 꾹 참았다. 멈춰 선 김에 순례자들과 서로 인사를 나누었는데 그 속에 독일에서 온 키가 무척 큰 순례자 부자를 만났다. 나이가 많아 보이는 아버지가 키가 더 컸는데 젊은이 못지않게 건강하고 씩씩하게 걷고 계셨다. 앞으로 당분간 힘들어 하거나 지친 모습은 하지 말아야겠다. 이후로 순례자들은 이 독일인 부자를 만날 때마다 "Hi, Father"라고 부르게 되었다. 순례자 모두의 아버지가 된 것이다.

산 속의 아름다운 백파이프 소리가 순례자들을 격려해 주었다.

숲길을 걷다보니 순례자들 간에 자연스럽게 간격이 벌어졌다. 숲을 배경으로 사진을 찍느라 멈춰서는 경우도 있고 순례자 표지석도 자주 있어서 얼마 남지 않은 거리의 숫자를 카운트다운 해가며 기념사진을 찍기도 하였다. 그런데 숲이 평평하지 않고 오르막과 내리막이 반복되어 아침부터 진땀이 흘렀다. 잠시 멈춰 서서 쉬어가려고 보니 평탄하지 않은 까미노 덕분에 눈앞에 멋진 풍경이 펼쳐졌다. 저 멀리 내리막길로, 더 멀리는 오르막길로 줄을 지어 걸어가는 순례자들의 행렬이 모두 한 눈에 보였다. 순례자들이 조가비를 걸고 지팡이를 짚고 걸어가는 모습은 풍경과 어울려 무척 아름다웠다. 카메라로 멋진 광경을 찍었다.

호수처럼 잔잔하게 펼쳐져 있는 강 건너 마을이 산 속에 포근히 안겨 있다. 어제 비고 시내를 지나 산길에서 보았던 란데 다리를 만약 건넜다면 저 강 건너 마을을 걷고 있으리라. 까미노 데 산티아고의 공식 길은 지금 우리가 걷는 길이지만 지도를 보니 강 건너 쪽으로 걸어도 오늘의 목적지인 폰테베드라에 도착하는 것 같았다.

조금 더 가다보니 산 속에 커피를 파는 카페가 있었다. 건물이 있는 것은 아니고 넓은 터에 커피와 빵, 기념품 등을 파는 판매대가 펼쳐져

산 아래로 내려가는 순례자들의 모습이 한 눈에 보인다.

있었다. 숲 속에서 마시는 커피를 그냥 지나칠 수 있겠는가. 배낭을 내려놓고 오늘 순례길의 첫 휴식을 취해 본다. 땀을 식히기에도 호흡을 가라앉히기에도 좋은 장소였다. 무릎과 발목이 편한 걸 보니 이제 까미노에 몸이 적응되어 가는 것 같다. 커피는 맛있었다. 크레마 가득한 커피에 진한 우유를 부은 카페 콘 레체Café con leche는 아침 커피로 제일 좋다. 야외 카페이지만 제대로 된 도자기 잔에 담아주고 작은 빵도 곁들여 주니 훨씬 좋았다. 주인이 우리를 돌아보아서 커피가 맛있다는 사인을 보냈다. 밤새 뒤척인 몸이 조금씩 깨어나는 듯하다.

커피를 즐기고 다시 길을 걸으니 까미노의 낯익은 순례자들이 "See you

again!", "See you later"라며 인사를 보내고 지나갔다. 어제 광장에서 만난 오스트리아 아저씨 부부도 지나가고 미국과 캐나다에서 온 할머니도 만났다. 오스트리아 순례팀도 지나가는데 아직까지는 그 팀이 모두 몇 명으로 구성된 것인지 확인할 길이 없다. 저 앞에는 오스트리아 순례팀 중 호탕한 아저씨가 순례자 표지석 앞에서 기념사진을 찍고 있다. 아저씨는 우리를 만날 때마다 큰소리로 "Buen Camino! Corea~"라고 불러서 주위 순례자들의 주목을 받게 만들었다. 평창올림픽을 개최한 코리아라고 다른 순례자들에게 얘기해 주어서 우리도, 그들도 모두 놀랐다.

지금 이 시기에 이 길을 걷는 한국인은 우리 부부밖에 없어서 "Korea!"라고 반가워하는 순례자들도 늘었다. 그러면 옆에 같이 걷던 순례자가 작은 목소리로 "Korea? South Korea?"라고 묻기도 한다. 그러다가 다음번에 만날 때는 먼저 "Korea~"하고 불러준다. 다른 순례자들에게서 한국 순례자가 있다는 말을 들었는데 이제야 만나게 되었다며 반가워해주는 분도 있었다. 물론 우리의 이름을 불러주면 좋겠지만 코리아를 이름처럼 듣게 되었다.
어느 스페인 순례자는 빵이 주식인 유럽에서 식사 때문에 힘들지 않은지 걱정해주기도 했다. 우리가 빵과 더불어 과일과 채소가 모두 최고라고 칭찬하면 기뻐하며 스페인 음식 자랑을 시작하기도 한다. 언제부터 이런 까미노의 여유가 생겼을까. 까미노의 고요함은 사라졌지만 시끌벅적한 재미가 찾아 들었다.

로마나 마을의 삼파이오 다리

　이제 우리는 이번 순례길에서 가장 잊지 못할 마을 중 한 곳으로 들어가고 있었다. 아름다운 삼파이오 다리^{Ponte Sampaio}가 있는 마을이다. 베르두고 강^{Rio Verdugo}에 있는 이 다리는 중세 때 지어진 로마네스크 양식이고, 이후 1809년 프랑스에 대항한 스페인의 독립 전쟁인 폰테 삼파이오 전투^{the Battle of Ponte Sampaio}에서 그 이름이 유래되었다. 유구한 역사의 시간을 간직한 다리 위를 우리는 지나가고 있다. 우리가 가늠할 수 없을 만큼의 오랜 시간동안 베르두고 강은 대서양을 만났을 것이다.

　유럽에 와서 이러한 작은 마을에 와 보고 싶었다. 오래된 마을은 많은 이야기를 품고 있기 때문이다. 그 이야기에 귀 기울이며 사람들이 살아가고

삼파이오 다리 아래 흐르는 베르두고 강.

있었다. 전쟁과 사랑, 탄생과 죽음, 기쁨과 슬픔, 축복과 탄식 등 이 다리를 건넜을 수많은 사람들의 이야기가 꽃이 피고 지는 것처럼 흘러갔을 것이다. 우리가 살고 있는 주변에는 옛것은 없고 새것만이 존재한다. 과거의 낡았지만 오래된 것이 남아있는 사회와 옛것이 모두 사라지고 새것만이 존재하는 사회는 다르다. 그 속에 살았던 사람들의 이야기는 사라지고 옛 사람들의 존재마저 부정당하는 것처럼 느껴지기도 한다.

다리 끝에 카페가 있어 좀 더 머무르기로 했다. 삼파이오 다리와 베르두고 강을 좀 더 보기 위해서였다. 카페의 이름도 마을 이름과 같은 〈로마나 카페Cafe Romana〉이다. 마침 야외 테이블에 자리가 비어있어 배낭을 내려놓고 앉으니 다리 전체의 모습과 잔잔히 흐르는 강물이 모두 보였다. 박제화되어 있는 역사가 아니라 사람들과 함께 하는 생활 속 문화가 눈앞에 펼쳐져 있다. 과거에서 온 역사는 우리와 함께 현재가 되고, 우리 또한 사라져 미래가 될 시간의 흐름을 한참이나 바라보았다. 순례 중에 이런 귀한 문화재를 바라볼 시간을 누릴 수 있다는 것도 고마운 일이었다.

진한 에스프레소 한 모금으로 다시 현실로 돌아왔다. 카페에 세요가 있다고 해서 가 보니 삼파이오 다리가 디자인된 세요였다. 돌다리의 모양이 크레덴시알에 선명하게 찍혔다. 나중에 세요를 보면 로

삼파이오 다리가 선명하게 찍혀 있는 세요.

마나 마을과 베르두고 강과 삼파이오 다리를 모두 기억할 수 있을 것이다.

가까운 곳에 로마네스크 양식의 〈삼파이오 다리의 산타 마리아 성당 Igrexa de Santa María de Ponte Sampaio〉이 있지만 그냥 지나치기로 한다. 마을 사이로 들어가니 바로 좁고 가파른 길이 나와 순례자들이 일렬로 줄을 섰다. 옆에는 작은 소녀가 할머니의 손을 잡고 순례를 하고 있다. 작지만 배낭도 제대로 메고서 말이다. 길 주위로는 저마다 예쁘게 꾸민 돌집들이 빽빽하게 들어서 있다.

작은 산자락을 내려가니 포도밭이 가득한 평지가 나왔다. 포도 줄기를 지탱해주는 것은 튼튼한 돌기둥이다. 포도밭을 둘러보아도 플라스틱 통이나 비닐로 된 끈 같은 것들은 보이지 않았다. 낡고 색이 바래서 시간의 흐름을 알 수 있는 풍경만이 담겨 있었다. 길가에는 야생 포도덩굴이 담벼락

까미노에는 포도밭이 많이 있다. 수확을 앞두고 주렁주렁 매달린 포도알.

이나 전봇대에 치렁치렁 늘어져 있기도 해서 따먹기도 한다. 우리도 한 알 떼어 입에 넣어 보았더니 무척 달고 맛있었다. 조그만 알에서 달고 맛있는 즙이 나와서 깜짝 놀랐다. 지나가던 다른 순례자도 먹어보더니 눈이 커졌다. 까미노의 작은 행복이었다.

포도밭이 끝나자 조그만 강줄기들이 우리를 숲속으로 이끌었는데, 이 가포스강 줄기Senda Fluvialdo Río dos Gafos 1를 따라 펼쳐져 있는 거대한 숲을 빠져나가야 비로소 폰테베드라 시내에 도착할 수 있다. 산에는 밤나무가 많아서 바닥에 밤송이가 가득 떨어져 있었다. 아무도 열매를 가져가지 않는 것이 신기할 정도이다. 이곳의 산은 이끼와 나무와 넝쿨들이 자연스럽게 얽혀 있고 여러 가지 열매들이 수북이 쌓여있는 야생 그대로의 모습이었다. 물 흐르는 소리만이 가득한 숲 사이로 햇살이 들어왔다. 사람의 흔적을 찾을 수 없는 신비로운 풍경이라 숲의 정령이 나올 것만 같았다. 이곳은 식생을 보호하기 위해 작은 데크길로 강을 건너게 되어 있었다.

아까 표지판이 없어 고민했는데 갈림길에서 선택한 길이 틀리지 않았는지 다행히 숲이 끝나고 도로가 나왔다. 고가도로 밑을 통과하는데 오스트리아 순례팀들이 "Buen Camino"라고 외치자 그 소리가 메아리가 되어 울려 퍼졌다. 그러자 재미를 붙였는지 다른 순례자들도 차례로 큰소리로 노래를 부르기 시작했다. 노래는 돌림노래가 되어 울려 퍼졌다. 누군가 깔

---

1 가포스 강 줄기 : 동쪽의 마르코 강(Rio do Marco)과 서쪽의 토메사 강(Rio do Tomeza)이 합류하는 강줄기이다. 폰테베드라 시내 가까이에는 시민들의 휴식처로 가포스 강변 공원(Parque Lineal do Rio dos Gafos) 시설도 있다.

깔깔 웃자, 또 여러 사람들이 따라 웃어 그 소리까지 울려 퍼졌다. 지치고 힘들 텐데 다들 아이마냥 신이 났다. 그렇게 웃는 사이 시야가 확 트이며 폰테베드라 기차역이 눈앞에 나타났다. 눈앞에 나타난 "Pontevedra"라는 큰 글자가 기차역보다 먼저 눈에 띄었다. 오늘의 순례를 환영하는 것 같아 다들 환호성을 질렀다. 오스트리아 순례팀은 횡단보도를 건너자마자 벌써 숙소에 다 왔다며 인사를 했다. 내일 다시 까미노에서 만나게 될 친구들이다.

폰테베드라의 유서깊은 성당들

우리의 숙소는 아직 멀었다. 기차역을 뒤로 하고 큰 빌딩들 사이로 들어섰다. 큰 도시 안에 사람들이 안 보이니 을씨년스럽게 적막했다. 한참을 걸어 빌딩 사이를 벗어나니 로터리를 중심으로 가게와 사람들로 북적이는 큰길이 나왔다. 레스토랑 〈카페테리아 아사도르 Cafeteria Asador〉가 보여 점심 식사를 할 수 있을까 기웃거렸다. 다행히 낯익은 순례자 할머니 두 분이 먼저 도착해 야외 테이블에 앉아 계셔서 우리도 이곳에 배낭을 내려놓았다. 주문을 받으러 왔는데 오늘은 무려 네 코스가 있는 순례자 메뉴였다. 먼저 전채요리로 수프와 샐러드, 메인 요리로 치킨과 가자미구이, 디저트로 티라미수와 케이크, 마지막으로 커피까지 서비스로 준비해 준다고 하니 우리는 입이 귀에 걸리도록 즐거워졌다.

전채요리로 나온 샐러드의 맛은 무척 신선해서 한 번에 생기를 되찾았다. 수프에는 쌀알 같이 아주 작은 것이 들어 있는데 먹어봐도 알 수가 없었다. 메인 요리가 나올 때 물어보았더니 파스타라고 했다. 크기로 보아 수프 등에 넣는 아주 작은 파스타 리소Pasta Riso라는 걸 나중에야 알았다. 가

디저트 아이스크림 케이크   디저트 티라미수

자미구이는 살이 부드러웠고 티라미수는 정말 기분을 상승시켜주는 환상
의 맛이었다. 이렇게 달지 않고 쫀득한 디저트라면 앞으로도 늘 먹고 싶다.
순례자 메뉴가 아니라면 물가가 높은 유럽에서 이렇게 푸짐하고 다양하게
식사하지 못했을 것이다. 덕분에 태양의 나라, 미식의 나라 스페인을 확실
히 몸으로 체험하고 있는 중이다.

　맛있는 식사를 마치고 식당 직원에게 길을 물어보니 시티맵이 있다며 길
을 설명해주었다. 그리고 시티맵은 선물이라며 건네 주었다. 우리는 지도
보기를 좋아해서 시티맵을 들고 낯선 길을 찾아다닌다. 특히 유니는 지도
에 기본적으로 들어있는 축소율, 방위, 도로나 거리 이름만 있으면 이 먼
유럽에서도 골목마다 길을 참 잘도 찾는다.

　지도를 보며 숙소 쪽으로 걸어가는데 어제 같은 알베르게에 함께 묵었던
뉴질랜드 청년이 보였다. 시내 숙소 대부분 "Full"이라며 숙소를 못 찾아서
당황스럽다고 했다. 그러더니 어제 밤새 코를 고는 아저씨 때문에 잠을 좀
못 잤으니 오늘은 오랜만에 호텔을 찾아볼까 하며 웃었다. 우리는 그 웃음
의 의미를 알아서 그것도 좋은 생각이라며 함께 웃었다.

까미노에는 공립 알베르게 외에 사설 알베르게도 있고 B&B 숙소나 저렴한 호스텔 등 숙소가 다양하다. 알베르게를 이용할 수도 있고 공동생활로 제대로 쉬지 못했거나 자리가 없다면 개인 숙소에서 쉬는 것도 나쁘지 않다는 생각이다. 우리 부부는 도미토리 침대 2개를 예약하는 가격과 더블룸의 가격이 별로 차이가 나지 않는 숙소에서는 더블룸을 이용했다. 까미노에서는 동행자가 있다면 숙박할 때 도움이 된다. 가격은 성수기나 주말, 그리고 대도시의 중심부일수록 높을 수밖에 없다. 그래서 중심지에 있지 않아도 순례길 위에 있는 숙소라면 조금 벗어나 저렴하고 한적하게 묵는 방법도 있다.

여하튼 뉴질랜드 친구가 오늘 편하게 잘 수 있는 숙소를 찾을 수 있기를 바랐다. 그는 헤어지면서 자신은 내일부터 '영적인 길'을 걷게 될 거라고 했다. 사실 폰테베드라에서 칼다스 레이스를 거쳐 도착하게 될 파드론까지는 까미노가 하나 더 있다. 영적인 길Variante Espiritual 2이라고 부르는 이 길은 폰테베드라에서 파드론까지 3일 정도가 걸린다. 우리가 걷는 길보다 하루가 더 걸리고 바닷길로 걸어야 해서 조금 더 힘들다고 한다. 그래서 어쩌면 까미노에서 뉴질랜드 청년을 만날 기회가 없을 지도 모른다. 그는 산티아고에서 만나자며 빌딩 사이로 사라졌다.

뉴질랜드 친구와 헤어지고 모퉁이를 돌자마자 폰테베드라 도시를 가로지르는 레레스 강이 보이는 직선 도로가 나타났다. 이 길 끝에는 강이 있고

---

2 영적인 길 : 폰테베드라에서 시작하여 길이 나누어졌다가 파드론에서 합류하게 된다. -자세한 설명과 지도는 "영적인 길" 사이트에 나와 있다. https://www.varianteespiritual.com/

그 근처에 오늘 우리가 머물 숙소가 있다. 이곳도 큰 도시이지만 높은 건물과 유서깊은 건물이 섞여 있어 대도시의 느낌이 덜했다. 조금 가다가 보니 왼쪽으로 갑자기 사람들이 많이 모여 있었다.

작은 골목 뒤로 페레그리나 광장Praza da Peregrina이 펼쳐지고 그 가운데에 성당이 있었다. 광장과 성당이 숨어 있어서 지나치고 못 볼 뻔했다. 원통형 탑 모양의 성당은 〈폰테베드라의 성모 순례자 예배당Capela da Peregrina : Santuario de la Virgen Peregrina de Pontevedra〉3으로 순례자를 상징하는 조가비와 십자가로 장식되어 있었다. 예배당 안으로 들어가니 세상과 단절된 고요함이 그윽하였다. 우리는 오늘의 순례와 얼마 남지 않은 순례에 대해 기도했

가운데 성모순례자가, 양쪽으로 성인 야고보 조각상이 보인다.

다. 고개를 들어 제단을 보니 조가비와 지팡이와 물병을 든 채 미소를 짓고 있는 성모 순례자 조각상이 눈에 띄었다. 스테인드글라스와 의자에도 조가비가 그려져 있다. 까미노를 상징하는 조가비가 부쩍 눈에 많이 뜨이는 것은 산티아고 데 콤포스텔라가 멀지 않았다는 걸 의미한다.

---

3 폰테베드라의 성모 순례자 예배당 : 1789년에 세워진 바로크 양식의 성당으로 신고전주의 디자인도 결합되어 있다. 성모 순례자(Virgen Peregrina)는 폰테베드라의 수호성인이기도 하다.

밖으로 나와 성당을 올려다보니 가운데 성모 순례자 조각상이 보이고 양쪽으로 야고보 성인의 조각상도 보였다. 두 개의 종탑이 있는 원통형 성당으로 주변의 원형 광장과 함께 독특한 분위기를 만들고 있었다. 광장 주변에는 작은 상점들도 보이고 쉬고 있는 순례자와 주민들도 보였다. 그 속에서 우리는 오스트리아 소녀 두 명을 만났다. 순례 둘째 날, 포르투갈 숙소 슬립앤고에서 함께 머물렀던 친구들이다. 발목을 다친 상태에서 며칠을 쉬었다가 다시 출발한 친구들이라 그동안 걱정을 많이 했었다. 스페인에서 만나다니 그동안 순례를 계속하고 있어서 다행이다. 반가움에 다리는 괜찮은지 물었더니 건강하게 잘 걷고 있다고 했다. 나머지 순례도 잘 마치고 산티아고에서 만날 것을 기약했다. 초기 까미노에서 자신에게로 집중되었던 순례의 의미가 조금씩 순례자와의 교류로 넓혀지고 있었다. 잠시 스쳐 지나가는 순례자도 있지만 자주 만나게 되고 동행처럼 느껴지는 순례자도 생겼다.

광장을 나와서 이제 숙소가 있는 강 쪽으로 내려간다. 꽃가게도 보이고 과일가게도 보이고 활력있게 살아가는 마을의 모습이 엿보였다. 이따가 숙소에 짐을 내려놓고 장보기 할 곳들을 미리 물색해 보았다. 오늘 우리가 지낼 곳은 B&B 형태의 숙소이다. 지도를 보며 거리 이름을 찾고 주소를 확인하며 아파트를 찾았다. 그런데 아파트 앞에 공동 초인종이 있어 눌러도 대답이 없다. 몇 번을 시도해도 반응이 없어서 전화를 해보려고 그 옆 카페에 갔다. 상황을 말하니 다행히 우리가 적어 온 번호로 전화를 걸어준 친절한 카페 직원이 호스트는 회사일로 늦는다고 조금만 기다리라고 전해주었다. 스페인어로 대화를 한다는 것은 불가능한 일이었는데 카페 직원 덕분에 상황을 알 수 있어서 다행이었다. 순례를 마친 후라 피곤이 몰려 왔다. 우리는 늘 숙소에 미리 메일이나 문자로 연락을 해서 도착시간을 알려주고 체크인 가능 시간을 확인받는다. 그리고 우리도 최대한 그 시간에 도착하기 위해 발걸음에 신경쓰기도 했다. 그래서 오늘처럼 약속 시간이 안 맞아 시간을 낭비하게 되면 기운이 빠진다. 순례동안 하루도 빠짐없이 일기를 써 온 유니는 남은 시간에 일기를 미리 쓰며 기다리고 있다.

거의 1시간 가까이 기다려 호스트와 함께 아파트로 들어갔다. 아파트 건물은 작은 홀을 중심으로 'ㄷ'자 형이었는데 제법 큰 건물이었다. 호스트의 아파트 안으로 들어가니 우리나라의 아파트 구조와는 다르게 상당히 넓은 일반주택의 구조가 나타났다. 입구에는 호스트인 아주머니의 방이 있고 입구를 따라 긴 복도가 이어지는데 복도 맨 끝이 어머니의 방이라고 했다. 복도 중간에 욕실이 있었는데 우리가 전용으로 사용하면 된다고 했다. 욕실의 맞은편이 우리가 머물 방이었다. 방문을 열어보니 나무로 된 가구들과 전원풍의 패브릭으로 예쁘게 꾸며져 있었다. 창문을 열면 들판이 펼쳐질 것 같았지만 우리가 걸어 온 큰 도로만 보일 뿐이었다. 우리의 방을 제외하면 복도 안쪽은 넓은 거실이자 식사공간이었다. 내일 아침 조식은 이곳에서 할 거라고 하였다. 거실에 큰 나무들이 화분에 심어져 있어서 아파트처럼 느껴지지 않았다. 벽에는 그림들이 많이 걸려 있었는데 어머님이 화가라고 했다. 모딜리아니 풍의 그림도 있었고, 마티스의 춤과 비슷한 그림도 있었다. 화가인 어머니는 지금 다리가 좀 아프셔서 큰딸인 아주머니가 모시고 있다고 했다. 아주머니는 일이 다 안 끝났다며 다시 나갔다. 주방도 자유롭게 이용하라고 했기에 차를 한 잔 끓여 마시고 손빨래를 한 다음 장보기를 하러 나섰다.

　숙소를 나와 과일을 사러 나섰는데 골목길에 작은 분수대가 보였다. 이 작은 분수대로 말미암아 골목길이 더욱 여유있게 보였다. 물방울이 천천히 떨어지는 소리가 골목에서 맴돌았다. 이러한 옛 것들이 남아있어 일상의 속도를 조율하는 것이 아닐까.

　분수에 이끌려 골목 안으로 들어갔는데 뜻밖에도 거기엔 웅장한 파사드의 〈성 바르톨로메 성당Iglesia San Bartolomé〉4이 서 있었다. 성당 안으로 들어가니 마침 미사를 드리고 있는 중이어서 잠시 기도만 드리고 나왔다. 미사 때문에 제단과 내부를 자세히 둘러볼 수 없어 아쉬웠다. 밖으로 나와 외관을 구경해 보았다. 기단이 2층으로 되어 있는 거대한 성당이었는데 파사드에는 거대한 도리아 기둥 6개가 수직으로 서 있고 그 위에는 스페인 문장

성 바르톨로메 성당. 6개의 도리아 기둥이 무척 웅장해 보인다.

이 새겨져 있었다. 양쪽에는 2개의 종탑이 있어 무척 높았는데 성당이 골

---

4 성 바르톨로메 성당 : 1714년에 봉헌된 성당으로, 갈리시아 지방에 몇 안 되는 이탈리아 바로크건축 양식으로 지어졌다고 한다.

목 안에 있다 보니 맞은편에서 사진기로 전면을 담아내기가 어려울 정도였다. 골목 입구의 예쁜 분수대에 이끌려 들어오지 않았다면 이 유서깊은 성당도 그냥 지나칠 뻔 했다.

길 끝의 레레스 강을 바라보며 숙소로 돌아간다. 아름답고 정겨운 마을을 만나면 가끔 데자뷰 속에 빠지기도 한다. 낯설지만 동시에 낯익은 느낌의 마을. 내일 까미노의 시작은 저 강을 건너며 시작된다. 저녁의 시원한 강바람이 불어 왔다.

알베르게 건물에 그려진 순례자 모습

산티아고 순례길 (10일) :
폰테베드라 - 칼다스 데 레이스

<CAMINO DE SANTIAGO (10 DAY) : PONTEVEDRA - CALDAS DE REIS>

거리 : 21.1km | **시간** : 6시간 30분

📍**Pontevedra** → (5.8km) →

Alba → (4.5km) →

San Amaro → (1.9km) →

A Portela → (6.3km) →

Briallos → (2.9km) →

Tivo → (1.9km) →

📍**Caldas de Reis**

Santiago de
Compostela
◎
● O Milladoiro
● Padrón
● Caldas de Reis

● Pontevedra

● Redondela
● Vigo
● Baiona

● A Guarda
● Vila Praia de Âncora
● Viana do Castelo

● Esposende

● Vila do Conde

◎ Porto

산티아고 순례길(10일) :
스페인 햇살 속에

폰테베드라 숙소에서 준비해 준 푸짐하고 맛있는 아침식사

스페인 햇살에는 비타민이 가득

오늘은 숙소에서 준비한 조식을 먹기 위해 거실로 갔다. 식탁에는 이미
아침식사가 모두 차려져 있었다. 크루아상과 머핀이 바구니에 담겨 있고

치즈와 살라미, 버터와 잼, 시리얼과 우유, 요거트와 쿠키, 달걀과 바나나까지… 호화로운 식탁이었다. 오렌지 주스를 마시고 있으니 호스트 아주머니가 인사하며 주방에서 나왔다.

"안녕Hola, 밀크 커피Café con leche 마실래요?"

유럽의 밀크 커피는 최고의 맛이다. 거절할 이유가 없다. 아주머니는 웃으면서 토스트와 향기로운 커피를 가져다 주었다. 그리고 따뜻한 우유를 가져와 가득 부어 준다. 치즈와 살라미는 말할 것도 없고 버터와 잼도 훌륭한 맛이다. 배가 부른데도 얄증맞게 작은 머핀까지 하나 더 먹었다. 남은 쿠키와 과일은 간식으로 챙겨 주었다. 순례 잘 마치기를 바란다는 인사를 받으며 거리로 나왔다.

거리의 신선한 아침 공기가 우리를 반긴다. 오늘도 무척 청명한 날씨가 이어졌다. 까미노를 걷는 동안 건강해졌고, 활력도 생겼다. 스페인의 광선은 특별하다더니 햇살 속에 비타민 함량도 더 많은 걸까. 태양 에너지를 듬뿍 받고 있다. 스페인의 갈리시아 지방은 대서양에 접해 있어 습도가 높고 비가 많이 내린다는데 우리는 걷는 동안 스페인의 햇살을 듬뿍 받았다.

강변 입구에는 폰테베드라 주립 박물관Sexto edificio : Museo Provincial de Pontevedra[1]이 있다. 이곳에서 오늘의 첫 세요를 받기 위해 들렀다. 넓은 로비로 들어가 순례자인데 세요를 받을 수 있느냐고 묻자 앉아 있던 직원이 갑자기 당

---

1 폰테베드라 주립 박물관 : 성 바르톨로메 성당 교구 건물들 중 일부이며 예수회 대학 건물이었다가 폰테베드라 주의 박물관 건물이 되었다. 모두 6개의 건물로 이루어져 있어 섹스토 에디피시오(Sexto edificio)라는 이름이 붙여 있다.

황해 일어나더니 세요를 찾는다. 그 옆에 서 있던 다른 직원은 세요를 받는 순간을 사진으로 찍고 싶다며 기념사진까지 찍었다. 우리는 영문을 몰라 당황스러웠지만 아침부터 즐거운 경험을 했다.

큰 도로로 나와 까미노로 합류하려면 강변으로 가야 하는데 마을에는 아직도 우리 마음을 사로잡는 것들이 곳곳에 있었다. 한 건물 안에 시장이 있었는데 폰테베드라 시립 마켓Mercado Municipal de Pontevedra이었다. 입구로 들어서자 스페인의 햇살을 받고 자란 짙고 다양한 색의 과일과 꽃과 채소가 가득하였다. 무척 풍성하고 싱싱해 보였다. 안쪽으로 들어가니 수산물도 진열되어 있다. 오래 보관된 냉동 수산물이 아니라 바다의 냄새를 물씬 풍기는 싱싱한 먹을거리이다. 어제 여기서 장을 보고 요리를 해 보았으면 얼마나 좋았을까. 하지만 이곳은 이른 시각인 6시부터 시작해 오후 3시면 문을 닫는다고 한다. 이 마켓에서 신선한 수산물을 구입해서 위층으로 올라가면 원하는 대로 요리를 해 준다고 한다. 저렴한 3유로 정도에 말이다. 이렇게 건강한 식재료를 매번 식탁에 올릴 수 있는 스페인이 무척이나 부럽다. 스페인의 간식이자 본식이기도 한 타파스가 발달한 이유도 알 것 같았다. 정말 오늘 하루를 더 머무르면 안 될까 싶을 정도로 버티고 싶은 마음 간절하지만 어쩔 수 없다. 오늘의 까미노가 저만치서 기다리고 있으니 말이다.

아쉬운 폰테베드라를 뒤로 하고 다리를 건너기 위해 강변으로 향했다. 폰테베드라 중심지를 흐르는 레레스 강Rio Lérez 2은 대서양과 만나는 하구

---

2 레레스 강 : 산 비에이토(San Bieito) 산에서 발원하여 60km를 흐른 후 대서양에 이르는 강이다.

에 있기 때문에 강의 폭이 넓었다. 그래서 강을 건너는 다리가 많은 편인데 그중에 부르고스 다리Ponte do Burgo로 강을 건넜다. 시원하게 흐르는 강물과 시민들의 휴식을 위한 공원 등이 편안한 도시 풍경을 만들어 주고 있었다. 단숨에 정이 들어버린 폰테베드라를 마음에 품고 오늘 우리는 칼다스 데 레이스Caldas de Reis까지의 까미노를 이어간다.

포도를 수확하는 농장 사이로

골목길에 들어서자 한 무리의 순례자들이 뒤에서 오더니 얼마나 속도가 빠른지 성큼성큼 앞질러 가 버렸다. 지금은 어디로 갔는지 보이지도 않는 다. 부쩍 젊은 순례자들이 많아졌는데 우리가 걸었던 까미노에서는 만나 지 못했던 낯선 순례자들이다. 우리 앞에는 지팡이를 짚고 조용히 걸어가

이끼가 끼어있는 야생의 산길에는 숲의 내음이 가득했다.

는 한 명의 순례자가 있다. 우리와 속도가 비슷해서 계속 앞에서 길잡이가 되어 주고 있다. 아침이라 몸이 풀리지 않은 상태이니 산책하듯 느린 걸음으로 걸어 본다. 약간은 쌀쌀하고 신선한 아침 공기가 가득 한 숲 속에서 우리의 걸음은 저절로 느려졌다. 이곳은 야생 그대로의 숲이라 햇살을 잘 받은 큰 나무가 있는가 하면, 햇볕이 닿지 않는 그늘에는 이끼들이 가득하고 나무를 감고 올라가는 덩굴식물까지 있어 그야말로 울창했다. 숲의 내음이 온 몸에 감겨와 기분까지 좋게 만들어 주었다.

길은 숲 속에서 벗어나 농사짓는 밭도 나오고 다시 작은 숲이 이어지기를 반복했다. 그 사이 낯익은 순례자들이 지나갔다. 밤새 잘 잤느냐, 아픈 무릎은 어떠냐 등 하루 동안의 안부를 나누었다. 이제 산티아고까지 얼마 남지 않은 상황이라 오늘부터는 새로운 안부가 오고 갔다.

"오늘 어디까지 가니?"
"너도 칼다스 데 레이스까지 가지?"

이제 산티아고까지 얼마 남지 않은 거리를 순례자들은 이틀 만에 가기도 하고 3, 4일에 걸쳐 천천히 걷기도 한다. 그래서 자신과 같은 일정인지, 일정이 달라서 이 길에서 만나는 것이 마지막이 될 지 물어보는 것이다. 그러는 중에도 미국에서 왔다는 할머니들은 걸스카우트처럼 차려입고 왁자지껄하게 지나갔다. 한쪽에서는 아침 안개로 축축해진 산길이 미끄러워 넘어지는 소동이 벌어지기도 한다. 이 모든 것이 유쾌한 소풍처럼 느껴졌다.

한참을 걷다가 숲을 빠져 나오니 예쁜 정원 카페가 눈길을 끌었다. 정원 벤치에는 파라솔 대신 포도 덩굴이 햇살을 가려주고 있었다. 그러나 이미 순례자들로 가득 차서 이곳에는 들어갈 수가 없었다. 조금 더 가서 작은 카페로 들어간다. 순례길이 하나로 합쳐진 이후로 순례자들이 한꺼번에 움직이면서 카페도 레스토랑도 자리를 얻기 어려워졌다. 진한 에스프레소 한 잔을 마시고 다시 출발했다. 이번에는 들판으로 이어진 길을 걷는다. 한가로운 풍경에 준비해온 포도를 꺼내어 한 알씩 먹으며 걸어보았다. 걸으면서 포도 씨를 뱉는 것에 재미를 붙였다.

저 멀리 도로가 보이는데 앞서 걷던 순례자들이 갑자기 환호성을 지르는 소리가 들렸다. 무슨 일인가 싶어 가 보니 산티아고 데 콤포스텔라까지 40km 남았다는 도로 표지판이 서 있었다. 이제 거의 다 왔다는 기쁨의 탄성이었다. 그런 순례자들과 다르게 우리에게는 정말 순례길이 얼마 남

산티아고까지 40km 남았다는 표지판이 보인다.

지 않았구나 하는 아쉬움이 밀려왔다. 표지판을 지나치면서 길은 다시 도로를 벗어나 왼쪽에 있는 포도밭으로 들어간다. 그런데 표지판이 서 있던 N-550 도로를 따라 계속 걸어가는 순례자들도 보였다. 속도를 내는 순례자는 오늘 어딘가에서 묵고 내일이면 산티아고에 도착할 수도 있으리라.

까미노는 다 익은 포도를 수확하고 있는 포도 농장 안으로 이어졌다. 탐스러운 포도가 주렁주렁 열려있는 밭 사이로 고개를 숙이고 들어가 조심조심 걸었다. 예쁜 적포도의 빛깔이 햇살을 잔뜩 머금고 투명하게 빛난다. 하늘을 가득 덮은 포도 덩굴과 잎사귀도 아름다웠다. 포도가 미각이 아니라 시각적으로 무척 아름

위　까미노는 포도밭 사이로 이어진다.
아래　햇살을 머금고 자라난 포도송이들이 가득 담겨 있다.

답다는 것을 느끼며 한참을 바라보았다. 사진보다는 화폭에 그림을 그리고 싶어졌다.

사다리를 놓고 높은 곳에 달려있는 포도를 수확하는 농부들 곁으로 지나갔다. 커다란 바구니에는 포도송이가 가득 담겨 있다. 1년의 햇살을 맞

고 자란 포도를 수확하는 그들의 모습에서 풍요로움이 느껴졌다. 농부에게 인사를 하자 바쁜 손길에도 "Buen Camino"라고 인사해 주었다. 포도밭 사이로 멋진 까미노를 허락한 포도밭 주인에게 감사해야겠다.

칼다스 데 레이스에 도착하다

오늘은 중간에 큰 마을이 없었다. 그래서 "큰 마을이 나타나면 바로 거기가 칼다스 데 레이스일 거야." 하며 열심히 걸어가는데 갑자기 큰 도시가 나왔다. 그래서 정말 도착한 걸까 싶어 지도와 비교해 보니 입구에 랜드마크인 칼다스 데 레이스 시청Concello de Caldas de Reis과 다리가 분명히 눈앞에 있었다. 시청사는 다리를 건너기 전 우미아 강Rio Umia 앞에 있어서 찾기가 쉬웠다. 그리고 돌로 된 유서깊은 다리에는 초록색으로 칠해진 철제 난간이 있었다. 강가에는 버드나무가 풍성하게 늘어져 있고 강 건너 공원[3]에도 나무들이 푸르름을 자랑하고 있었다.

이제 목적지에 도착했다는 안도감에 주위를 둘러보니 다리를 사이에 두고 양쪽 레스토랑에 이미 많은 순례자들이 자리잡고 있었다. 우리는 시청 쪽에 있는 레스토랑으로 들어갔다. 다행히 순례자 메뉴가 있는 곳이었다. 레스토랑 안을 통과하여 뒤뜰에도 야외 테이블이 보여 그쪽으로 갔다. 마침 스페인 국경에서 페리를 탈 때 만났던 독일 순례자들을 만났다. 한 순례자가 발목을 다쳐서 배를 탈 수 있을까 조마조마했던 그 친구들이다. 발목은 괜찮은지 물었더니 아직도 붕대를 감고 있지만 괜찮다며 웃어 보였다.

---

3 시민공원 : 우미아 강을 끼고 칼다스 데 레이스 시청과 시민공원이 마주보고 있다. 두 개의 공원은 파세오 플루비알 도 우미아(Paseo Fluvial Do Umia)와 카르발레이라 데 칼다스 데 레이스(Carballeira de Caldas de Reis)이다. 전망대인 말레콘 리오 우미아(Malecón Rio Umia)도 있다.

다시 만나 무척 반가웠다. 언제쯤 산티아고에 가냐고 물었더니 '어쩌면 내일'이라고 대답한다. 우와, 우리는 대단하다며 엄지를 척 들어 올렸지만 그렇게 되면 이 친구들과는 오늘이 마지막 만남이 되겠구나 싶어 한편으로는 아쉬웠다. 그들은 오늘 칼다스 데 레이스에 묵지 않고 좀 더 걸은 다음 내일 산티아고에 도착할 수 있게 계획한 모양이었다.

이곳은 호텔에 속한 레스토랑인데 순례자들을 위해 식사를 제공하는 모양이었다. 그런데 옆 테이블에서 식사하던 독일 친구들은 표정이 썩 좋지 않았다. 약간 황당한 표정을 짓기에 테이블을 넘겨보니 샐러드도 본요리도 허술해 보였다. 마지막 디저트로는 과일을 주문했다는데 급기야 껍질째로 바나나 하나가 나왔을 때는 모두 폭소를 터뜨렸다. 독일 친구들은 식사를 대충하고 바나나를 배낭에 푹 꽂더니 출발하겠다며 일어섰다. 이제 얼마 남지 않은 순례길이지만 마지막까지 다치지 말고 잘 도착하라고 인사를 건넸다. 포르투갈에서 만나 함께 국경을 건너온 친구들, 오늘 한 번 더 만나서 반가웠다. 마지막 인사도 역시 "Buen Camino"이다.

그들이 떠나자 우리가 주문한 식사도 왔다. 전채요리로 나온 스파게티와 샐러드는 배가 고팠는지 맛있게 먹었다. 스파게티와 샐러드를 함께 먹으니 맛도 괜찮고 벌써 배도 불렀다. 메인 요리는 별로였고 디저트로는 마트에 파는 요거트를 그대로 접시에 얹어 나와서 결국 우리도 황당했다. 뒤뜰에 앉아 좀 더 쉬다가 숙소를 찾아 나섰다.

다리를 건너는데 비가 흩뿌리기 시작하더니 점점 굵어져서 제법 옷이 젖을 정도로 쏟아지기 시작했다. 거리는 아직 시에스타에 걸려 있는지 상점들이 모두 문을 닫았다. 숙소를 찾아야 하는데 거리명이 없는 곳이 많아서 몇 번을 헤매다가 겨우 찾았다. 오늘의 숙소는 〈펜시온 보 까미노 Pensión Bo Camiño〉라는 곳인데 건물 앞에 도착하니 또 문이 잠겨 있었다. 어제 폰테베드라에서 기다리던 생각이 떠올라 잠시 조마조마했다. 옆에 인터폰이 있는 것 같아서 눌러보니 다행히 숙소 호스트가 받았다. 오늘 예약한 순례자라고 이름을 말하니 바로 문을 열어 주었다. 오늘은 다행히 기다리지 않고 바로 들어갔다.

호스트가 계단을 이용해서 2층으로 오라고 해서 올라갔더니 2층 전체가 순례자 숙소였다. 입구에는 공동 주방과 세탁실이 이어져 있고, 다시 현관에서부터 이어진 복도에는 커다란 거실과 객실이 연달아 있었다. 시설이 깨끗하고 훌륭해서 마음에 들었다.

호스트가 거실에서 열쇠를 건네주며 우리가 자유롭게 사용할 수 있도록 매뉴얼을 설명해 주었다. 호스트는 다소 사무적이라 생각했는데 시티맵을 꺼내 설명하는 동안 우리는 그가 성격이 꼼꼼하고 친절한 사람이란 걸 알게 되었다. 마지막으로 선물이라며 숙소의 세요를 찍어주겠다고 했다. 우리는 세요를 좋아한다고 했더니 호스트도 웃으며 "BO CAMINO"와 조가비가 그려진 세요를 찍어주었다. 호스트와 함께 공동 주방으로 갔다. 호스트는 내일 아침 냉장고와 식탁에 조식을 미리 준비해 놓을 테니 마음껏 식사하라고 한다. 그 사이에 일찍 도착한 순례자들이 세탁실을 왔다 갔다 하며 비가 내려서 빨래를 어떻게 말리나 걱정을 한다. 그러고 보니 비가 제법 많이 내리고 있었다.

성 토메 베켓 성당이 순례자들의 지친 몸과 마음을 치유해 준다.

  포르투갈에서 샀던 파스를 다 써 버려서 다시 구입하려고 약국을 찾아 나섰다. 그런데 여러 군데를 다녀도 같은 상표의 제품이 없었다. 빗속을 헤매다 한 약국에서 사서 보니 소염 효과가 없는 그냥 거즈인 것 같았다. 돌아오는 길에 크게 자리하고 있는 성당에 들렀다. 성인 토마스를 기념하기 위해 만든 〈성 토메 베켓 성당Igrexa de San Tomé Becket〉4이었다. 안으로 들어가 조용히 나무의자에 앉았다. 성당 외부는 웅장한 모습이었는데 내부는 아담하고 소박했다. 비를 피해 성당으로 들어와서 그런지 편안하고 따뜻한 느낌도 들었다.

---

4 성 토메 베켓 성당 : 스페인 북부의 갈리시아 지방의 지명이나 문화재는 갈리시아어로 되어 있어 단어와 발음에 차이가 있다. <IGREXA DE SANTO TOMÁS DE CALDAS DE REIS>라고 도 하며 1170년 성인 토마스(St. Thomas)가 칼다스 데 레이스를 거쳐 간 것을 기념하여 만든 성당이다.

성당 앞에는 작은 분수가 있는데 순례자들이 모여 앉아 발을 담그고 있었다. 이곳이 온천으로 유명한 곳이라고 한 것 같은데 마을 한쪽 편에는 온천물에 발을 담그는 곳이 마련되어 있었다. 모두들 발을 담그고 지친 몸을 쉬느라 느긋한 모습이었다. 우리를 보자 오라고 손짓했지만 내일 만나기로 하고 헤어졌다. 비는 조금 잦아들더니 안개비가 내리기 시작했다. 내일은 비가 그치기를 바라면서 오늘의 순례를 마쳤다.

산티아고 순례길 (11일) :
칼다스 데 레이스 - 파드론
<CAMINO DE SANTIAGO (11 DAY) : CALDAS DE REIS - PADRON>

거리 : 24.4km | **시간** : 7시간

📍**Caldas de Reis** → (5.3km) →

O Cruceiro → (4.3Km) →

O Pino → (2.3km) →

Valga → (4.2km) →

Pontecesures → (2.5km) → [Rio Sar] →

📍**Padrón** → [Paseo Do Espolón] →

Iglesia de Santiago de Padrón → (1.0km) →

Iria Flavia → (4.8km) → A Escravitude

Santiago de
Compostela
◎
● O Milladoiro
● Padrón
● Caldas de Reis

● Pontevedra
● Redondela
● Vigo
● Baiona
● A Guarda
● Vila Praia de Âncora
● Viana do Castelo
● Esposende
● Vila do Conde
◎ Porto

산티아고 순례길(11일) :
어느 길에선가 다시 만나리

밤새 비가 내린 거리

밤에는 빗소리에 뒤척였다. 순례길이 북쪽으로 향하고 있고 계절이 10월로 넘어가다 보니 조금씩 기온이 떨어지고 화창한 날이 줄어들고 있었다. 순례 첫날 포르투에서 빗소리에 불안해하던 때가 생각났다. 그래도 그때와 비교하면 지금은 몸도 마음도 많이 강해진 듯하다. 이대로 계속 더 걷고 싶은 마음이 간절하다. 아쉬움이 남지 않도록 열심히 걸어볼 생각이다.

자리를 박차고 일어나 창밖을 보니 하늘이 개고 있었다. 거리는 밤새 내린 비로 흥건했다. 그래도 다행이다. 서둘러 세수하고 침대를 정리하고 빨래를 정리해 배낭을 챙겼다. 우리 부부는 배낭을 챙기고 방 안을 정리하는 일에 각자 역할이 정해져 있다. 빨랫줄을 걷고 세탁물을 접고 있으면 한쪽에서는 뒷정리를 하는 등 맡은 일을 하다 보면 동시에 출발 준비가 끝나게 되었다. 그리고 하루를 묵어가는 숙소라도 늘 우리집이라는 생각으로 편하게 사용하고 깨끗하게 정돈하고 나가는 습관으로 지냈다.

오늘은 숙소에서 준비한 조식을 위해 공동 주방으로 갔다. 냉장고에는 치즈와 살라미, 우유, 주스가 준비되어 있었고 식탁에는 과일과 각종 티, 버터와 잼 같은 것이 바구니에 담겨 있었다. 어제 호스트가 설명해 준 말을 떠올리며 토스터기를 누르고 캡슐 커피를 내렸다. 시리얼도 그릇에 담아 우유를 부었다. 식탁에 앉아 푸짐한 아침식사를 맛있게 먹고 있는데 문이 열리며 순례자 한 분이 들어왔다. 우리가 인사를 했더니 뜻밖에 아주 정중한 자세로 자기소개를 했다. 아주머니는 스페인에서 왔고 친구와 함께 걷고 있으며 영어는 조금밖에 모른다고 했다. 우리도 짧게 영어로 소개를 했다. 이야기를 나누는 동안 친구가 와서 잠시 같이 식사를 했다. 한 분은 무척 명랑한 성격이고 친구는 매사에 꼼꼼한 성격으로 보여 두 분이 다르면서 잘 어울렸다. 아침식사를 끝내고 나오며 비가 와서 미끄러우니 조심해서 걸으시라고 인사하고 헤어졌다. 우리는 또 어느 길에선가 다시 만날 것이다.

자유를 느끼는 순간

비 온 후의 거리는 다소 쌀쌀했고 돌로 된 바닥은 무척 미끄러웠다. 이렇게 또 새로운 도시를 하루 만에 스쳐 지나가는 것이 못내 아쉬워 중심지를 천천히 걸어 벗어났다. 오늘도 길은 숲으로 이어졌다. 어제 내린 비로 흙은 축축했고 가끔 산에서 내려오는 물이 작은 개울을 만들기도 했다. 아직도 안개와 수증기로 가득 찬 숲은 무척 상쾌하고 싱그러웠다.

천천히 아침의 공기를 마시며 걷는데 순례자 한 무리가 지나갔다. 젊은 순례자들이 빠른 속도로 앞질러 갔다. 얼마쯤 가다보니 그 젊은 순례자들이 기념사진을 찍느라 앞을 가로막고 있었다. 앞선 친구가 뒤에 오는 친구의 "Jump" 하는 모습을 멋지게 담느라 계속 시도하고 있었고 다른 순례자들도 "Jump!" 외치며 지나갔다. 젊은 순례자들의 활기가 까미노의 아침을 즐겁게 해 주었다. 그런데 비로 인해 질척거리는 길에서 계속 점프를 시도하다 보니 길이 엉망이 되어 버렸다. 뒤에 오는 순례자들의 발에 진흙이 잔뜩 묻자 누구는 깔깔 거리며 웃고 누구는 당황스러운 표정을 지었다. 스쳐지나는 동안 점프를 외치는 소리는 계속 들려왔다.

할로윈데이를 준비하고 있는 예쁜 색깔의 호박들

평평한 숲길과 낮은 산을 지나 마을이 나타났다. 주민들은 보이지 않고 비에 젖은 나무와 안개만이 마을을 감싸고 있었다. 마치 아주 오래 전 우리 시골마을처럼 돌담도 보이고 옥수수밭도 나오고 무엇보다 예쁜 색깔의 호박들이 뒹굴고 있는 모습도 보였다. 이렇게 예쁜 건 먹기보다 예쁜 그림을 그려서 겨울 내내 바라보는 게 훨씬 나을지도 모르겠다. 그 사이로 유서깊은 성당이 보였다. 성당은 안개에 가려져 신비롭게 보였는데 문이 닫혀 들어갈 수는 없었다. 성당 앞쪽으로는 산에서 내려오는 샘물을 물통에 받느라 순례자들이 모여 있었다. 샘물 옆으로 예쁜 백합꽃이 장식하듯 피어 있다. 밤새 내린 비로 대지와 자연은 생명력 가득한 모습을 띠고 있다. 그 속을 걸어가는 순례자들의 표정에도 에너지가 충만하다.

꽃이 피어있는 약수터에서 순례자들이 물을 담아 간다.

성당을 지나 작은 골목이 나타나자 많은 순례자들이 일렬로 줄을 서서 빠져 나갔다. 서로 붙어서 천천히 걷게 되니 인사도 하고 이야기도 나누게 된다. 우리는 네덜란드에서 온 할머니를 만났는데 은발 머리가 예쁜 할머니였다. 너무나 건강하고 활달해 보이는 할머니는 웃으시며 이제 집에서 기다릴 할아버지도 안 계시니 자유롭게 순례를 하고 있다고 했다. 산티아고 데 콤포스텔라에 도착하고 나서도 계속 걸을 거라고 하였다. 우리가 놀라서 "피스테라?"라고 물었더니 물론 피스테라^{Fisterra 1}까지 걷고 다시 무시아^{Muxia 2}까지 갈 거라고 하였다. 우리는 놀라서 입을 다물지 못했다. 산티아고 데 콤포스텔라에 도착한 뒤에도 '세상의 끝'이라고 부르는 대서양 서쪽 해안 마을 피스테라까지 계속 걸어가서 그곳에서 까미노를 끝내는 순례자들이 늘었다고 한다. 그런데 거기서 더 북쪽에 있는 무시아까지 걸어간다니 정말 대단한 할머니이시다. 우리는 끝까지 조심히 순례하시기를 기도하겠다고 했다.

산길을 걷다보니 오래된 성당이 보이고 순례자들이 여기저기에 걸터앉아 쉬고 있는 것이 보였다. 〈성 미구엘 데 발가 성당^{Igrexa San Miguel de Valga}〉은 문이 닫혀 있어 들어가지 못했다. 성당 오른쪽으로 좀 높은 곳에는 〈카페 부엔 까미노^{Café Buen Camino}〉가 있어 순례자들이 많이 쉬고 있었다. 우리도 쉬어갈 겸 카페 쪽으로 올라갔다. 화장실을 이용하려고 들어갔는데 끊임없이 순례자들이 들어오고 미리 주문한 커피나 음식을 기다리는 이들도 많이 보였다. 그래서 다른 곳에서 쉬어가기로 하고 조금 더 걸어갔더니 바

---

1 피스테라 또는 피니스테레(Fisterra/Finisterre) : 라틴어 피니스 테레(FINIS TERRAE)에서 유래했는데 '땅 끝' 또는 '지구의 끝'이라는 의미이다. 갈리시아 지방의 서쪽 끝 반도(곶)에 있는 곳으로 자치 공동체인 아 코루냐(A Coruña) 주에 있다. 피니스테레의 곶(Cape Finisterre)에는 등대가 있어 순례자들이 마지막 도착지로 삼기도 한다. 피스테라는 산티아고 데 콤포스텔라에서 89km 떨어져 있다.
2 무시아 : 무시아는 피스테라와 같은 아 코루냐 주에 있다. 이곳을 성지순례의 마지막 종착역으로 순례하는 사람들도 많이 있다. 피스테라에서 무시아까지는 28km이다. 이곳에는 유명한 <비르세 다 바르카(Virxe da Barca)>가 있는데 성인 야고보가 순례하는 중에서 성모 마리아를 본 것을 기념하여 만든 성당이다.

로 앞에 슈퍼마켓 겸 카페가 있었다. 이곳에도 순례자들이 커피나 수프 등을 주문해서 먹고 있었다. 우리는 빵과 주스를 주문하고 카페 앞 쪽에 마련된 세요도 찍었다. 이곳의 이름은 〈오토세르비시오 성 미구엘Autoservicio San Miguel〉이다. 마을 이름과 성당 이름이 같았는데 이곳 카페도 성 미구엘의 이름을 가지고 있는 걸 보니 마을 전체가 수호성인으로 추앙하는 것 같았다. 순례자들은 성당이나 마을의 쉼터에서도 쉬어가지만 계속 산길을 걸을 때는 화장실을 이용하거나 식사 해결을 위해 카페가 보이면 반가울 수밖에 없다. 이렇게 잠깐 쉬면서 커피나 주스라도 한 잔 마시면 다시 기운이 나서 걸을 수 있다.

카페에서 나오자마자 넓은 길에는 좁다란 산길 쪽으로 들어가라는 화살표가 그려져 있다. 마을에 있는 카페에서 많은 순례자들이 쉬고 있는 바람에 산길은 호젓하고 조용했다. 좁은 숲길을 걸으니 나무들이 아치형으로 우리를 감싸고 있다. 들리는 것이라고는 바람에 나뭇가지와 잎이 흔들리는 소리, 돌계단을 디디는 우리의 지팡이와 발자국 소리, 처음 들어보는 새의 지저귐만이 있었다. 고요함과 평화로움이 가득 채워진 산길을 천천히 걸어 내려왔다. 오직 걷는 것이 전부인 지금 이 순간이 즐겁다. '걱정이나 두려움이 없는 마음, 아무 것도 바라지 않는 마음.' 이를 두고 니코스 카잔차키스Nikos Kazantzakis는 자유를 느끼는 순간이라고 하였다.

산을 내려가 한참을 걷다가 푸엔테 델 트렌Puente del Tren이 나와서 강을 건넜다. 저 앞으로 많은 순례자들이 다리를 건너가고 있는 모습이 보여 좋은 길잡이가 되어 준다. 일렬로 다리를 건너는 모습도 보이고 다리 건너편 강

우리 부부는 자유를 느끼며 까미노를 이어가고 있다.

변에도 순례자들이 보였다. 낯익은 순례자는 손을 흔들며 지나가기도 하고 힘내라는 큰 제스처를 취하기도 했다.

강변 산책로에는 버드나무가 바람에 나부끼고 있다. 이 강은 사르 강^{Rio} ^{Sar}으로 파드론의 또 다른 물줄기인 울라 강$^{Rio\ Ulla}$과 합류하여 대서양으로 흐르는데, 이 사르 강은 우리의 최종 목적지인 산티아고 데 콤포스텔라가 그 원류라고 한다. 이 강을 따라가면 산티아고가 나오는 셈인가.

파드론 산티아고 성당

드디어 파드론 시내의 넓은 광장에 도착했다. 이미 도착한 순례자들은 배낭을 내리고 광장 파라솔 아래에서 맥주를 즐기고 있었다. 오늘의 여정이 끝났으니 말이다. 하지만 오늘 우리의 숙소는 파드론 시내에서 외곽으로 5km 더 걸어가면 나오는 에스크라비투데$^{A\ Escravitude}$라는 마을에 있다. 점심식사는 시내에서 하고 관광안내소에 들러 시티맵을 얻은 후에 다시 출발하려고 한다.

파드론 공원에는 가로수가 멋지게 정렬되어 있다.

강변에는 파세오 도 에스폴론$^{Paseo\ Do\ Espolón}$ 공원이 넓게 조성되어 있었다. 양쪽으로 수령이 오래된 것 같은 플라타너스가 있는데, 잘 다듬어진 나뭇가지들이 멋진 수형을 이루고 있었다. 많은 사람들이 그 나무 사이를 산책하기도 하고 레스토랑의 야외 테이블에 앉아서 식사를 즐기기도 했다.

공원 옆에 〈카페테리아 H2O$^{Cafeteria\ H2O}$〉라는 간판이 보였다. 순례자 메뉴가 있냐고 물으니 앉으라고 했다. 좀 전에 광장에 도착했을 때의 레스토랑에 비하면 한가로운 모습이었다. 바에 앉아 식사하는 주민만 두 분 보였다. 잘못 들어온 건가 싶어서 눈짓을 하니 유니는 이제 지쳐서 못 간다며 시원한 창가 테이블에 가서 자리를 잡았다. 나무로 된 창문을 활짝 열고 배낭을 내려놓았다. 산에서 내려온 후 도시로 진입해서는 지치고 땀을 많이 흘렸다. 창가에 앉아 쉬는 것만으로도 기분이 좋았다. 우리가 주문한 순례자 메뉴는 전채요리로 스파게티와 샐러드, 메인 요리는 연어구이와 비프스튜, 디저트로는 아이스크림 케이크와 티라미수였다. 행복한 순례자 메뉴이다. 주문하고선 바로 입안에 침이 고였다.

레스토랑이 한적해서 걱정했는데 조금씩 손님들이 들어오기 시작했다. 예약했다는 커플과 나이 지긋한 부부가 들어오고, 방금 전까지 같이 걸었던 오스트리아 순례팀도 레스토랑에 들어왔다. 배낭이 없는 걸로 보아서 벌써 숙소에 짐을 풀고 온 것 같았다. 그들은 제일 먼저 와인과 맥주부터 마셨다. 우리의 식사가 나오기도 전인데 어느새 레스토랑은 손님들로 가득 찼다. 그래도 우리가 일찍 도착해서 제일 먼저 음식이 나왔다.

먼저 마요네즈 샐러드와 미트 스파게티가 나왔다. 마요네즈[3]가 스페인에서 시작되었다고 하는데, 오늘 우린 제대로 된 스페인 음식을 먹게 되었다. 유럽에서는 전채요리로 파스타가 나오는데 왜 그런 건지 잘 모르겠지만 전채요리만 먹어도 배가 부를 때가 있다. 한 입 먹어본 순간 이 레스토랑의 솜씨를 알 만 했다. 아마 우리가 먹었던 순례자 메뉴 중에 손에 꼽으라면 오늘 파드론의 레스토랑이 꼭 들어가야 할 것 같다. 파스타 위에 올라

---

3 마요네즈(Mayonaise) 또는 마요(Mayo) : 스페인 메노르카 섬(Menorca)에서 유래되었다고 하는데 여러 기원설들이 있다. 19세기 중반 이후 사용된 소스인데 올리브 오일, 달걀노른자, 레몬이나 식초 등으로 만든다.

간 소스는 따뜻했고 풍성한 올리브오일과 섞여 면에 그대로 감겨들었다.

올리브오일과 비네거로 버무린 샐러드를 좋아하는 유니가 스페인식 샐러드를 보고 다소 실망하더니 입에 넣는 순간 맛있다며 좋아했다. 아무래도 질 좋은 올리브 오일로 만든 마요네즈라서인지 우리가 먹던 맛과는 다르게 확실히 신선했다. 본요리로 나온 연어구이와 소고기 스튜도 부드럽고 훌륭한 맛이었다. 마지막 디저트가 나왔다. 티라미수는 마치 흑설탕을 발라놓은 듯 투박한 모양이었지만 맛은 최고였다. 쫀득한 젤라또도 마찬가지였다. 평소에 우리는 디저트를 먹지 않는 편인데 유럽에 와서는 식사 후 먹는 다양한 디저트와 커피 한 잔이 행복한 식사의 마무리가 되어 주었다.

우리는 아직도 식사하고 있는 다른 순례자들에게 인사하고 레스토랑을 나섰다. 파세오 도 에스폴론 공원에는 여러 조각상들이 있는데 초입부에는 1989년에 노벨 문학상을 받은 작가 카밀로 호세 셸라^{Camilo José Cela}의 동상도 있었다. 공원 옆으로는 여전히 사르 강이 유유히 흐르고 있다.

공원 끝에 사르 강을 건너는 다리가 보였는데 그 너머에는 〈카르멘 수도원^{Convento del Carmen}〉이 우뚝 솟아 있다. 우리는 〈파드론의 산티아고 성당 Iglesia de Santiago de Padrón〉으로 들어갔다. 이 성당 이름이 산티아고 성당인 만큼 야고보 성인을 기념하는 성당이다. 전해지는 이야기에 의하면 예루살렘으로부터 야고보의 유해를 싣고 온 배가 사르 강 가까운 곳에 정박했고, 그 배를 끈으로 묶었던(또는 야고보를 뉘었던) 돌이 지금 이 산티아고 성당에 보관되어 있다고 한다. 야고보의 유해가 도착한 곳은 이리아 플라비

위 파드론의 산티아고 성당. 이제 산티아고 데 라 콤포스텔라가 머지 않았다.
아래 파드론의 산티아고 성당에 놓인 선돌

아 ^{Iria Flavia}라고 되어 있는데 그곳이 현재는 우리가 서 있는 도시 파드론이다. 파드론의 산티아고 성당은 야고보 성인의 순례길에서 중요한 의미가 있는 성당인 것이다. 그래서 산티아고 데 콤포스텔라 외에 성인 야고보의 역사를 가장 잘 알 수 있는 곳으로 꼽힌다.

파드론 산티아고 성당에서 찍어 준 세요에는 야고보 유해를 모시고 오는 제자들의 모습이 그려져 있다.

우리는 산티아고 성당 안으로 들어갔다. 성당 앞 제단에는 성인 야고보의 조각상이 보이고 그 위에는 빛의 광채를 표현해 놓았다. 성도석 옆으로 벽면에는 야고보의 유해를 배로 싣고 왔다는 이야기를 담은 조형물이 나열되어 있었다. 몇몇 순례자들이 배낭을 내려놓고 성당을 돌아보고 있었다. 우리도 잠시 앉아 쉬면서 성당을 조금 더 구경하고 있는데 한 할머니가 가까이 다가오시더니 손을 이끌어 제단 앞으로 데리고 갔다. 거기에는 이 성당을 유명하게 만든 이야기 속의 선돌이 놓여 있었다. 그 이야기를 알고 있었지만 막상 성당에 들어와서 찾아볼 생각을 못하고 있었다. 돌 위에는 동전이 올려져 있고 위에는 라틴어로 쓴 글자가 보였다.

에스크라비투데 마을로

성당을 나와서 숙소를 찾으러 파드론 시내를 벗어난다. 지도를 보면 중심지를 벗어나서 도로를 따라 걷게 되어 있다. 중간에는 도로를 사이에 두고 왼쪽 마을과 오른쪽 마을을 번갈아 들어가도록 그려져 있다. 그냥 도로를 따라 계속 걸을까 하다가 지도에 따라 이 마을 저 마을에 들어가 보기로 했다. 그런데 오늘은 유난히 맞은편에서 걸어오는 순례자들이 많이 보였다. 우리가 길을 건너 마을로 들어가니 골목 벽에 "파티마^{Fatima}"라고 쓰인 글자도 보이고 파란색 화살표도 그려져 있었다. 우리는 파티마 성지를 다녀왔기에 글자만으로도 반가웠다. 아마도 산티아고 데 콤포스텔라에서 포르투갈의 방향[4]으로 순례하는 사람들이 있는 것 같았다. 본래의 방향이든, 역방향이든 인사는 "Buen Camino"이다.

오늘 한낮의 햇살은 정말로 뜨거워 그야말로 찜통더위가 느껴진다. 더구나 도로가를 걸으니 더욱 힘들었다. 우리는 버스정류장이 나와서 잠시 쉬면서 물도 마시고 땀도 닦았다. 지도를 보니 도로에서 벗어나 숙소가 있는 마을로 접어 들어가는 길이 얼마 남지 않아서 힘을 내보기로 했다. 도로의 갓길을 걷다가 얼마 안 가서 드디어 한적한 시골마을로 들어섰다.

오늘 머물고 갈 ⟨오 라가르 데 헤수스$^{O\ Lagar\ de\ Jesús}$⟩는 포도밭 농사를 짓

---

4 포르투갈 순례길 : 리스본에서 시작하여 파티마를 거쳐 산티아고 데 콤포스텔라에 도착하는 순례길도 지금 현재 만들어져 있다. 역방향으로 순례하는 사람도 있다.
파티마순례자협회 참조 https://www.caminho.com.pt/

옛 포도농장인 듯 넓은 정원을 가진 알베르게

던 농가였던 것 같았다. 포도 덩굴의 지지대 역할을 했던 돌기둥들이 여기 저기 흩어져 있었다. 드문드문 서 있는 나무들이 오랜 세월을 견디며 자라 온 풍채를 자랑했다. 그 사이로 펼쳐진 초록의 정원이 너무 멋졌다. 하늘 과 잔디만이 있는 정원을 걸어 들어가니 저절로 피로가 말끔히 풀어지는 듯했다. 파드론 중심지에서 벗어나 외곽의 한적한 마을에 숙소를 정하길 잘했다는 생각이 들었다. 마치 수도원 숙소 같은 돌집을 향해 천천히 걸 어 들어갔다.

안으로 들어가니 1층에 안내 사무실이 있었다. 옆으로는 2층으로 올라가 는 계단이 보이고 뒷마당으로는 레스토랑이 있었다. 군데군데 포도가 열 린 덩굴이 오래된 돌집을 아름답게 장식하고 있었다. 2층으로 올라가니 큰

숙소 창문에서 바라본 정원의 모습

도미토리 룸 두 개가 연결되어 있었다. 같은 층에는 공동 욕실과 화장실도 있었는데 이 시설만 현대식이고 나머지는 모두 돌과 나무로만 이루어진 옛집 그대로였다. 침대를 배정받기 위해 큰 나무 문을 열고 들어가니 한국인 순례자들이 있었다. 부부로 온 분도 있고 친구끼리 온 아주머니도 있었다. 그 다음 도미토리 룸으로 들어가서 보니 여기도 한국인 순례자가 있었다. 우리가 늦게 도착한 것인지 각각 다른 침대를 배정받았다. 문 앞에 있는 침대의 1층과 창문 옆에 있는 침대의 2층을 배정받았다. 벌써부터 쉬고 있는 사람도 있어서 조용히 배낭을 내려놓고 침대 시트를 깔았다. 한국인 순례자 한 명이 발가락에 물집이 생겼는지 상처를 치료하고 있었다. 서로 인사를 나누었는데 그녀는 4, 5일 만에 산티아고 데 콤포스텔라에 도착하는 일정으로 걷고 있다고 했다.

서둘러 침대 정리를 끝내고 밖으로 나가 해가 지기 전에 빨래를 했다. 순례길에서 자주 본 돌로 된 빨래판이 보여 오랜만에 시원하게 빨래를 마쳤다. 마당에 펼쳐놓은 건조대에 빈자리가 없어서 우리가 가지고 다니는 빨랫줄을 가지고 나왔다. 이리저리 찾다가 포도나무의 지지대로 쓰였을 돌기둥 두 개에 줄을 묶었다. 간격이 딱 알맞아 빨랫줄을 묶고 양말과 손수건 등을 널었다. 요즘은 햇살에 빨래 말리는 풍경도 자주 볼 수 없는데 보기가 좋았다. 돌집과 초록의 정원이 배경이 되어서인지 더 멋지게 보이는 것 같다. 드문드문 놓여 있는 큰 나무 화분에 딸기가 심어져 있는데 잘 익은 새빨간 딸기가 예쁘게 달려 있었다.

잔잔히 불어오는 바람이 시원하고 상쾌했다. 집으로 돌아가는지 작은 새 무리들이 하늘을 지나갈 뿐 주위는 무척 조용했다. 정말 아름다운 스페인 풍경 속에 우리가 있었다. 잠시만이라도 우리가 좋아하는 자연 속에서 쉬어갈 수 있어 좋았다. 하늘이 붉게 물들어 대기가 가라앉을 때까지 돌기둥 벤치에 앉아 있었다. 순례하는 동안 느리게 흘러가던 그 시간마저도 지금은 한없이 느려져 잠시 정지된 듯 했다. 가슴에 충만함이 부풀어 올랐다.

산티아고 순례길 (12일) :
파드론 - 오 밀라도이로
<CAMINO DE SANTIAGO (12 DAY) : PADRON(A ESCRAVITUDE) - O MILLADOIRO>
거리 : 15km | **시간** : 3시간 30분

📍 Padrón(A Escravitude) → (4.1km) →

O Faramello → (0.7Km) →

[Igrexa da Escravitude] →

[Capela do San Martiño] →

Rua de Francos → (6.2km) →

[Capela de Santa Maria Madalena] →

📍 O Milladoiro

Santiago de Compostela
◎ O Milladoiro
● Padrón
● Caldas de Reis
● Pontevedra
● Redondela
● Vigo
● Baiona
● A Guarda
● Vila Praia de Âncora
● Viana do Castelo
● Esposende
● Vila do Conde
◎ Porto

산티아고 순례길(12일) :
우리에게 까미노는

새벽에 모두 떠났다

농가 숙소에서 보낸 하룻밤은 낭만적이지만은 않았다. 어젯밤 10시 정도에 전체 등을 끄고 난 후 몇 사람이 외출했다 돌아오는 소리가 났다. 그리고 연이어 심하게 코 고는 소리가 나서 다들 뒤척이며 밤을 보냈다. 그뿐만이 아니었다. 새벽에 코 고는 소리가 멈춘 것 같아서 조금 잠이 들었는데 일찍 길을 나서는 순례자들의 부스럭거리는 소리 때문에 또 뒤척이게 되었다. 한 두 사람이 아닌지 연달아 계속 소리가 이어져서 결국 자리에서 일어났다. 창문은 모두 나무 덧문으로 되어 있어 빛이 들어오지 않았지만 왠지 아무 기척도 느낄 수가 없어 기분이 이상했다. 유니를 불러 깨워서 우리밖에 없는 것 같다고 했더니 놀라서 일어났다. 불을 켰더니 모든 침대가 비어 있었다. 넓은 방의 적막감은 낯설기도 하고 섬뜩하기도 했다. 정신을 차리고 세수를 하러 문을 여니 두 번째 도미토리 룸도 텅 비어 있었다. 다른 도미토리 룸의 외국인 부부만 남았다. 그들도 눈앞의 광경이 놀라운지 웃으며 어깨를 으쓱했다.

서둘러 떠난 순례자들의 빈자리는 어수선했다. 세수하러 간 공동 욕실에도 모두 불이 켜진 상태였고 세면대는 물바다처럼 흥건했다. 대충 정리를 하고 세수만 하고 나왔다. 아침식사를 간단히 하는 동안 건물 앞 초록의 정원에 미명이 찾아온다. 남아 있던 외국인 부부가 먼저 인사하고 떠났다. 우리도 서둘러 오늘의 까미노를 시작해야겠다. 호스트에게 우리가 마지막으로 떠난다며 인사했더니 "다들 일찍 떠났네요."라며 웃었다. 아름다운 숙소라 잘 쉬고 간다며 인사하고 우리도 길을 나섰다.

숙소인 돌집을 나서니 초록의 정원이 우리를 반겼다. 그냥 떠나기가 아쉬워서 사진도 찍고 풀내음도 맡으면서 넓은 정원을 산책하듯 걸었다. 정원에는 싱그러운 초록 잔디들이 아침이슬을 잔뜩 매달고 있었다. 숨을 크게 들이켜 보았다. 정말 시원한 공기가 찌뿌둥한 몸속에 가득 밀려 들어왔다. 마을에는 키가 큰 나무들이 많아 길이 좀 어두웠다. 작은 골목과 마을의 돌집을 돌아돌아 걷다 보니 어느새 길은 마을을 벗어나 큰 도로로 이어졌다. 이른 아침이라 자동차도 드물고 주위에 사는 주민들만 지나다니고 있었다.

까미노에서 마지막으로 만나는 순례자들

도로가에는 성당이 우뚝 서서 우리를 기다리고 있었다. 마을 이름과 같은 〈에스크라비투데 성당Igrexa da Escravitude〉[1]이었다. 도로를 건너 성당 앞 계단을 올라가는데 벌써 순례자 몇 사람이 나오고 있었다. 그중에 뜻밖의 반

---

1 에스크라비투데 성당 : 이 성당은 <에스크라비투데 성모 성당(Igrexa da Nosa Señora da Escravitude)>이라고 불리기도 한다. 전해 내려오는 이야기에 의하면 1582년과 1732년 두 차례에 걸쳐 성모 마리아께 감사 기도를 올리게 되면서 교회가 번창하게 되었다.

마을 이름과 같은 에스크라비투데 성당이다.

가운 얼굴을 만났다. 순례길 3일째, 산타 루지아 성당으로 가던 날 만났던 네덜란드 아저씨이다. 그날 너무 힘들어 산 중턱에서 배낭을 멘 채로 주저앉아 있는데 마침 올라오던 네덜란드 아저씨가 우리를 격려해 주었다. 아저씨는 그 뒤에도 여러 번 마주치면서 늘 우렁찬 목소리로 에너지를 듬뿍 주고 가는 고마운 분이었다.

아저씨가 우리를 알아보고 다가왔다. 오늘 산티아고 데 콤포스텔라까지 가는 순례자가 많기 때문에 아저씨도 혹시 그러냐고 물어 보니 오늘 도착한단다. 오늘 도착하는 아저씨에게 그동안의 순례를 미리 축하해 주었다. 아마도 오늘이 우리가 만나는 마지막이 될지도 몰라서 헤어짐의 인사도 전했다. 그리고 오늘 만나는 순례자들을 위해 준비한 "신의 은총이 가득하길 빌어요^{God Bless You}."라는 인사도 마지막으로 전했다. 아저씨는 가서 기도

하고 세요도 꼭 받아가라고 챙겨주고는 계단을 내려갔다. 아저씨, 마지막까지 "Buen Camino" 하세요.

성당 안으로 들어가니 아저씨 한 분이 순례자들에게 따라오라고 손짓하시더니 세요를 찍어 주셨다. 아마도 신부님이신 것 같은데 이 성당 그림이 그려진 세요를 꽝 찍어 주셨다. 성당 안은 고요하고 평화로운 분위기가 감돌았다. 저절로 고개가 숙여지고 기도하게 되는 엄숙하면서도 편안한 분위기가 좋았다. 순례길에 있는 성당이라 성인 야고보 조각상도 모셔져 있었다. 우리도 내일이면 목적지에 도착하기 때문에 마지막까지 다치지 말고 순례를 잘 마칠 수 있게 기도했다. 기도하는 동안에도 순례자들이 계속 들어와서 그들에게 자리를 내 주고 밖으로 나왔다.

성당 앞에 있는 N-550 도로에서 멀어져 오른쪽으로 돌면 치유의 분수대와 십자가가 나온다. 순례길은 분수대가 있는 마을 안으로 들어가게 되어 있었다. 마을 풀숲에는 이슬이 가득 매달려 있었다. 태양의 열기가 시작되지 않은 신선한 대기가 가슴까지 시원하게 들어왔다. 길은 직선이 아니라 마을의 밭과 집을 감싸고 구불구불하게 이어져 있었다. 앞서 걷는 순례자들이 이야기꽃을 피우는 모습을 보며 걸어간다. 모두들 산티아고 데 콤포스텔라에 도착한다는 기쁨에 들떠있는 것 같다.

여기서 순례자들은 두 유형으로 나누어진다. 먼저 남은 거리를 서둘러 걸어서 산티아고 데 콤포스텔라에 도착하는 방법이다. 그래서 순례자 증명서를 받고 대성당의 미사에 참석한 다음 천천히 산티아고에 머무는 것이다. 두 번째는 천천히 걸어서 여유있게 산티아고 데 콤포스텔라에 도착하는 방법인데, 산티아고와 가장 가까운 마을에 숙소를 정해 머문 다음, 다음날 아침 일찍 산티아고에 도착하는 것이다.

우리는 두 번째 방법을 선택했다. 그래서 산티아고 데 콤포스텔라와 7km 가량 떨어져 있는 오 밀라도이로^{O Milladoiro}에 오늘의 숙소를 정했다. 그리고 내일 아침 산티아고에 도착해 순례자 증명서와 여러 일을 처리한 후 여유있게 12시에 열리는 일요 미사에 참석하려고 한다. 두 번째 방법으로 걷는 데에는 우리만의 작은 이유가 있다. 물론 산티아고 데 콤포스텔라를 향해 걷고 있고 그곳이 목적지이며 순례길의 끝이다. 하지만 우리는 그 동안 걸어온 까미노를 되짚어 본 후에 산티아고에 도착하고 싶었다. 어쩌면 까미노에서 얻은 것이 더 많고 크기 때문에 순례길을 잠시나마 유보시키고 싶은 마음일지도 모르겠다.

순례자들이 일렬로 서서 걸어간다. 다들 소풍 가는 분위기처럼 떠들썩하다. 순례길은 숲으로 들어가야 하는데 N-550 도로를 따라 계속 걸어가는 순례자들이 많았다. 우리가 숲길에 들어섰을 때 앞서 걷던 할아버지 두 분이 이 길이 아닌 것 같다고 하시며 다시 걸어 나오셨다. 우리도 지도를 보며 길이 맞는지 고민하고 있는데 뒤에서 반가운 순례자가 걸어오고 있는 게 아닌가. 칼다스 데 레이스에서 함께 묵었던 스페인 아주머니가 친구와 함께 걸어오다가 우리를 알아보자 반가워하며 뛰어 왔다. 이틀 만에 다시 만나는 것이다. 우리가 반가운 대화를 하는 중에 할아버지 두 분은 그냥 도로를 따라 걷겠다고 하시며 먼저 가 버리셨다. 스페인 아주머니는 우리가 생각했던 길이 맞는 것 같다며 모두 숲길로 걸어가자고 하셨다.

역시 차들이 다니는 도로보다는 숲길이 더 좋았다. 한참을 걸어가다가 보니 언덕 위에 카페가 있어 많은 순례자들이 쉬고 있었다. 자주 만났던 독일인 부자가 있어 일부러 인사를 하러 갔다. 이 두 사람에게는 인사가 정해져 있다. "안녕, 파더. 괜찮으세요?". 모든 순례자들이 파더라고 부르는 키가 무척 큰 독일인 할아버지는 젊은이들보다 더 씩씩하고 건강하셨다. 오늘 산티아고에 도착하냐고 물으니 그렇다고 했다. 미리 축하한다고, 우리는 내일 도착할 거라고 말하며 아쉬운 작별을 나눈다. 늘 까미노에서 만날 때마다 반가워해주고 서로 사진도 찍어주고 파더와 서로의 건강을 챙겨주다 보니 그사이 정이 많이 든 것 같았다. 산티아고에 도착하는 일정이 다르니 이제 다시 만날 기약을 한다는 것은 기적에 가까울 것이다.

마을길로 들어서는데 아주 작은 다리가 보였다. 다리를 만든 마을 사람들의 사진이 붙어 있었다. 이름으로 표시하기보다 사진으로 남겨놓으니 더 정감이 가서 좋았다. 오래된 것을 보존할 때는 이 방법도 좋은 것 같았다. 언덕 위로 성당이 보였다. 성당 옆에는 동네 할머니 한 분이 지팡이를 옆에 놓고 쉬고 계셨다. 우리가 먼저 인사를 건네자 할머니도 순례자에게 까미노 인사로 격려해 주셨다.

언덕 위 〈성 마르티뇨 예배당 Capela do San Martiño〉 입구에는 뜻밖에도 자원봉사자인 듯한 두 사람이 세요를 찍어주고 성당 안내도 해 주었다. 한적한 마을에서 만난 세요가 반가웠다. 뒤를 이어 들어오는 순례자들이 많았는데, 그중에서 오늘은 특별히 멕시코에서 온 순례자를 만났다. 전 세계에서

성 마르티뇨 예배당에 쓰여져 있는 구절.

오는 순례자들은 국적이 무척 다양하다. 그래도 비교적 지리적으로 가까운 유럽권의 스페인이나 프랑스, 오스트리아, 독일 등이 많은데 오늘처럼 멕시코를 비롯해서 드물 게 만나는 나라도 있다. 아마도 한국에서 온 우리 부부도 그들에게는 신기해 보일 것이다.

기도를 드리러 들어가니 뜻밖에도 성당 앞 제단 쪽으로 연결되었다. 우리는 배낭을 내려놓고 앞에 있는 의자에 앉았다. 우리 앞에는 작은 칠판이 세워져 있었다.

"Jesus, I believe in you.

Jesus, We adore you.

Thank you Jesus."

진솔한 내면의 고백을 읽은 듯 마음이 따뜻해졌다. 그리고 오늘 처음 순례를 시작하는 것처럼 마음을 깨끗하게 하고 열심히 걷겠다고 기도했다. 눈을 뜨니 유니가 방금 만났던 순례자가 인사하고 갔다고 한다. 기도 중이라 기다리고 있다가 먼저 기도를 끝낸 유니에게 순례 잘하라고 인사하고 갔다는 것이다. 부인은 기도 중이니까 인사 전해달라고 하면서 말이다. 참 고마운 순례자이다. 이제까지 까미노에서 받았던 순수한 마음과 환대의 마음을 잊지 말아야지. 순례길 동안 하루도 빠짐없이 일기를 쓰고 있는 유니의 수첩에는 이날 작은 메모가 적혀 있었다. "까미노의 순례자들은 선하며, 자유롭다."

까미노에서 또 새로운 순례자를 만났다. 뜻밖에도 리스본에서 왔다는 순례자였다. 내일 순례길의 마지막을 남겨놓고 있는 우리에게 여행의 시작이었던 포르투갈에서 온 순례자를 만나자 여간 반가운 것이 아니었다. 마치 고향 사람을 만난 듯한 반가움이었다. 우리는 서로 "리스보아 Lisboa 최고"라며 엄지손가락을 꼽았다.

산등성이를 타고 땀을 흘리며 걷고 있는데 숲이 끝나고 도로가 나타났다. 제법 빌라 건물들이 나타나기 시작하는 걸 보니 오 밀라도이로에 가까워진 듯 싶었다. 전봇대에 스페인어로 〈산타마리아 막달레나 예배당 Capilla de Santa María Magdalena〉라고 되어 있었다. '카펠라 Capilla'나 '이글레시아 Iglesia'라는 단어가 있으면 예배당이나 성당이 있다는 뜻이라서 우리는 잠깐 들러보기로 했다. 큰 도로를 벗어나 조금 올라가니 주택들 사이로 작은 예배당이 나왔다. 종탑은 올라가 있지만 예배당은 아주 작았다. 안으로 들어가

산타 마리아 막달레나 예배당 앞에 조가비가 놓여 있다.

니 안내해 주시는 분이 세요도 찍어주시고 설명도 곁들여 주었다. 입구에
는 순례자들이 가지고 갈 수 있도록 예쁜 조가비가 바구니에 담겨 있었다.

산티아고로 가는 마지막 도시

주위를 돌아보니 신도시답게 구획 정리가 잘 되어 있고 깨끗한 신축 건
물들이 많았다. 산티아고 데 콤포스텔라로 가기 전 마지막 도시는 이렇게
현대적인 모습을 갖추고 있었다. 우린 벌써 오 밀라도이로에 도착한 것이
다. 우리는 숙소 주변에 있다는 큰 쇼핑몰을 지나 어렵지 않게 숙소 〈밀라
도이로 알베르게Albergue Peregrinos Milladoiro〉를 찾을 수 있었다. 이렇게 일찍 도
착한 건 처음이라 체크인이 가능한지 물어보니 다행히 호스트가 괜찮다
고 했다. 먼저 도착한 순례자가 한 명 있었고 우리가 오늘의 두 번째 게스

트인 셈이었다. 호스트는 아주 조용하면서도 천천히 또박또박 알베르게를 잘 설명해 주었다. 일찍 도착한 선물이라며 창가에 전망이 좋은 2층 침대를 지정해 주었다. 유니와 위아래로 쓸 수 있어 좋았고 창가 앞에는 공간이 넓어서 편리했다. 우리는 한적한 시간을 틈 타 샤워도 하고 세탁도 모두 마칠 수 있었다. 호스트에게서 시티맵을 얻어 내일 도착할 산티아고 시내와 대성당의 위치를 안내받았다. 그리고 도로명이 잘 표시된 지도를 보고 기차역, 버스터미널, 순례자 사무소, 숙소 등 우리에게 필요한 위치를 모두 찾아 표시해 두었다.

모든 준비를 다 마치고 나니 점심시간이 훌쩍 넘어버린 듯했다. 거리로 나오니 오늘이 토요일이라 가게들은 대부분 문을 닫아 버렸다. 동네를 한 바퀴 구경하며 점심 먹을 곳을 찾다가 결국 〈노보 밀라도이로 Novo Milladoiro〉 쇼핑센터 안으로 들어갔다. 몇 번 만난 순례자 할아버지 두 분이 맥주를 마시며 안에 가서 식사하고 가라고 일러 주었다. 레스토랑에서는 샐러드와 피자 정도만 된다고 했지만 문을 연 곳이 이곳밖에 없으니 어쩔 수가 없다.

안쪽으로 들어가니 생각보다 넓었다. 자리에 앉는데 한쪽에 순례자들이 모여 있고 분위기가 심상치 않아 보였다. 자세히 보니 한가운데 앉아 있는 여성 순례자가 울고 있었다. 의자 위에 발이 올라가 있는 걸 보니 발목을 다친 듯싶다. 우리는 걱정 어린 얼굴로 괜찮냐고 했더니 주위에 있던 사람들이 걱정해 주어 고맙다고 했다. 우리가 주문을 하고 앉아 있는데 여성 순례자가 일어나 부축을 받으며 화장실로 가고 있었다. 발목을 심하게 다친 듯 한 발 디딜 때마다 무척 고통스러워했다. 다리가 맘대로 움직이지 않는지 결국 울음을 터뜨리고 말았다. 여기에서 산티아고 데 콤포스텔라까지는 대략 7km 정도면 갈 수 있는 가까운 거리이지만 저런 상태로는 무리인 것 같았다. 이제 조금만 가면 되는데... 우리까지 안타까운 마음이 들었다. 우리는 빨리 낫기를 바라며 기도할 수밖에 없었다. 이제 하루가 남은 까미노, 그래서 끝까지 방심하지 말고 조심해야겠다. 그녀를 위해서도 다른 모든 순례자를 위해서도 기도가 필요한 시간을 보내고 있다.

피자와 샐러드가 나왔다. 제대로 된 식사를 못하게 되어 아쉬웠는데 레스토랑은 제대로 화덕을 갖추고 있는 곳이어서 방금 화덕에서 나온 피자는 뛰어난 맛과 풍미를 가득 담고 있었다. 샐러드도 무척 신선해서 함께 먹으니 두 메뉴가 무척 잘 어울렸다. 맛있는 식사로 다시 기운을 얻었다. 쇼핑센터 안에 있는 마트에 가서 저녁거리를 사고 내일 필요한 물과 과일도 샀다. 알베르게로 돌아오니 순례자들이 많이 도착해 북적이고 있었다. 휴게실도 붐비고 있어서 커피 한 잔을 마시고 우리가 배정받은 침대로 돌아왔다.

우리는 산티아고 데 콤포스텔라로 가기 전 한숨 고르기 위해 이 마을에서 쉬고 있다. 계획한 대로 빨래도 깨끗하게 세탁하고 몸도 개운하게 씻어냈다. 이제 마음을 정리할 때이다.

순례를 시작하고 아침이면 일어나 당연하게 배낭을 메고 까미노를 걸었다. 까미노를 시작할 때는 몸과 마음이 힘들었지만 우리 스스로를 단련시키기 위한 담금질이라고 생각하며 걸었다. 모든 것에는 시작이 있고 끝이 있다. 더 걷고 싶다는 욕심을 내기보다는 조용히 마무리되어 가는 이 순례

순례길의 상징인 지팡이, 호리병 그리고 조가비

길의 끝을 받아들이려고 한다.

　그동안 쫓기듯이 생활해 온 일상을 벗어나 까미노에서 '우리'의 모습을 찾고 싶었는지도 모르겠다. 그리고 열린 시각과 선한 영향력을 배우고 싶었다. 그런 면에서 까미노는 우리에게 최고의 선물을 주었다. 까미노 데 산티아고만큼 많은 것을 배우고 사색할 수 있는 공간은 없을 것이다. 산티아고 데 콤포스텔라로 가는 마지막 도시에서 저물어가는 하늘처럼 우리의 마음도 고요해지고 있었다.

산티아고 순례길 (13일) :
오 밀라도이로- 산티아고 데 콤포스텔라
<CAMINO DE SANTIAGO (13 DAY) : O MILLADOIRO - SANTIAGO DE COMPOSTELA)>
거리 : 7.5km | **시간** : 2시간 30분

📍O Milladoiro → (3.8km) →

Ponte Vella → (3.7Km) →

📍**Santiago de Compostela** →

Praza do Obradoiro →

Catedral de Santiago de Compostela →

Igrexa de San Francisco →

Oficina de Acollida ao Peregrino →

Pilgrim's Post Office →

Restaurante Tarará → Capela do Pilar

Santiago de
Compostela

O Milladoiro

Padrón

Caldas de Reis

Pontevedra

Redondela

Vigo

Baiona

A Guarda

Vila Praia de Âncora

Viana do Castelo

Esposende

Vila do Conde

Porto

산티아고 순례길(13일):
1부 : 마지막 행진

까미노 0km, 산티아고에 도착하다

　밤새 비가 왔는지 거리는 젖어 있고 안개가 짙게 끼어 있다. 순례자들은 저마다 조용히, 그러나 분주히 출발을 준비하고 있었다. 우리도 세수를 하고 거실로 갔더니 벌써 아침식사를 하는 순례자도 있고 다시 배낭을 싸느라 바쁜 순례자도 있었다. 우리는 공동 주방에서 캐모마일 티와 커피를 따뜻하게 끓여 와서 간단히 아침식사를 했다. 쌀쌀한 기운이 감도는 아침이라 따뜻한 식사는 몸과 마음의 긴장을 풀어 주었다. 한쪽에서는 벽에 그려진 순례길 지도 앞에서 번갈아 사진을 찍느라 떠들썩하다. 우리를 포함하여 여기 있는 순례자들은 모두 오늘 산티아고 데 콤포스텔라에 입성한다. 그래서 저마다 들떠 있거나 감회에 젖어있는 듯하다.

　숙소를 나와 노보 밀라도이로 쇼핑센터를 지나니 까미노는 바로 숲의 입구로 이어졌다. 아직 이른 시간인 데다 숲으로 들어가니 더욱 어두웠다. 어제 내린 비로 나무들이 젖어 있어 옷에 물방울이 묻었다. 좁은 숲길을 걷다 보니 나무향을 가까이에서 맡을 수 있었다. 축축해진 숲의 내음이 짙게 풍겨 나왔다. 마음껏 숲을 거닐다가 작은 개울물이 흐르는 곳에 폰테 벨라 데 아리바^{Ponte Vella de Arriba}가 놓여 있는 것을 보았다. 다리 아래에 흐르는 물은 파드론에서 만났던 사르 강이다. 이 강줄기의 원류가 산티아고 데 콤포스텔라라고 했으니 강이 우리를 목적지로 이끌어 줄 것이다. 다리 앞의 카페는 아직 문을 열지 않았다. 그래도 순례자들은 그 주위에서 쉬고 있거나 단체 촬영을 하는 모습도 보였다. 이제 4km 정도 남았다는 까미노 표지석이 보였다. 표지석의 숫자가 점점 줄어들고 있다. 이제 제로를 향해 가고 있다.

오늘은 천천히 걷자고 했지만 오히려 한 번도 쉬지 않고 걸었다. 다리를 지나고 얼마 안 가서 자연은 사라지고 도시가 시작되었다. 산티아고 데 콤포스텔라의 중심지로 가는 도로가 나온 것이다. 이 도시에 있는 길은 모두 대성당으로 향해 있다. 혹시 길을 헤매게 될지라도, 어떤 길로 가더라도 구시가지의 중심에 있는 광장인 오브라도이로 광장^{Praza do Obradoiro}으로 갈 수 있다. 그곳에 빛나는 별, 산티아고 데 콤포스텔라 대성당이 있다.

일요일 아침이라 도시의 거리가 한적했다. 가끔 조깅을 나온 주민 한두 명을 볼 수 있을 뿐이었다. 날씨는 흐리고 안개가 아직 걷히지 않아서 도시의 풍경을 파악하기 어려웠다. 소박하고 고즈넉할 거라고 생각했던 산티아고는 거대하고 현대적이어서 놀랐다. 도로는 계속 오르막길로 되어 있어 숨이 가빴다. 길가에 있는 벤치에서 쉬고 싶은 마음이 간절했지만 이제 대성당이 가까이 있을 거라 생각하니 멈출 수가 없었다. 마침 교차로에서 신호등에 걸리는 바람에 드디어 우리는 걸음을 멈췄다.

"순례 중이세요? 이제 다 왔어요."

뜻밖에 한국말이 들려 고개를 돌려보니 한국 여성이 외국인 한 명과 함께 우리를 보고 웃고 있었다. 배낭이 없는 걸 보니 순례자는 아닌 듯하다. 숨이 가쁜 우리는 아, 네, 하고 간단하게 대답했다.

"우리는 몇 년 전에 순례길을 걸었어요.
오늘은 한 친구가 산티아고에 도착한다고 해서 마중 나왔어요."

옆에 있는 외국인은 그때 함께 걸었던 독일 친구라고 했다.

"그때 걸었던 분들과 지금도 서로 만나시는군요."
"그럴 수밖에 없는 게, 우리가 겨울에 걸었거든요.
걷는 사람도 별로 없었고, 알베르게도 대부분 문을 닫아서…
춥고 힘들게 몇 명이 걷다 보니까 많이 친해졌어요."
"아, 다시 걷고 싶지 않아요?"
"왜 없겠어요. 저는 지금 마드리드에 있다가 왔는데,
가끔 산티아고에 와요. 두 분도 순례 끝나고 한국에 가시면
꿈에 나올걸요. 그러면 다시 걷고 싶어질 거예요."

아직 대성당에 도착하지 않아서 순례가 끝난 것도 아닌데 우리는 그 말에 공감했다. 이대로 끝이 아니라 계속 까미노를 이어가고 싶은 마음이 간절하기 때문이다. 하물며 일상으로 돌아가면 까미노가 얼마나 그리울지도

느낄 수 있었다. 그래서 우리는 정말 그럴 거 같다며 웃었다. 신호등이 바뀌어 우리는 두 사람과 헤어졌다. 길을 가르쳐 주고 떠난 두 사람은 금세 안개 때문에 잘 보이지 않았다. 뭘까… 신기한 기분이 들어 두 사람과의 만남을 기억했다.

모퉁이를 돌자 놀랍게도 산티아고 대성당의 종탑이 보였다.

로터리를 거쳐 계속 동북쪽으로 난 큰 거리를 걸어가니 순례자가 여러 명 보이기 시작했다. 거리에는 이제 더 이상 산티아고 표지판도 없어 그냥 방향만 알고 앞으로 걸어갈 수밖에 없었다. 알라메다 공원Parque da Alameda이 나왔다. 이렇게 많은 순례자와 관광객들이 모여 혼잡한 틈에도 주민들은 조깅을 즐기거나 새들을 지켜보거나 여유있게 앉아 신문을 읽고 있었다. 길을 건너 광장으로 이어지는 골목길에 들어섰다. 좁은 길에는 온통 돌과 나무로만 지어진 집들이 다닥다닥 붙어 있어서 마치 중세 순례자가 성지에 도착한 기분이 들었다. 다만 지금은 현대적인 카페와 타파스 바, 기념품 가게들이다. 골목 카페에서 여유있게 커피를 즐기는 사람들 중에 우리를 보고 손을 흔드는 이들이 있었다. 며칠 동안 길에서 얼굴만 익힌 순례자인데 어제 도착한 모양이다. 방금 도착한 지친 우리를 위해 박수와 환호를 보내 주었다. 서로 축하의 박수를 보내면서 좁은 골목을 막 돌아서는데, 드디어 저 멀리 대성당의 첨탑이 보였다. 우리는 그대로 발걸음을 멈추고 대성당의 뾰족탑을 바라보았다. 가슴이 뭉클해지며 눈시울이 뜨거워졌다.

별들의 들판에 서다

골목을 벗어나 확 트인 오브라도이로 광장에 들어섰다. 지팡이와 조가비를 파는 상인, 배낭을 지고 도착한 순례자들, 동전을 구하는 집시들, 가족이나 커플로 온 관광객들이 섞여 혼잡한 데도 불구하고 광장은 하늘 아래 광활한 들판처럼 보였고 우리에게는 모든 것이 정지된 듯했다.

우리의 까미노는 끝이 났다. 순례는 멈추어졌다. 드디어 모습을 드러낸 장엄한 〈산티아고 데 콤포스텔라 대성당 Catedral de Santiago de Compostela〉이 거기 있었다. 우리는 대성당 정면이 보이는 광장 가운데로 천천히 걸어갔다.

이것이 대성당의 위엄이구나. 그 웅장함에 압도되고 말았다. 성인 야고보(산티아고)의 유해를 모신 가톨릭 성당, 대성당을 포함한 구시가지 전체가 세계 문화유산으로 지정된 곳, 전체 길이 100m, 폭은 70m, 높이는 30m가 넘는 거대한 대성당, 로마네스크 양식과 바로크 양식 그리고 고딕 양식 등의 시대적 양식을 모두 볼 수 있는 성당.

드디어 순례길의 끝에서 산티아고 데 콤포스텔라 대성당을 만났다.

위대한 타이틀만 해도 끝이 없는 성당이다. 대성당 중앙은 양쪽에서 오르는 이중계단을 통해 가운데로 모여지게 되어 있었다. 파사드에는 네 개의 거대한 기둥이 수직으로 올라가 있고 양쪽에는 두 개의 종탑이, 그리고 가운데 첨탑에는 산티아고 동상이 모셔져 있었다. 대성당의 파사드만 확인하는 데에도 한참이나 걸렸다. 세부적인 장식이나 조각상을 확인하기에도 벅찰 만큼 화려했다.

이미 소식을 들어 공사 중임을 알고는 있었지만 그래도 아쉬움이 몰려왔다. 대성당 정면의 파사드는 그대로이지만 종탑 뒤로 거대한 크레인이 높이 올라가 있었다. 성당 내부도 공사 중이라 철골구조물이 올라가 있다. 순례자들을 위한 미사도 이곳에서 열리지 않는다. 성스러움이 가득할 것 같았지만 크레인 공사와 함께 바라보는 대성당은 지극히 현실적인 모습이었다. 천상에서 지상으로 끌어내려진 듯한 기분을 뒤로 하고 다시 광장을 둘러보았다. 그래도 괜찮다. 허전한 마음을 달래려는 것이 아니라 그동안 까미노 위에서 만난 성당에서 감사의 미사를 드릴 수 있었으니 정말로 괜찮았다. 까미노 위에서 기도할 수 있었던 이름 모를 작은 예배당까지도 소중하게 느껴졌다.

수많은 순례자들이 앉아 있거나 서서 성당을 바라보고 있었다. 우리처럼 감회에 젖어있는 순례자들이 많이 보였다. 무릎에 붕대를 두르고 있는 순례자도 있었고 배낭을 베개 삼아 누워있는 순례자도 있었다. 그리고 대성당을 그리고 있는 젊은 화가도 있었다. 이 광장에 모여 있는 사람들, 대성당을 향해 온 사람들 모두가 이곳에 함께 있다는 것이 행복했다.

오브라도이로 광장에 많은 순례자들이 모여 있다.

　기념 촬영을 하며 기쁨을 나누던 순례자가 사진을 찍어달라고 부탁하러 왔다. 그 목소리를 듣는 순간 현실로 돌아왔다. 부탁하러 온 순례자들은 기쁨에 젖어 떠들썩하게 포즈를 취했다. 사진을 여러 장 찍어주고 나니 우리 사진도 찍어주겠다고 했다. 그때까지 우리는 기념사진 찍을 생각도 못한 것이다. 그들 덕분에 우리도 순례길의 종착점인 대성당을 배경으로 기념 사진을 찍을 수 있었다.

우리는 광장을 가로질러 대성당 맞은편 건물[1]에 가서 그제야 배낭을 내려놓았다. 순례길이 끝났다는 마음이 밀려오자 그동안의 긴장이 풀어졌다. 우리는 눈을 감았다. 그동안 다치지 않고 무사히 도착한 것, 마음껏 자유롭고 평화로웠던 것, 몸과 마음이 단련된 것들을 생각하니 가슴이 먹먹해 왔다. 사진기를 꺼내어 우리 두 사람의 얼굴을 찍었다. 우리 부부의 잔뜩 부은 얼굴이 화면 가득 담겼다. 그동안 무릎과 발목이 아파 고생했던 서로에게 수고 많았다고 위로해 주었다. 힘들었지만 잘 견디고 걸어왔다. 우리가 해냈구나. 오랫동안의 꿈이었다. 빛바랜 꿈이 될 수도 있었지만 포기하지 않고 품고 있어서 다행이었다. 그 길의 끝에 오브라도이로 광장을 만났고, 눈앞에는 산티아고 대성당이 있었다.

우리는 일어나서 천천히 광장을 가로질러 대성당의 북쪽 구시가지를 향해 걸어갔다. 카레타스 거리Rua de Carretas로 가면 숙소와 카페 그리고 순례자 증명서를 받는 사무실Pilgrim's Reception Office 등이 있다. 그리고 산티아고 데 콤포스텔라 대성당을 대신해 미사를 드리는 성 프란시스코 성당으로도 갈 수 있다. 물론 그다음 골목인 성 프란시스코 거리Rua de San Francisco로 곧바로 가면 성당을 만날 수도 있다. 먼저 〈성 프란시스코 성당Igrexa de San Francisco〉에 들렀다. 여기서도 도착을 기념하는 세요를 찍어 주었다. 마침 일요일이라 아침 미사가 열리고 있었다. 신부님과 여러 수녀님들이 주재하고 몇몇 주민과 관광객들이 기도를 드리고 있었다. 조용하고 경건한 미사에 우리도 기도를 드렸다. 밖으로 나오니 아까보다 거리는 더 떠들썩해 있

---

1 파소 데 라소이(Pazo de Raxoi) : 산티아고 데 콤포스텔라 대성당이 정면으로 보이는 곳에 있으며 오브라도이로 광장의 서쪽에 위치해 있다. 옛 궁전으로 사용된 신고전주의 양식의 건물이며 현재는 시청(시의회)으로 사용되고 있다.

었다. 우리는 우체국에 들러서 내일 산티아고를 떠날 버스 티켓을 예약했다. 일요일이지만 문을 연 우체국에서 순례자들이 떠날 수 있도록 티켓 대행 서비스를 하고 있었다. 그리고 바로 옆 사무실로 가서 한참을 기다린 끝에 순례자 증명서를 받았다.

산티아고 대성당 대신 순례자 미사를 진행하고 있는 성 프란시스코 성당

이제 우리가 해야 할 일을 모두 마쳤다. 골목에는 지금 막 도착하는 순례자들과 오늘 산티아고를 떠나는 순례자들이 교차하고 있었다. 또 다른 순례자들은 파라솔 아래에서 이들을 구경하며 커피를 마시며 여유를 즐기고 있었다. 우리도 골목 야외 테이블에 자리를 잡았다. 뜻밖에도 우리 자리 옆에는 순례 둘째 날 숙소에서 만났던 오스트리아 친구 두 명이 앉아 있었다. 폰테베드라에서도 잠깐 만나서 그동안 잘 걷고 있었구나 안심하고 있

었는데 드디어 산티아고에서 만나다니 정말 반가웠다. 순례길 둘째 날 처음 만났으니 우리가 만난 순례자 중 가장 오래된 친구들이다. 그리고 포르투갈에서 만난 순례자를 산티아고에서도 만난 건 이 친구들이 유일하다. 몸은 괜찮은지 물어보고 축하의 인사를 건넸다. 주문을 하러 카운터로 갔더니 레스토랑 안에는 이미 빈자리 없이 빽빽하게 앉아 식사를 하고 있었다. 그런데 주문하는 곳에도 줄을 서서 기다리고 있는 사람들이 많았다. 그중 테이블에서 우리를 향해 손을 흔들어서 보니 레돈델라에서 같은 알베르게에 머물렀던 프랑스 순례자였다. 혼자 걷고 있지만 성격이 활달해서 까미노에서 만난 친구들과 잘 걷고 있는 듯했다. 서로 산티아고에 도착한 것을 축하해 주었다.

주문한 커피와 크루아상을 받아 자리로 돌아왔다. 이제야 우리도 여유를 가져본다. 아, 모두들 다 도착했구나. 한 사람도 포기하지 않고 이 길을 함께 끝까지 걸었구나 하는 생각이 스치자 감격이 몰려왔다. 그리고 산티아고에서 한 번 더 만날 수 있어 무척 기뻤다. 그동안 만났던 다른 순례자들도 모두 이곳에 있겠지. 오스트리아 부부도 생각나고 독일인 아들과 아버지도 도착했는지 궁금했다. 오스트리아 순례팀도 모두 왔겠지. 골목에는 계속 몰려드는 인파로 조용할 틈이 없었다. 기쁨의 탄성이 오가는 행복한 거리의 모습이었다.

산티아고 대성당은 공사 중이기 때문에 순례자들을 위한 미사는 성 프란시스코 성당에서 대신 열리고 있다. 아까 아침에 마지막 세요를 받고 미사를 드린 곳이다. 우리는 서둘러 12시 미사에 참석하기 위해 일어섰다. 성당 앞에 도착하자 많은 관광객과 순례자들로 성당 안은 이미 가득 차 있었다. 아침 미사 때와는 상당히 다른 분위기였다. 그런데 순례자들이 성당 안으로 들어가려고 하자 입구를 지키는 안내원이 등에 메고 있는 배낭은 들어올 수 없다고 하는 게 아닌가. 몇 유로를 내면 짐을 맡아주는 곳이 있으니 맡겨 놓고 오라고 했다. 순례자들이 다들 당황해서 우왕좌왕했다. 그러던 중 단체 관광객들이 몰려와 큰 캐리어 가방을 밀면서 성당으로 들어갈 때는 안내원이 아무 제지를 하지 않자 순례자들이 황당해했다. 우리도 숙소에 배낭을 내려놓기 전이라 그 광경을 지켜보고 있었다. 아침에 거리에서 만났던 한국인 여성이 저만치에서 왔다. 다시 만나 반가움도 잠시 성당에서 왜 이러는 거냐고 물었더니 몇 년 전에도 그렇게 했고 따져 보아도 소용이 없을 거라고 했다. 아마 오랫동안 그렇게 했던 것 같았다. 같이 있던 독일인 친구는 자기가 배낭을 맡아줄 테니 미사를 드리고 오라고 했다. 우리는 이런 성당의 대우에 굳이 그러고 싶지 않았다. 고마운 제안을 사양하고 헤어졌다.

신앙심이 아니라도 순례자들은 그동안의 여정에 감사의 기도를 드리고 싶어 한다. 무사히 순례길을 마친 것, 몸과 마음이 더 성장한 것, 낯선 길에서의 우정과 환대 등에 대해서 말이다. 순례자들에게는 산티아고 대성당의 공사도 무척 아쉬운 일이다. 그래서 대신 미사를 진행하는 성 프란시스코 성당에서 순례를 마무리하고 싶었을 것이다. 하지만 신에게 향한 기도를 인간이 막게 되니 속상할 수밖에 없다. 우리는 담담하게 발길을 돌려 계단을 올라갔다. 방금 막 도착한 순례자가 맞은편에서 오더니 미사 시간에 맞추려는 듯 성당으로 뛰어갔다.

두 종탑 사이로 야고보 성인이 광장을 내려다 보고 있다.

우리는 다시 오브라도이로 광장으로 갔다. 그때 관광객들을 실은 미니열차가 광장으로 들어오는 것을 보고는 할 말을 잃었다. 관광열차가 들어와 길을 비키라고 빵빵 거리자 모여 있던 순례자들이 화가 난 것 같았다. 순례자들이 비키지 않자 경적을 시끄럽게 내더니 다시 돌아 나갔다. 이곳은 세계가 주목하는 대도시로 관광의 중심지가 되었다. 거대한 주차장과 수많은 호텔들이 가득한 곳에서 그동안의 순례를 마무리할 고요함은 찾을 수가 없었다. 우리가 순례길을 걷는 동안 품었던 성스럽고 반짝이던 별은 마음속에 간직하고만 있어야 할 듯하다.

많은 순례자들 사이에 낯익은 얼굴이 보였다. 다시 한번 보고 싶었던 순례자들 중 독일인 아저씨이다. 우리는 너무 반가워 광장 가운데로 뛰어갔다. 아버지는 어디 가셨냐고 했더니 뒤에 따라오고 계신다고 했다. 어제 도착해서 오늘 하루 더 쉬고 내일은 피스테라에 갈 거라고 했다. 좋은 선택이라고 했더니 걸어서가 아니라 버스 타고 갈 거라며 장난어린 표정을 지었다. 이야기를 나누며 아버지를 기다리는데 오지 않아서 아들인 아저씨는 안달이 났다. 우리더러 조금만 더 기다려 달라고 기념사진을 꼭 같이 찍자고 했다. 우리도 당연히 다시 뵙고 싶었다고 괜찮다고 했다. 저 멀리서 키 큰 건장한 할아버지가 뚜벅뚜벅 걸어오고 계셨다. 우리는 늘 하던 대로 "파더~"라며 달려갔다. 까미노에서 만나다가 대성당 앞에서 다시 만나는 감격은 말로 표현하기 힘들었다. 건강하게 잘 도착하는 것만으로도 서로에게 축하받을 만한 일이다. 우리는 서로 사진기를 바꿔가며 기념사진을 찍었다.

파란색 티셔츠를 입고 은발의 할머니가 우리 쪽으로 걸어오는 걸 본 순간 우리는 환호성을 질렀다. 네덜란드 할머니이다. 며칠 못 본 것뿐이지만 산티아고에 도착했는지 궁금했다. 계획대로 무시아까지 걸으실 거냐고 했더니 내일부터 다시 출발한다고 하셨다. 대단하시다. 노년이 되더라도 꼭 다시 산티아고 순례길을 걸어야지 다짐하게 만든 네덜란드 할머니, 건강하게 무시아까지 순례 잘하시기를 기도해 본다.

할아버지이든 할머니이든, 나이가 어린 학생이든, 남성이나 여성이나 모두 까미노 친구라는 것이 이 길의 큰 매력이다. 여기서는 서로의 꿈과 건강을 소중히 여기는 것이 제일 중요한 일이었다. 이 길에서조차 나의 이기적인 마음이 앞섰다면 그건 순례가 아니었을 것이다. 우리의 순례는 끝이 났지만 순례자의 마음을 간직하고 있다면 순례는 계속될 것이다.

　모두와 헤어지고 광장을 나왔다. 이 광장 입구에는 적선을 원하는 사람들이 많았다. 그런데 이곳의 걸인들은 마치 성자의 모습처럼 무릎을 꿇고 기도하는 모습이었다. 구걸을 위해 차가운 바닥에 하루종일 있어야 하는 그들이 우리에게는 좀 안쓰러웠다. 동전을 준비해 차례차례 모두에게 다가가 "그라시아스Gracias"라며 감사의 인사를 건네며 동전을 드리자 감고 있는 눈을 뜨고 우리를 바라봤다. 서로에게 미소를 전하며 헤어졌다.

　광장에서 이어지는 골목에는 점심식사를 하러 나온 주민들과 관광객, 순례자들이 너무 많아서 빠져 나오는데 한참이나 걸렸다. 골목 끝에는 아침에 걸어올 때 보았던 공원이 나왔다. 그제야 숨을 돌리고 천천히 공원을 가로질러 걷는데 공원 끝에 작은 성당이 보였다. 우리는 주저없이 〈필라 성모 예배당Capela da Nossa Senhora Do Pilar〉으로 들어갔다. 많은 사람들이 문 입구까지 빽빽하게 서서 설교를 듣고 있었다. 큰 배낭과 함께 들어온 우리는 모든 시선이 집중되는 바람에 당황했지만 옆에 있던 분들이 미소를 띠며 조금씩 자리를 마련해 주어 들어갈 수 있었다.

　대성당이 아니어도 순례자를 위한 향로 미사가 없어도 괜찮았다. 이곳 사람들이 일요일마다 일상의 감사를 드리는 이 작은 예배당에서의 분위기가 훨씬 진지하고 편안했다. 순례길의 처음부터 끝까지 우리에게 다가왔던 모든 것에 감사했다. 기도를 드리자 이제야 순례길의 마침표를 찍은 느낌이었다.

산티아고 순례길 (13일) :
산티아고 데 콤포스텔라

<CAMINO DE SANTIAGO (13 DAY) : SANTIAGO DE COMPOSTELA>

📍 Santiago de Compostela →

PR HOSPEDERIA VIA LUCIS →

Eurostars Gran Hotel Santiago Restaurant →

Igrexa de San Fiz de Solovio →

Facultade de Xeografia e Historia USC →

CASA IVAR

Santiago de Compostela
- O Milladoiro
- Padrón
- Caldas de Reis
- Pontevedra
- Redondela
- Vigo
- Baiona
- A Guarda
- Vila Praia de Âncora
- Viana do Castelo
- Esposende
- Vila do Conde
- Porto

산티아고 순례길(13일) :
2부 : 순례가 끝나고

중세 수도원 건물의 숙소

산티아고 데 콤포스텔라 대성당에 도착한 후 순례자 증명서를 받고 나면 우리는 더 이상 공식적으로는 순례자가 아니다. 오늘 아침까지만 해도 벅찬 마음으로 까미노를 걸었는데 불과 몇 시간 후에 우리는 순례자를 졸업하고 일상으로 돌아왔다.

대성당을 향해 걸어왔던 아침의 거리와 오후의 거리 모습은 무척 달랐다. 안개가 끼어 모습을 짐작하기도 어려웠는데 지금은 화창한 햇살 속에 도시의 전면을 드러내고 있었다. 하지만 도시의 이미지가 달라진 것이 아니라 한순간에 "순례자였다"로 변해버린 우리의 처지로 인해 이 성지가 다르게 보이는 것 같았다. 거리에는 이제 막 산티아고에 도착해 대성당을 향해 걸어가고 있는 순례자들도 많이 보였다. 까미노 포르투게스, 까미노 프랑세즈, 산티아고 북쪽 길 등 여러 까미노를 걸어온 순례자들이 목적지인 산티아고 데 콤포스텔라 대성당으로 계속 도착하고 있는 것이다. 그 수많은 순례자들이 이곳 대성당으로 모이기 때문에 오늘도 내일도, 아침에도 저녁에도 순례자들이 가득한 도시가 이곳 산티아고이다. 하지만 우리는 대성당을 향해 가는 순례자가 아니라 순례를 끝내고 대성당을 나온 순례자이기 때문에 "Buen Camino"의 인사는 더 이상 받지 못할 것이다.

아침에 산티아고 대성당을 향해 걸었던 거리를 터벅터벅 다시 내려왔다. 숙소를 찾아 헤매다가 주민 한 분이 도와주어서 산티아고 대학 캠퍼스 가까이 있는 〈호스페데리아 비아 루시스 PR^{Hospedería Via Lucis PR}〉에 겨우 도착할 수 있었다. 사실 숙소의 건물을 보고 산티아고 대학 건물인 줄 알고 잘못 찾아온 줄 알았다. 초인종을 누르고 안으로 들어가니 옛 중세 수도원 모습을 띠고 있는 건물이 보였다. 돌로 지어진 건물과 육중한 나무로 된 문이 고색창연했다. 넓은 정원을 구경하며 건물 현관을 찾아가는 데도 한참이 걸렸다.

실제 이 넓은 부지의 건물은 산티아고 데 콤포스텔라의 종교기관인 영적운동의 주교구의 집^{Casa Diocesana de Exercicios Espirituais}이다. 그중 일부를 숙소로 개방해 순례자 또는 여행자들이 머물 수 있도록 했다. 벨소리를 듣고 할머니 한 분이 마중을 나와 주셨다. 수녀님이신 할머니를 따라 안으로 들어가니 사무실이 나왔다. 사무실 벽에는 교구의 활동 모습, 역대 신부님, 기관의 옛 모습 등이 흑백사진으로 걸려 있었다. 할머니는 종교기관의 일을 맡아서 하시는 분인지 안내가 끝나자 사무실 책상으로 가시고 숙소의 체크인은 다른 분이 도와 주셨다. 오늘 도착해서 순례를 마쳤다고 했더니 축하한다며 우리가 예약한 방을 안내해 주었다. 설명해 준 대로 사무실 옆쪽으로 돌아가니 바로 큰 중정과 함께 회랑이 이어진 복도가 나왔다. 중정에는 하얀 장미가 피어 있었고 단정하게 가꾼 나무들이 에워싸고 있었다. 마치 우리가 중세 순례자가 된 것 같은 착각이 들 정도로 고풍스러운 풍경이었다.

산티아고의 숙소에 들어서니 중세 순례자가 된 듯한 기분이 들었다.

우리는 복도를 천천히 걸으며 이 멋진 중세시대의 건물을 감상했다. 눈부신 햇살은 중정을 통해 복도 안까지 가득 드리워져 있었다. 복도 끝에는 거대한 십자가에 못 박힌 예수의 모습이 보이고 그 옆으로는 기도실이 이어져 있었다. 계단을 통해 올라가니 2층 복도에도 벤치나 소파를 두어 정원을 바라보며 쉴 수 있게 되어 있었다. 예약한 방에 문을 열어보니 정갈하고 단아한 공간이 나타났다. 침대와 옷장, 책상과 의자가 전부인 방에는 넓은 창문으로 들어오는 햇살이 나머지 공간을 온화하게 감싸고 있었다. 수도사들을 위한 공간처럼 고요한 분위기가 감도는 편안한 공간이었다. 순례를 마치고 이곳에서 하룻밤을 머물 수 있다고 생각하니 왠지 순례자 선물을 받은 듯했다. 이제야 배낭을 내려놓고 끝났다고 외치는 순간 허기가 몰려왔다. 아직 우리는 점심을 제대로 먹지 못했다. 오전에 너무 많은 일들이 있어서 마치 어제의 일처럼 느껴졌다. 오늘 하루는 이틀의 시간을 살고 있는 것 같다. 우선 점심을 먹고 다시 숙소로 돌아오기로 하고 배낭을 정리한 후 밖으로 나왔다. 건물을 나오는데 아침에 만났던 한국인 여성을 또 만났다.

"순례 끝나고 한국에 돌아가면 매일 꿈에 나올 걸요.
그러면 다시 걷고 싶어질 거예요."

오늘 아침 한 번의 만남만으로도 그녀를 잊지 못할 것 같은데 아까 성 프란시스코 성당 앞에서도 만났으니 벌써 하루에 세 번의 만남을 가졌다. 그런데 숙소도 같은 곳에서 머물고 있다니 인연이 깊은 사람이다. 이곳은 중심지에서 약간 떨어진 곳인데 조용한 곳을 좋아하는 우리가 어렵게 찾은 곳이었다. 그런데 그녀도 숙소의 건물이 멋지고 조용해서 산티아고에 올 때마다 머무는 곳이라고 한다. 이 숙소에 며칠간 묵고 있는데 아침에 빨래방에 맡긴 세탁물을 찾아오는 길이라고 했다. 아침에 그녀가 한 말은 우리의 마음을 알아차린 것일까, 그녀도 우리의 마음과 같은 것이겠지 싶어서 묘한 친밀감이 들었다.

마지막 순례자 식사

숙소는 산티아고 데 콤포스텔라 대학Universidad de Santiago de Compostela 1과 가까이 있었다. 각종 연구기관이나 교육부, 법학부 등이 있었는데 중세 건물도 보이고 무척 현대적인 건물도 있었다. 산티아고 대학의 역사가 500년이 훌쩍 넘었다니 놀랍고 부러웠다. 가로수로 밤나무가 줄지어 있었는데 밤송이가 가득 떨어져 있었다. 가족들끼리 봉지를 들고 하나씩 줍고 있는 모습도 보였다.

큰 도로를 거쳐 시내 쪽으로 나가 보니 레스토랑은커녕 작은 가게도 문을 닫았다. 오늘은 일요일이라서 중국인이 운영하는 식료품 가게만 한 군데 열려 있었다. 대성당 주변으로 가면 레스토랑과 카페도 많겠지만 번잡한 곳으로 돌아가고 싶지는 않았다. 그동안의 순례도 정리할 겸 조용히 식사하고 싶었기 때문이다. 그러다가 문득 아침에 시내로 들어올 때 어느 한 호텔에서 순례자 메뉴를 광고하던 게 생각이 났다. 우리는 무작정 그곳을 찾아가 보기로 하고 중심지와 반대로 걷기 시작했다. 조금 내려가 건널목에서 신호등을 기다리고 있는데, 그곳에 산티아고 호텔이라는 큰 건물이 보였다. 길을 건너 호텔 로비로 들어가 순례자 메뉴가 가능하냐고 물었더니 2층으로 올라가라고 했다. 식사를 할 수 있는 곳이 있는 것만으로도 다행이었다. 즐거운 마음으로 계단을 올라가는데 꽤 호화로운 호텔이었다. 하지만 순례자 메뉴는 지금까지 까미노에서 먹었던 가격과 비슷했다.

---

1 산티아고 데 콤포스텔라 대학 : 1495년에 문을 연 유서깊은 공립대학이다. 두 번째 캠퍼스는 루고(Lugo)에 있다.

햇살이 가득한 정원을 전망으로 한 레스토랑은 손님이 북적이지 않고 한적했다. 안내를 받고 테이블에 앉으니 이제야 긴장이 풀렸는지 배가 무척 고팠다. 오늘 하루의 순례가 끝난 것이 아니라 모든 순례길이 끝났으니 지금까지의 여독과 피로감이 한꺼번에 밀려오는 것이다. 먼저 주문한 오렌지 주스로 건배를 했다. 우리가 해냈다는 뿌듯함도 있지만 서로에게 격려와 사랑으로 힘이 되어 준 것에 감사했다. 직원은 우리가 관광을 온 부부로 보였는지 사진을 찍어준다고 했다. 그래서 고맙게도 산티아고 대성당 이후로 커플 사진을 기념으로 찍을 수 있었다.

뷔페 형태로 진열되어 있는 요리로 가 보니 샐러드는 신선해 보였고, 버섯요리나 스파게티도 있었다. 오랜만에 바칼라우 스튜도 있고 스페인의 대표적인 문어요리와 고추튀김도 있어 좋았다. 그동안 먹고 싶었던 스페인 음식이 잔뜩 진열되어 있었다. 우리가 식사하는 동안 손님들이 많이 들어왔다. 일요일이라 가족모임을 하는 사람도 있었고 순례자로 보이는 사람들도 있었다. 우리는 천천히 즐거운 식사를 마쳤다. 이제 순례자 메뉴는 먹을 수 없겠지. 마지막 순례자 메뉴를 대접받아서 기뻤다. 계산을 하러 가니 아까 사진도 찍어주고 안내도 해 준 직원이 있어 인사를 건넸다.

"우리는 오늘 산티아고 대성당에 도착했어요.
정말 맛있고 즐거운 식사였어요.
당신이 친절하게 해 주어서 정말 고마웠어요."

그러자 직원은 놀라며 순례를 축하한다고 했다. 그러더니 종이를 꺼내어 주위의 볼거리, 맛집 등을 일일이 적어서 우리에게 건네주었다. 친절한 그들로 인해 우리는 이 도시에서 있었던 좋지 않은 작은 기억들을 모두 잊었다. 어쩌면 이런 소소한 만남으로 즐거운 기억이 생기고 그 도시를 사랑하게 되는 게 아닐까 싶었다.

숙소의 복도 끝에는 기도실이 있고 십자가 예수상이 있다.

호텔을 나와 서둘러 숙소로 돌아왔다. 우리에게 해야 할 마지막 일이 하나 남아 있기 때문이다. 우리는 순례를 하는 동안 짐을 줄이기 위해 순례와 관계없는 짐을 따로 박스에 담아 포르투에서 이곳 산티아고로 부쳤다. 그 짐을 맡아 보관하고 있는 이바르 레크베 IVAR REKVE 씨를 만나는 일이 남았다. 산티아고 대학의 지리 역사학부 건물 근처에 있는 짐 보관소 카사 이바르에 가서 우리의 짐을 찾아와야 한다. 나머지 짐을 찾아오면 짐이 두 배가 되기 때문에 배낭 정리도 다시 해야 한다. 그리고 우리는 내일 해가 뜨기 전 새벽에 산티아고를 떠날 것이다.

포르투에서 보낸 우리의 짐을 찾다

카사 이바르까지 시내 구경도 할 겸 걸어서 가려고 일찍 길을 나섰다. 우리는 걸어서 순례한 사람이니 이 정도 거리는 얼마 안 된다며 서로 웃었다. 아까 기도를 하러 들어갔던 필라 성모 예배당도 보이고 알라메다 공원도 보였다. 여기서 산티아고 대성당 쪽으로 올라가지 않고 큰길을 따라 계속 걸어가면 산티아고 대학 지리 역사학부 건물이 나온다. 그래서 우리는 공원 앞에서 길을 건넜다. 인파가 별로 없는 맞은편으로 걸어가는 게 훨씬 나을 것 같았다. 횡단보도를 건너가는데 길 건너편 무리 속에 낯익은 얼굴이 보였다. 혹시나 해서 "Buen Camino"하고 외쳐 보았더니 역시나 오스트리아 아저씨 부부가 돌아보았다. 레돈델라에 도착해 식사했던 부부, 우리의 꿈이었던 순례를 즐겁게 하고 있다며 한참이나 대화했던 부부, 칼다스 데 레이스까지 3일 정도는 자주 만났는데 그 뒤로는 만나지 못했다. 산티아고에 도착했는지도 궁금했던 까미노 친구이다. 아저씨 아주머니도 반가운지 "이럴 수가" 하며 다가오셨다. 네 명이 번갈아 반가움의 포옹을 하느라고 한참이 걸렸다. 아저씨는 어제 도착해서 오늘 아침에 순례자 증명서를 받았다며 통에 든 증명서를 흔들어 보이셨다. 아주머니는 늘 말이 별로 없고 조용하셨는데 오늘은 환하게 웃으며 기뻐하셨다. 아저씨는 내일 피스테라에 가 보려고 한다며 우리의 일정을 물었다. 우리는 레온으로 갈지도 모른다고 했더니, 보고 싶은 걸 마음껏 보고 가라고 하셨다. 이제 작별만 남았다. 키가 큰 아저씨도, 조용하게 웃으시던 아주머니도 더이상 까미노에서 만날 기회가 없을 것이다. 아쉬운 인사를 하며 산티아고 대학 쪽으로 발걸음을 옮겼다. 헤어지고 나서야 우리는 아저씨 부부와 기념사진도, 커피 한 잔도 못 나누었다는 걸 알았다. 하지만 우리가 짐을 찾으러 이 곳에 오지 않았다면, 공원에서 길을 건너지 않았다면 못 만났을 거라는 생각을 하니 마지막 만남이 더욱 소중하게 느껴졌다.

산티아고 대학-지리 역사학부^{Facul-} tade de Xeografia e Historia USC 2에 도착했다. 석양에 물든 건물의 조각상과 기둥들이 장밋빛으로 빛나고 있었다. 붉게 물들어 고색창연한 건물의 동상은 살아 있는 듯했다. 500년 전 이곳에서 학문을 연구하던 사람들이 드나드는 상상을 해 보았다. 길 코너에는 아스투리아스의 왕 알폰소 2세^{ALFONSO II EL CASTO ASTURIAS}의 동상이 서 있었다. 알폰소 2세의 동상을 여기서 보게 되다니 오늘 우리의 발걸음이 여러모로 운이 좋다.

고풍스러운 산티아고 대학 지리 역사학부 건물

시간이 다 되어 카사 이바르 건물 앞으로 갔다. 우리말고도 다른 순례자

---

2 산티아고 대학-지리 역사학부 : 산티아고 데 콤포스텔라 대학 지리 역사학과 건물은 18세기 신고전주의 양식의 건축물로 전면에 네 개의 기둥이 웅장하게 서 있다. 파사드 위의 페디먼트에는 미네르바가 중앙에 위치해 있고 대학을 후원한 네 명의 조각상이 장식되어 있다.

들이 기다리고 있었다. 시간이 되자 유쾌한 이바르 씨가 와서 건물 옆에 있는 짐 보관소로 이동했다. 우리 짐은 우체국에서 보낸 그대로였다. 박스 두 개를 확인한 후 이런 서비스를 해 주어서 큰 도움이 되었다고 인사를 했다. 이제 찾은 짐과 숙소에 있는 짐을 합하면 두 배가 될 텐데 앞으로 이동할 일이 걱정되기도 했다. 골목을 따라 내려와 큰 도로로 나오니 제법 해가 기울어 어둑어둑해졌다.

참으로 긴 날이다. 새벽에 일어나서 설레는 마음으로 마지막 까미노를 걸어 산티아고 대성당에 도착했고 순례자 증명서를 받은 후 까미노 친구들과 마지막 인사를 나누었다. 마지막으로 순례자 식사와 짐을 찾아 숙소로 가는 시간들까지 모두 눈앞에 필름처럼 지나갔다. 순례의 모든 시간이 끝났다. 힘들었지만 행복했던 까미노 위에서의 시간들이 지금의 우리를 있게 했으리라. 더 자유롭고 성숙한 인간으로서 내일을 살아갈 수 있기를.

"Buen Camino"

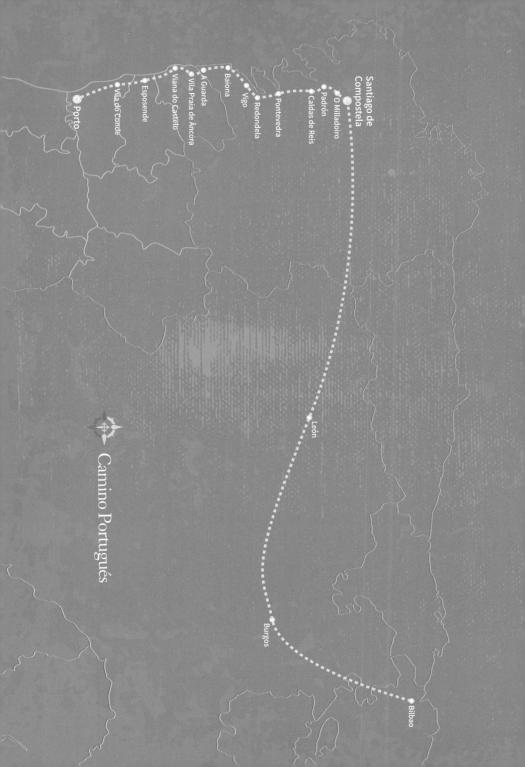

Santiago de
Compostela

O Milladoiro

Padrón

Caldas de Reis

Pontevedra

Redondela

Vigo

Baiona

Vila Praia de Âncora

A Guarda

Viana do Castelo

Esposende

Vila do Conde

Porto

León

Burgos

Bilbao

Camino Portugués

CHAPTER 3.

스페인 북부 성당 기행
(After Camino)

순례는 계속된다 - 레온(León)

까미노 데 산티아고 3대성당, 산티아고 대성당

산티아고를 떠나 레온으로

　깜깜한 새벽에 눈을 떴다. 우리는 서둘러 일어나 세수를 하고 배낭을 꾸렸다. 어제까지만 해도 까미노를 걷기 위해 일찍 일어났지만 오늘은 아니

위   까미노 데 산티아고 3대 성당. 레온 대성당
아래   까미노 데 산티아고 3대 성당. 부르고스 대성당

다. 여느 때와 다름없는 오늘이지만 우리는 순례자의 일상에서 멀어졌다. 지금까지 까미노 위에 서 있던 행복한 나날들을 마음에 간직하고 우리는 순례자들의 최종 목적지인 이곳, 산티아고 데 콤포스텔라를 떠난다.

스페인에는 유서깊은 성당들이 많이 있다. 그중 까미노 데 산티아고에 있는 '3대 성당'은 〈산티아고 데 콤포스델라 대성당 Catedral de Santiago de Compostela〉, 그리고 〈레온 대성당 Santa María de León Catedral〉과 〈부르고스 대성당 Catedral de Santa María de Burgos〉이다. 우리는 여러 순례길 중 까미노 포르투게스 해안길을 선택해 걸었고 산티아고 데 콤포스텔라 대성당에 도착했다. 나머지 두 대성당은 가장 널리 알려진 까미노 프랑세즈 위에 있다.

우리는 순례길을 조금 더 걷고 싶었고 산티아고 순례길의 3대 성당을 모두 보고 싶었다. 그것이 우리가 다시 배낭을 메고 지팡이와 조가비를 챙겨 레온으로 떠나는 이유이다. 그래서 우리는 산티아고 데 콤포스텔라가 있는 스페인 북서쪽 갈리시아 지방에서 스페인 북동쪽 바스크 지방으로 향해 가고 있다. 레온과 부르고스, 그리고 빌바오까지 가 보기로 했다. 까미노 프랑세즈, 까미노 프리미티보, 까미노 살바도르, 그리고 까미노 노르테까지 살펴볼 수 있는 도시들이다. 온전히 걸어서 하는 순례는 끝났지만 다시 우리만의 순례 여행이 시작되었다. 그래서 순례는 계속되고 있다.

레온은 까미노[1]에 있다

오늘날 스페인 국가의 역사와 가톨릭 문화의 역사를 살펴볼 때 빠질 수 없는 곳이 바로 레온이다. 옛 레온 왕국은 아스투리아스 왕국^{Asturorum Regnum}으로부터 시작된다. 이베리아 반도의 대부분을 이슬람 세력이 차지하고 있을 때 스페인 북서부 칸타브리아 산맥^{Cordillera Cantábrica} 쪽에 있던 아스투리아스는 이베리아 반도에서 유일한 가톨릭 국가였다.

레온의 구시가지의 모습을 나타낸 모형이 산 마르첼로 광장 앞에 놓여 있다.

---

1 산티아고 데 콤포스텔라 대성당으로 향하는 모든 까미노에 대한 설명은 아래 사이트의 도움을 얻었다. 까미노 거리 외에 지역에 대한 정보, 숙소 등도 자세히 설명되어 있다. 본문에 있는 모든 거리는 이 협회에서 제공된 거리를 참조하였다. 하지만 대략적인 수치이고 A, B의 코스로 나누어진 부분도 있기 때문에 그때마다 달라질 수 있으니 참조하기 바란다.
엘 까미노 데 산티아고 : https://www.gronze.com/

8세기 건국 이후 아스투리아스 왕국은 칸타브리아 산맥을 넘어 내륙 쪽의 메세타^{Meseta Central}로 내려와서 두에로 강^{Duero}까지 영토를 넓히게 된다. 이 두에로 강은 포르투갈어로는 도루 강^{Douro}이라고 부르는데, 이 강이 바로 포르투의 중심부를 가로지르며 동 루이스 1세 다리^{Ponte D. Luís I}를 품고 있는 강이다. 그리고 뒤를 이은 가르시아 1세 때 비로소 오비에도에서 레온으로 수도를 옮기고 이름을 "레온 왕국^{Reino de León}"이라 부르게 되었다. 이때가 914년경으로, 10세기에서 13세기에 걸쳐 유지되었던 왕국이다. 그래서 아스투리아스 왕국과 수도 오비에도, 레온 왕국과 수도 레온은 가톨릭 문화, 더 넓게는 포르투갈과 스페인 역사의 시발점이 되었다.

알폰소 2세^{Alfonso II}가 통치하던 시기, 성인 야고보의 유해가 발견되고 산티아고 대성당을 짓기 시작하였다. 그리고 알폰소 2세는 당시 수도였던 오비에도에서 산티아고 데 콤포스텔라까지 걸어 첫 순례자가 되었다. 이 길이 바로 까미노 프리미티보^{Camino Primitivo}이다. 그리고 까미노 델 살바도르^{Camino del Salvador}는 레온에서 출발하여 오비에도까지 이어지는 길을 말한다. 그래서

레온 구시가지에 있는 까미노 데 산티아고 표지판

레온에서 까미노 프랑세즈로 걸을 수도 있지만, 이 두 까미노를 이어서 걷는 방법도 있는 것이다. 레온에서 오비에도로, 그리고 오비에도에서 산티아

고 데 콤포스텔라로 이어지는 두 까미노를 합친 거리는 대략 440km이다.

가장 널리 알려져 있는 순례길은 까미노 프랑세즈 El Camino Francés이다. 프랑스의 생 장 피에 드 포르 Saint Jean Pied de Port에서 시작하거나 스페인의 론세스바예스 Roncesvalles에서 출발하여 부르고스를 지나 이곳 레온을 거쳐 산티아고 데 콤포스텔라에 도착하게 된다. 총 760km가 훨씬 넘는 장대한 길인데, 출발지에서 레온까지는 대략 460km, 다시 레온에서 산티아고 데 콤포스텔라까지는 300km 정도의 거리이다.

스페인의 역사와 순례의 역사는 서로 맞물려 있다. 아스투리아스 왕국과 가톨릭 문화가 이베리아 반도에서 그만큼 중요한 역사적 의미를 가진다는 뜻이다. 그래서 대성당을 건설하고 순례길을 중요시했으며, 오비에도 대성당과 산티아고 대성당으로 향하는 것을 중요한 성지 순례로 여겼다. 성인 야고보를 추앙하는 가톨릭 순례길의 지평을 넓혀간 것은 이베리아 반도 뿐만 아니라 유럽 가톨릭 문화의 중요한 기반이 되었다. 오늘날 레온은 까미노의 역사와 전통을 이어받은 수많은 순례자들이 거쳐 가는 곳이 되었다.

레온 대성당

레온 대성당은 레온의 구시가지 중심에 있다. 현재 레온 대성당 자리는 2세기 로마가 주둔할 당시에는 로마의 목욕탕이었다. 아스투리아스 왕국이 점점 남쪽으로 세력을 확장함에 따라 수도를 레온으로 옮기게 되었고 그때 고대 로마식 목욕탕이 레온 왕국의 궁전으로 개조되었다. 이후 궁전은 신성한 성당을 짓기 위한 장소로 바뀌었다. 대성당으로서의 역사는 13

"풀크라 레오니나"라는 찬사를 받은 레온 대성당

세기에 시작해 회랑은 14세기에, 첨탑은 15세기에 완성되어 하나의 성당에 시대의 흐름과 양식의 변화가 고스란히 녹아있다.

초기에는 로마네스크 양식으로 축조되었으나 본격적으로 13세기에 시작된 건축 공사에는 고딕 양식이 가미되었다. 이후 부르고스 성당을 설계했던 엔리케 명장Maestro Enrique의 참여로 레온 대성당은 부르고스 성당과 함께 프랑스 고딕 성당의 계보를 잇게 되었다. 이는 〈랭스 대성당Cathédrale Notre-Dame de Reims〉으로부터 시작된 것으로 무엇보다 높고 뾰족한 첨탑, 돔 형식의 높은 천장, 그리고 스테인드글라스를 특징으로 하고 있다. 성당 내부는 더 넓고 밝아졌으며 종교적이고 신비로운 공간이 되었다. 프랑스 고딕 성당의 정수라 일컫는 〈파리의 노트르담 대성당Cathédrale Notre-Dame de Paris〉

처럼 말이다.

그러나 로마 목욕탕의 기초 위에 세워진 성당은 습기와 물을 차단하기 어려웠고 견고하지 못한 기초 등 여러 가지 원인으로 개조와 복원을 계속 이어가게 되었다. 가장 최근의 복원은 2009년 스테인드글라스를 위한 프로젝트였다고 한다.

파란 하늘을 배경으로 미백의 아름다움을 자랑하는 레온 대성당을 바라보다가 성당 안으로 들어갔다. 입장료를 내면 오디오 가이드 서비스뿐만 아니라 성당의 역사와 구조, 내부를 설명하는 책자를 나눠 준다. 성당 전체의 구조와 건축 양식이 스페인어와 영어로 설명되어 있고, 직접 눈으로 확인하기 어려운 조각상이나 첨탑의 디테일, 그로테스크한 조각상인 가고일 등의 사진도 실려 있었다. 우리는 레온에 대해 상세하게 설명해 놓은 이 책이 무척 마음에 들었다.

성당의 육중한 나무문을 열고 들어가면, 정면 제단이 보이는 것이 아니라 트라스코로^{Trascoro}가 가로막고 있다. 이는 스페인 성당의 독특한 특징이라고 한다. 성가대석^{coro}이 제단으로부터 떨어져 뒤에 있는 구조인데 그 성가대석 뒤를 트라스코로가 막고 있다. 트라스코로 가운데에는 성모 마리아상이, 좌우로는 교황과 성인들의 조각상이 장식되어 있고 그 위로는 십자가에 못 박힌 예수상이 우뚝 솟아 있었다. 예수상은 스테인드글라스의 영롱한 빛을 배경으로 마치 하늘로 승천하는 것처럼 신비로웠다.

메인 제단이 있는 앱스를 둘러싼 주보랑^{Ambulatory}에는 각 성인을 모신 작은 채플들이 모여 있다. 채플에는 기도할 수 있는 공간도 마련되어 있다.

성당으로 들어가면 트라스코로가 먼저 맞이한다.

성서와 성인의 삶을 주제로 한 스테인드글라스 아래 경건한 분위기를 자아내는 공간이다. 먼저 가운데 트랜셉트에서 메인 제단이 있는 곳으로 들어갔다. 레온 대성당은 성모 마리아에 헌정된 성당이어서 본래 성당의 이름은 〈산타 마리아 데 레온 대성당 Santa María de León Cathedral〉이다. 그래서 제단 가운데에는 성모 마리아 상이 자리하고 있고 크고 작은 사각형의 패널에는 성화가 그려져 있었다. 이 제단화는 니콜라스 프랑세스 Nicolás Francés의 작품이라고 한다. 제단 뒤 주보랑으로 가 보았다. 반원형의 이 복도에만 8개의 채플이 있는데 성당 전체에는 모두 12개의 채플이 있다. 즉 그만큼 많은 성인들을 모시고 있는 대성당이며, 이것은 순례자들을 위한 성당에서 볼 수 있는 특징이라고 한다. 우리는 먼저 〈카르멘 성모 예배당 Capilla de Ntra Señora del Carmen〉을 시작으로 여러 채플들을 돌아보았다. 각 채플을 가득 채

우는 스테인드글라스를 감상하느라 시간이 많이 흘렀다.

　복도를 한 바퀴 돌며 마지막으로 피에타 상을 보고 나서 잠깐 벤치에 앉았다. 성당 전체에 쏟아지고 있는 스테인드글라스 빛을 바라보기 위해서였다. 이전 로마네스크 양식은 두꺼운 벽체로 인해 창문을 크게 내지 못했기 때문에 내부 공간이 매우 어두웠다. 하지만 고딕 양식으로 넘어오면서 바깥에 버팀벽인 플라잉 버트레스Flying Buttresses를 두어 구조적 단점을 극복하면서 넓고 큰 창문이 가능해졌다. 레온 대성당에는 1764 평방미터에 달하는 130개의 창문이 성당 내부를 밝고 더 넓게 보이도록 비추고 있다. 이는 이전 성당에 비해 더 경건하고 신비로운 성전으로 만들어 주었다. 레온 대성당을 '빛의 집'이라고 부르는 데에는 이유가 있었다.

　스테인드글라스에서 비롯된 아름다움은 레온 대성당이 '풀크라 레오니나Pulchra Leonina: 라틴어로 '아름다운 레온''라는 칭호를 받게 했다. 레온의 첨탑 위에 파란 하늘이 펼쳐질 때 레온 대성당에 들어가 보면, 3개의 거대한 장미창과 각각 다른 문양과 크기로 성당을 둘러싸고 있는 창문이 햇살을 가득 머금고 있는 공간을 만나게 될 것이다. 제대로 감상하려면 성당을 천천히 한 바퀴 돌면서 스테인드글라스에 그려져 있는 식물의 그림, 성서의 한 장면, 세속적인 장면 등 각각 다른 문양의 정교함과 색감을 놓치지 말고 꼼꼼하게 보아야 한다. 때로는 강렬한 빛에 맞은편 창이 반사되는 독특한 현상도 볼 수 있는데 신비롭기 그지없다.

　관람을 마치고 돌아가야 하지만 하염없이 바라보고 싶은 빛이었다. 대성당을 구경하는 다른 사람들도 우리처럼 여기저기에 앉거나 멈춰 서서 스

위   제단 패널화의 가운데에는 성모 마리아가 모셔져 있다.
아래   레온 대성당이 빛의 집이라고 부르는 이유가 있는 듯하다.

테인드글라스를 바라보고 있었다. 그리고 또 하나의 공통점은 모두 사진을 찍느라 바쁜 것이 아니라 두 눈으로 오래도록 감상하고 있다는 것이다. 어쩌면 자신의 눈으로 보는 것이 지금의 아름다움을 놓치지 않는 가장 확실한 방법이라는 것을 알고 있는 듯하다.

프랑스 고딕양식의 특징을 보여주는 레온 대성당의 플라잉 버트레스

　밖으로 나와 성당을 한 바퀴 돌았다. 프랑스 고딕 양식에 영향을 받은 레온 대성당의 외관을 살펴보기 위해서였다. 오른쪽으로 돌자 남쪽 장미창이 보이고 측면의 플라잉 버트레스도 눈으로 확인했다. 마치 사람의 갈비뼈와 같은 플라잉 버트레스가 성당의 버팀벽으로서 튼튼하게 자리잡고 있었다. 당시의 건축 양식과 건축가들의 기술이 대단함을 느꼈다. 성당 뒷면은 부분적으로 공사 중이라 철제 구조물이 올라가 있다. 외부를 한 바퀴 돌

기 위해서는 중간에 있는 로마 성벽의 아치문을 통과해야 정면으로 갈 수 있었다. 정면에 서서 파사드와 양쪽의 두 종탑을 바라보았다. 오른쪽 종탑은 시계탑이라 불리는데 왼쪽보다 더 높고 첨탑에 장식이 가미되어 있다. 이곳도 지금은 공사 중이라 파사드 위쪽과 장미창을 볼 수 없어 더욱 아쉬움이 컸다. 보수를 계속하고 있는 레온 대성당이 불안해 보이지만 이미 레온 대성당의 외관과 내부를 모두 둘러보고 나온 우리는 앞으로도 그 아름다움이 영원하기를 바랐다.

성 프란시스코와의 인연

우리는 레온에 와서 성 프란시스코 성당과 인연을 맺었다. 레온에 도착한 첫날, 우리는 우연히 〈성 프란시스코 순례자 알베르게Albergue de Peregrinos San Francisco de Asis〉를 알게 되었다. 숙소를 찾기 위해 성 프란시스코 광장 주변을 돌아 다녔는데 자꾸만 헤맸다. 그래서 주변 지리를 물어보려고 광장에 있는 알베르게로 들어갔다.

알베르게의 작은 리셉션에는 산티아고 데 콤포스텔라로 가는 까미노 설명과 짐 부치는 서비스 그리고 레온 구시가지 지도 등이 잔뜩 붙어 있는 안내판이 보였다. 막 순례를 끝내고 도착한지라 아직 우리가 순례자인 듯한 기분이 들었다. 로비 옆에는 일찍 도착한 순례자들이 간식을 먹으며 쉬고 있었고, 방금 도착하는 순례자도 있었다. 까미노의 힘든 여정을 끝내고 지친 기색이 가득한 얼굴이었다. 알베르게 직원은 친절하게도 길 건너편 골목에 있는 숙소를 찾아 주었다. 그렇게 성 프란시스코 알베르게는 우리만의 순례를 위해 찾아 온 레온의 구심점이 되어 주었다.

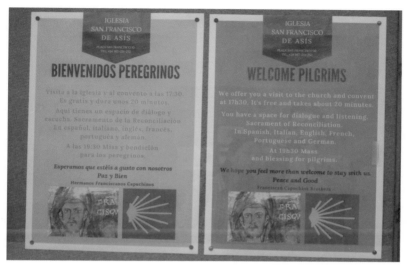

성 프란시스코 성당에서 순례자 환영 미사가 열린다는 스페인어와 영어 문구

　　다음날 성 프란시스코 알베르게와 연결되어 있는 성당을 찾아갔다. 성당을 구경하고 기도를 마치고 나오면서 우리는 순례자를 위한 안내문이 입구에 붙어 있는 것을 보았다. 매일 오후 5시 30분에 오면 성당에 대한 설명을 들을 수 있고 일반인에게 공개되지 않는 수도원도 구경할 수 있다는 내용이었다. 그리고 7시 30분에는 순례자를 위한 미사도 열린다고 쓰여 있었다. 꼭 한 번 참여하고 싶다는 생각이 들어 안내문을 사진으로 찍어 가지고 갔다.

　　며칠 후 다시 성 프란시스코 성당에 들렀을 때 우연히 신부님을 만날 수 있었다. 우리에게 먼저 다가와 안내문을 가리키며 시간이 되면 순례자를 위한 대화의 자리에 오거나 미사에 참석하라고 하셔서 시간에 맞춰 가겠다고 약속해 버렸다. 그렇게 성 프란시스코 성당과의 인연이 계속 이어지게 되었다.

그날 오후 숙소에서 점심을 해 먹고 기다리다가 5시 30분에 맞춰 알베르게 휴게실로 갔더니 신부님이 앉아 계셨다. 우리는 며칠 전에 산티아고 데 콤포스텔라에 도착하여 순례를 마쳤으며 레온 대성당을 보고 싶어 이곳으로 왔다고 소개를 했다. 그때 한 부부가 들어와 프랑스에서 온 순례자라고 소개했다. 오늘 까미노 일정을 마친 후라서 그런지 무척 피곤하게 보였다. 오늘 만남은 이렇게 다섯 명이 전부였다.

신부님은 성 프란시스코 성당부터 가자고 하셨다. 그리고 다같이 성당 내부를 천천히 돌아보며 성인과 수도원의 내력을 설명 들었는데, 우리를 위해서는 영어로, 프랑스 순례자를 위해서는 프랑스어로 번갈아 설명해 주셨다. 그 유창함에 놀라지 않을 수 없었다. 성당을 다 보고 나와 다시 복도로 나가니 뒤뜰로 이어져 일반인에게는 공개되지 않는 수도원이 눈앞에 펼쳐졌다. 옛 성 프란시스코 수도원의 모습을 짐작할 수 있었는데 그 깊은 역사와 장대한 규모를 느낄 수 있었다. 13세기경에 프란시스코 수도원에서 출발해서 나중에 예배당도 갖추게 되었지만 18세기에 시설들이 제각각 팔려 나갔다고 한다. 지금의 성당은 기부금을 모아서 19세기에 재건한 것이라고 한다. 지금은 수사들이 공부하는 수도원으로 운영되고 있다고 하셨다. 몇 세기에 걸쳐 시간의 흐름을 차곡차곡 쌓아온 수도원의 중정에서서 우리는 신부님의 설명에 집중했다. 성 프란시스코 종교단체^{Hermanos Franciscanos Capuchinos}에서 현재 이웃에 대한 사랑을 전하는 노력이 레온 도시에 가득 차 있었다. 그 사랑은 까미노를 걷는 순례자에게도 해당되었다.

중정을 둘러싸고 있는 옛 수도원 건물은 성당과 연결되어 있다.

　까미노 데 산티아고와 성 프란시스코는 여러모로 인연이 깊다. 경로는 정확히 알려져 있지 않지만 1214년경에 아시시의 프란시스코 성인이 산티아고 데 콤포스텔라까지 순례하였다고 알려져 있다. 성 프란시스코는 산티아고 순례를 마친 후 수도원을 짓고 싶어 했는데 그곳이 바로 산티아고에 있는 〈성 프란시스코 수도원 성당^{Convento de San Francisco de Santiago}〉이다. 현재 산티아고 대성당의 공사로 대신 미사를 진행하고 있는 성당이다. 성 프란시스코의 순례 800주년을 기념하는 2014년에는 산티아고 대성당에 도착한 순례자들이 성 프란시스코 성당을 방문하여 '코톨라야^{Cotolaya}'라는 특별한 순례자 증명서도 받을 수 있었다고 한다.[2]

---

2 성 프란시스코 성당의 특별 순례자 증명서: 성 프란시스코의 보호를 받으며 산티아고를 순례한 이들에게 '코톨라야'라는 특별한 순례자 증명서를 발급한다. 이에 대해서는 까미노 데 산티아고 순례 사이트 (https://caminoways.com/st-francis-visit-to-santiago: Written

우리도 얼마 전 산티아고에 도착했을 때 이 성당에 가서 코톨라야를 받을 수 있었다. 800주년 이후로 산티아고의 성 프란시스코 수도원 성당을 방문한 순례자들에게 증명서를 발급해 주고 있다. 그리고 마침 성당에는 아침 미사가 열리고 있어서 우리도 함께 했다. 그러고 보니 우리와 성 프란시스코와의 인연이 깊고 길게 이어지고 있는 듯하다.

약속한 시간이 훌쩍 넘었다. 순례자를 위해 축복 미사뿐만 아니라 유서 깊은 성 프란시스코 수도원과 성당 안내를 매일 하고 있는 신부님의 수고가 새삼 대단하게 느껴졌다. 그 노력과 열정이 순례자들에게는 큰 환대로 느껴질 것이다. 다같이 처음 모였던 알베르게 휴게실로 왔다. 우리는 신부님께 의미있고 즐거운 시간이었다고 말씀드렸다. 그러자 신부님은 오늘밤 레온 대성당에서 국제 오르간 축제가 있으니 시간 내어 꼭 가보라고 하셨다. "레온 대성당의 국제 오르간 페스티벌Festival Internacional de Órgano - Catedral de León"은 올해 36회째를 맞이하는 국제적인 규모의 공연이라고 한다. 우리는 무엇보다 레온 대성당에서 파이프 오르간[3] 연주를 감상할 수 있다는 생각에 무척 들떴다. 성 프란시스코 성당과의 인연이 아니었으면 이 기회도 얻지 못했을 것이다. 가끔 여행은 선물과도 같은 우연을 선사하기도 한다.

By Maria) 참조
3 레온 대성당은 2010년에 새 오르간을 제작했다. 독일의 본에서 필립 클라이스(Philip Klais)가 제작한 새 파이프오르간은 모두 4130개의 튜브로 되어 있다. 제작 당시 가장 강하고 큰 주파수가 스테인드글라스 창문을 손상시킬 수도 있어서 상당히 고심해 제작했다고 한다. 무대는 넉 대의 파이프 오르간이 양쪽으로 설치된 성가대석에 마련되었다.

순례는 계속된다 - 부르고스(Burgos)

레온을 떠나 부르고스로

어제 레온 대성당에서의 파이프 오르간 소리가 아직도 귀에 쟁쟁하다. 태양에 의해 천상의 빛을 선사해준 레온 대성당의 스테인드글라스에 못지 않게 파이프 오르간 연주는 우리를 천상으로 이끌어 주었다. 눈을 뜨니 오르간 연주는 사라지고 방 안에는 눈부신 햇살이 가득하다. 오늘도 화창한 날씨이다. 레온은 언제까지 화창할까. 마치 순례를 시작하기 한 달 전 리스본의 날씨로 돌아간 듯하다. 로마가 건설한 도시, 레온 왕국의 수도, 성인 야고보의 순례길, 성 프란시스코의 정신을 이어가는 도시. 그 모든 시간의 흔적을 안고 있는 레온을 우리의 발걸음으로 가득 채웠다. 그 시간들을 뒤로 하고 우리는 오늘 부르고스로 떠난다.

ALSA 버스로 대략 3시간을 달려 부르고스에 도착했다. 부르고스 버스 터미널에도 순례자들의 모습이 많이 보였다. 레온에서 버스를 탈 때 자리를 점검하던 기사 아저씨는 유니의 지팡이를 보더니 "Camino!"라며 악수를 청했다. 그러더니 지팡이를 맡아주겠다며 자신의 운전석으로 가져가

버렸다. 부르고스에 도착해서 운전석으로 갔더니 아저씨는 핸들 옆에 두었던 지팡이를 가져와 줄까 말까 장난을 치다가 돌려주었다. 지팡이를 손에 쥐어주며 "Buen Camino"라고 인사해 주었다.

버스터미널에서 나와 큰길에 서면 큰 성이 눈에 들어온다. 그곳으로 걸어가 산타 마리아 다리Puente de Santa María를 건너니 중세시대 성문이 우리를 반겼다. 산타 마리아 아치Arco de Santa María는 성문이자 요새이며 국가 기념물이다. 중세 도시로 가는 12개의 문 중 하나로 산타 마리아 다리를 건너 부르고스 대성당으로 연결되는 중요한 통로가 되고 있다. 성문에는 도시 설립자를 비롯해 카를로스 1세 등 모두 7명의 부조가 내려다보고 있었고 가장 꼭대기에는 부르고스의 수호성인 산타 마리아가 자리하고 있다. 마치

국경일을 맞아 스페인 국기로 장식된 부르고스 대성당

개선문처럼 서 있는 성문을 통과했다. 갑자기 짙푸른 하늘 아래 부르고스 대성당이 나타났다. 레온만큼이나 파란 하늘을 머리에 이고 서 있는 대성당의 장엄함이 쿵하고 마음속으로 들어왔다. 하지만 이때까지만 해도 대성당이 스페인 국기로 장식한 이유를 모르고 있었다.

다시 아치를 통과해 다리 쪽으로 나왔다. 부르고스 구시가지를 가로지르는 알란손 강 Rio Arlanzón에는 강줄기를 따라 시민공원이 조성되어 있다. 성벽의 일부가 남아 있고 플라타너스가 일렬로 늘어서 있었다. 유량이 풍부한 시냇물이 힘차게 흘러가는 모습을 보러 초록색 다리 위로 올라가 보았다. 시냇물 위로는 여러 개의 다리가 놓여 있어 어디로든 강을 건널 수 있게 해놓았다. 이 공원을 따라 서쪽으로 걸어 부르고스 대학이 나오면 그 근처에 우리 숙소가 있다. 레온과는 또다른 매력이 있는 도시, 부르고스에 왔다는 게 실감나기 시작했다.

부르고스는 까미노에 있다

어제 우리가 도착할 때는 날씨가 화창했는데 오후가 되자 바람이 불며 비가 내리기 시작했다. 밤에는 천둥이 치며 비가 엄청나게 쏟아졌다. 그런데 오늘 아침 커튼을 열어 보니 아무 일도 없었다는 듯 날이 개었다.

아, 순례자다. 창문으로 보니 순례자들이 부르고스 시내를 빠져나가고 있다. 우리는 순례를 끝낸 지 아직 1주일도 채 지나지 않았기 때문에, 배낭과 지팡이를 챙겨 그들을 따라 다시 까미노 위에 서고 싶은 마음이 간절했다. 지금 거리의 순례자들은 부르고스에 도착하여 우리가 지나온 레온을 거쳐 산티아고 데 콤포스텔라로 향해 가고 있다. 그러고 보니 우리는 까미노 프랑세즈를 서쪽에서 동쪽으로 즉, 역방향으로 이동하고 있는 셈이다.

까미노 프랑세즈를 걸어온 순례자들이 생 장 피에 드 포르나 론세스바예스를 거쳐 까미노를 시작했다면 부르고스까지 대략 280km를 걸어온 것이다. 그리고 부르고스에서 레온까지의 구간은 대략 178.7km이다.

레온 도시의 앞 뒤 구간은 순례자들에게 무척 힘든 구간으로 유명하다. 스페인 북부의 고원 메세타는 고난의 길로 알려져 있다. 왜냐하면 스페인 북부의 칸타브리아 산맥이 여름에는 해풍을 막아 무척 덥고, 겨울에는 북풍이 휘몰아쳐 몹시 추운 구간이기 때문이다. 그리고 무척 건조한 기후를 이겨가며 나무 그늘이 거의 없는 대평원을 가로질러 걷는 길이기도 하다. 그래서 힘든 순례자들은 기차나 버스를 이용해 이동하는 경우도 많다. 하지만 메세타의 고난을 이기는 것이 진정한 순례자라고 여기는 이들도 많다.

부르고스 대학 건물 뒤로 수확이 끝난 밀밭이 펼쳐져 있다. 이곳 부르고스의 옛 왕국인 카스티야와 레온은 스페인의 곡창지대로 유명하다. 마치 영화 세트장처럼 도시가 끝나고 바로 밀밭으로 이어지는 풍

부르고스 대학 앞에 있는 순례자 동상
(Monumento al Peregrino)

경을 보니 조금은 기묘했다. 순례자들은 이 아스팔트 도로가 끝나면 저 밀밭 한가운데로 까미노를 이어갈 것이다. 그들의 까미노가 힘들지 않기를, 다치거나 약해지지 않기를 기도해 본다. 창밖으로 멀어져 가는 순례자들에게 힘차게 인사를 건넸다. "Buen Camino"

부르고스 대성당
-부르고스 성당의 내부

부르고스 대성당은 스페인 최초의 프랑스 고딕 성당으로 건축되었고, 그 가치를 인정받아 1984년 세계문화유산으로 등재되었다. 부르고스 대성당을 설계한 엔리케 명장은 프랑스 랭스 대성당의 영향을 받아 건축을 담당했고, 이후 레온 대성당 축조로 이어졌다. 우리는 이미 레온 대성당을 보고 왔지만 지리적으로, 시기적으로 보면 프랑스에서 시작된 고딕 양식은 부르고스 대성당에 먼저 도착한 것이다. 13세기 부르고스 대성당은 까미노 데 산티아고와 함께 종교적으로 완벽한 체계를 갖추어 나갔다. 건축의 절정기와 더불어 종교적 신성함도 고조된 것이다.

부르고스 대성당에 들어가자마자 레온 대성당에서도 보았던 트라스코로가 먼저 맞이하였다. 부르고스 대성당의 트라스코로는 전면에 거대한 8개의 코린트 양식의 기둥이 세워져 있고 그 가운데 성화가 그려져 있으며, 좌우 기둥들 사이에는 성인의 조각상이 각각 세워져 있었다. 왼쪽에는 책과 열쇠를 들고 있는 것으로 보아 베드로 성인San Pedro이고 오른쪽으로 칼을 들고 있는 이는 바울 성인San Pablo이다. 중앙 아치 가운데에 있는 큰 그림은 '파블로 성인과 안토니오 성인Santos Pablo y Antonio의 만남'이라고 한다.

부르고스 대성당의 트라스코로

레온의 트라스코로는 가운데가 아치형으로 개방된 형태였다면, 부르고스의 트라스코로는 성화로 막혀 있어 성당 안쪽이 전혀 보이지 않는다는 점이 달랐다.

성당 회랑으로 들어가는 입구에 사람들이 잔뜩 모여 있었는데, 알고 보니 오늘 국경일 미사가 열린다고 했다. 콜럼버스가 아메리카 대륙을 발견한 날로 스페인 국가 공휴일이었던 것이다. 어쩌다 보니 엄청난 국가 행사에 참여하게 되었다.

어느덧 주교가 참여한 엄숙한 미사를 치르고 난 후, 다른 관광객들과 함께 우리는 성당의 내부를 구경하느라 바빴다. 미사를 보는 내내 바라보고 있었던 메인 제단은 황금으로 장식된 패널이 있었다. 가운데에는 성모 마리아 상이 천사들에 둘러싸여 있고 그 주위에는 성인이나 성서 속 인물들이 있었다. 부르고스 대성당은 성모 마리아를 모시는 성당으로 본래의 명칭은 〈산타 마리아 부르고스 대성당Santa Iglesia Catedral Basílica Metropolitana de Santa María de Burgos〉이다. 자세히 보니 패널 하나하나에 조각상이 새겨져 있는데 옷자락의 주름과 표정까지도 미세하게 표현되어 기교가 뛰어났다. 메인 제단Main altarpiece 위로는 십자가에 못 박힌 예수상이 있고 스테인드글라스가 뒤를 아름답게 감싸고 있었다.

무엇보다 부르고스 대성당의 가장 화려한 장식은 네 기둥이 받치고 있는 심보리오Cimborrio에서 볼 수 있다. 먼저 우리가 보고 있는 것은 가장 아름답다는 본당Capilla Mayor의 돔인데, 작은 8각 별이 다시 더 큰 팔각형의 별로 이어지는 문양이 모두 트레이서리로 조각되어 있다. 그리고 그 가운데 랜턴 볼팅Lantern Vaulting으로 강한 빛이 성당 내부로 가득 퍼지고 있었다. 트레이서리는 창문 등에 석재로 틀을 만드는 것인데 일정한 비율로 나누어 곡선이나 무늬를 넣어 장식 효과를 높이는 것을 말한다. 장미창을 만들 때 돌로 된 문양의 골조이다. 이 트레이서리로 화려하게 장식한 돔에 창문을 만듦으로써 빛이 하늘에서 성당 내부로 비추게 하고 있었다. 팔각형의 등불이라고도 비유되는 이 빛나는 돔만으로도 부르고스 대성당에서 성당 건축이 얼마나 화려하게 꽃 피었는지를 알 수 있었다. 스페인 건축의 독특하고 가장 화려했던 이 시기를 '스페인 르네상스Plateresque'라고 부른다.

또 하나의 아름다운 심보리오는 〈원수의 채플Capilla del Condestable〉 위에 있다. 역시 팔각형으로 되어 있는데 8각 별과 8개의 스테인드글라스가 이어

위 가장 아름답다는 본당의 심보리오
아래 장미창은 트레이서리 조각과 어우러져 순백의 아름다움을 선사해주었다.

지고, 다시 확대된 8각 별로 대칭되는 문양이 무척 아름답게 표현되어 있었다. 그 아래 아치형 창문과 조각들이 기둥의 문양과 만나며 성당 안에 펼쳐지는 것처럼 느껴졌다. 레온 대성당이 최고의 스테인드글라스를 통해 빛으로 물들였다면, 부르고스 대성당에서는 심보리오를 통해 성당의 빛을 밝혔다.

부르고스 대성당의 장미창도 독특하고 아름다웠다. 성심 성당답게 장미창의 가운데는 '성심Sacred Heart of Jesús'을 표현하는 하트가 그려져 있고 주위에는 성모 마리아가 아름답게 장식되어 있다. 장미창의 백미인 서쪽 장미창은 스테인드글라스의 비중보다 트레이서리가 더 강조되어 있었다. 그래서 레온 대성당의 장미창이 스테인드글라스의 아름다움 때문에 붉은 장미를 연상시킨다면, 부르고스 대성당의 장미창은 석재 트레이서리 때문에 하얀 장미를 보는 듯한 느낌을 주었다.

성당 내부를 둘러보고 나오는데 입구에 작은 채플이 보였다. 밖으로 나가는 인파들 사이를 비집고 채플로 들어가니 제단에 예수 십자가상이 보였다. 이곳은 〈부르고스의 거룩한 예수 채플Chapel of the Santisimo Cristo de Burgos〉이었다. 성당 안이지만 미사가 끝난 바깥의 혼잡함과는 다르게 채플 안에는 고요함이 흘렀다. 한두 사람이 조용히 앉아 기도를 드리고 있었다. 우리도 조용히 자리를 찾아 앉았다. 역시 성당은 평화와 고요함이 함께 하는 기도의 자리일 때 가장 빛이 나는 것 같았다.

-부르고스 대성당 외부

성당 밖으로 나오니 눈부신 햇살과 많은 인파가 시야로 확 들어오는 바람에 빠르게 현실로 돌아왔다. 이제부터 국경일 행사와 축제가 이어지는지 성당 남쪽 레이 산 페르난도 광장에는 많은 사람들이 모여 있었다.

산타 마리아 광장 Plaza Santa Maria에서 보이는 계단으로 올라가니 자그마한 대성당 전망대Mirador catedral가 나왔다. 높은 전망대는 아니지만 부르고스 대성당의 서쪽 파사드를 볼 수 있는 좋은 장소였다. 대성당의 위엄을 눈에 담아 보았다. 성당은 인간이 만들었지만 인간의 솜씨라기에는 믿기 어려운 경이로움이 가득한 건물이었다. 오랜 역사의 흐름 속에서 건축 양식의 변화와 천재적인 기술이 차곡차곡 쌓여 있는 결과물을, 오늘 우리가, 여기에서, 감상할 수 있다는 것만으로 감사했다.

중앙 포털은 남쪽이나 북쪽의 포털과 달랐다. 세 개의 문 가운데에 아치가 뾰족하게 디자인되어 있고 중앙에 별이 자리잡고 있었다. 서쪽 장미창 위로는 카스티야 왕국 Reino de Castilla의 수도인 부르고스의 역사를 알 수 있는 카스티야 왕 여덟 명이 일렬로 조각되어 있다. 트레이서리로만 장식된 맨 위에는 성모 성당임을 나타내는 성모 마리아가 아기 예수를 안고 모셔져 있다.

전망대에서 본 부르고스 대성당의 서쪽 파사드

좌우에는 팔각형의 피라미드 형 첨탑이 높게 올라가 있다.

양쪽으로 우뚝 솟은 첨탑과 남쪽의 첨탑까지 3개의 첨탑은 고딕 건축의 절정이라 할 수 있는데, 15세기 후안 데 콜로니아 $^{Juan\ de\ Colonia}$에 의해 건축되었다. 콜로니아 가문은 원수의 채플의 심보리오를 아름답게 장식한 시몬 데 콜로니아 $^{Simón\ de\ Colonia}$와 프란시스코 데 콜로니아 $^{Francisco\ de\ Colonia}$로 이어졌다. 첨탑을 보고 있으니 팔각형 피라미드에 문양을 넣은 돌기가 잠깐 가우디의 사그라다 파밀리아를 생각나게 했지만, 사실은 쾰른 출신이었던 후안 데 콜로니아가 쾰른 대성당의 첨탑과 유사하게 만들었다고 한다.

중앙포털 위쪽에는 성모성당임을 알 수 있는 성모마리아 조각상이 보인다.

왼쪽으로 돌면 북쪽 코로네리아^{Coronería}의 포털이 나온다. 포털의 정면은 아치형이 3중 프레임으로 되어 있고 모두 조각으로 장식되어 있다 보니 무척 화려하게 보인다. 아치의 가운데에 해당하는 팀파눔에는 예수상을 중심으로 왼쪽에는 산타 마리아가, 오른쪽으로는 세례 요한이 간곡하게 무언가를 구하고 있는 모습이 형상화되어 있다. 그리고 그 바로 아래에는 영혼의 무게를 재고 있는 모습이 표현되어 있는데, 이것은 최후의 심판을 나타내고 있다고 한다. 그러고 보니 3중 아치에는 천사도 보이고 벌을 받은 자도 보이는 것 같았다.

조금 더 주위를 돌면 13세기에 성당의 정면 문으로 사용되었다는 남쪽의 사멘탈 파사드^{Sarmental Facade}가 나온다. 이곳의 팀파눔도 무척 화려하고 섬세하게 조각되어 있다고 하는데 지금은 국경일 행사를 하고 있으니 보러 갈 수가 없었다.

성 니콜라스 데 바리 성당

다시 전망대 쪽으로 오니 아까는 못 보았던 또 다른 성당이 있었다. 다행히 문이 열려 있어 〈성 니콜라스 데 바리 성당^{Iglesia de San Nicolás de Bari}〉의 육중한 나무문을 열고 재빨리 안으로 들어갔다. 오른쪽으로 난 옆문으로 들어가니 조용한 분위기에서 12시 미사가 진행되고 있었다. 조심스레 가운데 중앙으로 가서 제단을 보는 순간 너무 놀라 헉! 하고 숨이 멈춰 버렸다.

이 독특한 느낌은 무엇일까. 너무나 거대한 규모인 데다가 하얗게 회칠을 한 듯한 제단에 작은 조각이 무수히 나열되어 있었다. 새하얀 바탕에 조각되어 있다 보니 제단이 밝아 보이고 주위는 어둡게 보여 마치 동굴에 들어온 듯한 분위기였다. 나중에 알게 되었지만 이 독특한 느낌은 바로 석회암 때문이었다. 보통 제단은 나무로 조각해서 황금색을 비롯해 여러가지 색깔을 칠하는 게 대부분이다. 석회암으로 만든 제단은 이 성당이 유일하고 스페인에서 가장 큰 제단이라고 하니 놀랄 수밖에 없었던 것이다.

크기와 재료만으로도 충분히 놀라운 작품이지만 제단의 조각 디자인도 무척 색달랐다. 맨 아래에는 예수의 십자가상이 있고 가운데에 성인 니콜라스, 그리고 맨 위쪽에는 성모 마리아가 있다. 가운데에는 여덟 개의 패널로 성인 니콜라스의 생애가 조각되어 있고, 위쪽 성모 마리아 주변으로는 7명씩 줄을 지어 360도로 에워싸고 노래하고 있는 합창단이 있다. 아주 작

독특한 제단이 인상적인 성 니콜라스 데 바리 성당. 스페인 최대의 제단이라고 한다.

은 입모양의 합창단이 무수히 많이 조각되어 있는 패턴이 전체적으로 보면 조금 그로테스크하게 보이기도 했다.

성 니콜라스 데 바리 성당의 이 독특한 제단은 부르고스 대성당의 건축가인 시몬 데 콜로니아와 프란시스코 데 콜로니아가 제작했다고 한다. 15세기 콜로니아 가문이 이끈 화려한 부르고스 대성당의 건축물뿐만 아니라 성 니콜라스 데 바리 성당에서도 그들의 르네상스 예술 작품을 볼 수 있었던 것은 행운이었다. 이 유일하고 독특한 15세기 제단은 1917년에 국가기념물로 지정되었다.

우리는 카페를 찾아 잠시 커피를 마시며 사색의 시간을 가지기로 했다. 너무나 화려한 문양과 빛의 조각들을 보느라 심신이 지쳐 버렸다. 그러나 카페를 찾기로 결심한 지 몇 초도 안 되어 커피 한 잔의 희망은 어려울지도 모르겠다는 생각이 스쳤다. 스페인 국경일에 모인 인파가 광장과 골목마다 가득 차 있었기 때문이었다. 우리는 시민공원 쪽에 있는 카페에 들어가 겨우 자리를 얻을 수 있었다. 카페 창밖으로는 국경일과 관계없이 오늘의 까미노를 마친 순례자들이 도착하고 있었다.

우리의 스페인 성당 순례도 마무리되어 간다. 얼마 전 우리는 까미노 포르투게스를 걸어 산티아고에 도착했지만 순례자를 위한 향로 미사를 보지 못했다. 순례자 미사는 산티아고 대성당 대신 성 프란시스코 성당에서 열리고 있지만 '보타푸메이로Botafumeiro'라고 하는, 거대 향로를 매달아 치르는 정화의식은 한동안 보지 못한다. 아쉬움이 남았던 것일까. 오늘 예상치 못하게 부르고스 대성당의 국경일 미사에서 향로 미사를 치르게 되었던 것이다. 이제야 정말 순례가 마무리 되었다는 느낌이 들었다.

이제 내일이면 까미노 델 노르테의 도시, 빌바오로 간다. 빌바오는 스페인 순례 여행의 마지막 도시가 될 것이다.

부르고스 시내가 끝나고 밀밭이 시작된다. 까미노는 메세타로 이어질 것이다.

순례는 계속된다 - 빌바오(Bilbao)

부르고스를 떠나 빌바오의 산티아고 대성당으로

다시 시작된 우리들만의 순례 여행, 이제 그 마지막 도시로 떠난다. 빌바오는 스페인에서 머무는 마지막 도시이자 이베리아 반도의 마지막 여행지, 그리고 우리들의 순례 여행에서도 마지막 길이다. 이번에야말로 설렘보다는 마지막에 대한 아쉬움이 가장 큰 여정이 되었다.

알란손 강 앞에 있는 산타 마리아 아치에 도착했다. 부르고스 대성당을 마지막으로 한 번 더 보려고 아치를 통과해 들어갔다. 국경일 행사가 열렸던 대성당의 남쪽 광장은 오늘 행사 중인 마라톤 대회의 골인 지점으로 바뀌어 있었다. 감격에 겨워 도착하는 선수들의 옆에는 커다란 현수막이 하나 걸려 있다. 부르고스 대성당이 2021년에 800주년Ⅷ CENTENARIO을 맞는다는 내용이었다. 우리는 또 올까 하는 눈짓을 서로 보내며 웃었다.

스페인에서 이동할 때 자주 이용했던 ALSA 버스를 타고 빌바오 국제 터미널에 도착했다. 버스에서 내리자마자 대도시에 도착했다는 긴장감과 위압감이 몰려왔다. 순례길에서 보았던 소박한 마을과는 달랐지만 그래도 엄연히 이곳도 순례길 중 한 곳이다. 우리는 숙소에 배낭을 내려놓고 일찌감치 산티아고 광장으로 천천히 걸어 찾아갔다.

빌바오 강 하구와 가까이에 있는 산티아고 대성당은 14세기에 공사가 시작되어 15세기에 완공되었다. 그 후로도 16세기에 이르기까지 회랑, 천사의 문, 메인 포탈 등이 고딕 양식으로 건축되었다. 〈산티아고 대성당Done Jakue Katedrala〉이라는 이름이 바스크어로 되어 있어, 성인 야고보를 바스크어로 '도네 야쿠에'라고 부른다는 것도 새로 알게 되었다.

새파란 하늘 아래의 산티아고 대성당은 우리가 도착했을 때 이미 오후로 접어들어 그늘을 안고 있었다. 성당이 있는 산티아고 광장Done Jakue Plazatxoa에는 주위에 많은 건물과 상점들이 에워싸고 있어 그다지 널찍해 보이지 않았다. 성당 맞은편으로 갔지만 성당 전체의 모습을 수직으로 담기가 어려울 만큼 건물들이 가까이 있었다. 파사드의 왼쪽 첨탑을 한눈에 보기가 어려워 자꾸 뒤로 물러나게 되었다. 광장에는 작은 분수대가 있어 사람들이 걸터앉거나 둘러서서 이야기를 나

작은 광장에서 본 빌바오의 산티아고 대성당

누고 있었다. 대성당은 문화재라기보다 시민들의 정겨운 안식처로 보였다. 우리는 성당을 돌아보며 메인 포털의 아치와 천사의 문^{Puerta del Angel}이라는 아치도 보았다. 천사의 문은 순례자들의 문이라고도 부르는데 아치 위에 꽃 장식처럼 수놓은 것이 화려해 보였다.

빌바오는 까미노에 있다

우리가 도착한 빌바오는 까미노 루트 중의 하나인 산티아고 북쪽 길 즉, 까미노 델 노르테^{Camino del Norte}에 있다. 그래서 빌바오의 산티아고 대성당은 성인 야고보에게 봉헌된 성당이자 순례자들을 위한 성당이다.

까미노 델 노르테는 프랑스의 바욘^{Bayonne}에서 출발해서 산티아고까지 대략 840km의 여정이다. 그중 출발지에서 빌바오까지는 대략 200km 정도 되는 거리이다. 전체 까미노의 첫 번째 구간은 바스크 지방이다. 이 구간은 산악지대여서 산을 여러 개 넘어야 하지만 아름다운 산 세바스티안^{San Sebastian}과 피카소의 그림으로 유명한 게르니카^{Gernika-Lumo}를 지나 빌바오에 도착한다. 그리고 빌바오 도시를 통과해 빠져나가면 엘 라야^{El Haya}에서 바스크 지방은 끝나고 칸타브리아 지역이 시작된다. 이렇게 칸타브리아-아스투리아스-루고 내륙으로 순례길이 이어진다. 까미노 델 노르테는 아르수아^{Arzúa}에서 까미노 프랑세즈와 합류한다.

까미노 델 노르트는 해안길과 산악길의 반복, 취약한 도로와 표지판 등으로 걷기에 수월하지는 않다. 까미노 프랑세즈 못지않게 장거리이고 여러 갈래로 나누어지는 까미노가 초보자에게는 길을 잃을 걱정거리가 되기도 한다. 그럼에도 불구하고 까미노 델 노르테는 최근 순례자들이 계속 늘어나고 있는 매력있는 까미노이다.

　우리는 빌바오에 왔으니 도심을 통과하는 까미노를 잠시 둘러보기로 했다. 까미노 델 노르테 중 빌바오 구간은 산티아고 대성당에서 시작하여 서쪽 강 하구의 포르투갈레테Portugalete에 이르는 길이다. 이 구간을 걷는 방법은 두 가지로 나누어지는데 먼저 공식 까미노Por el camino oficial는 도시 내부를 걷는 구간으로 19.4km에 이른다. 두 번째 방법은 강어귀 옆으로 걷는 12.4km의 길이다. 빌바오 강 하구를 따라 계속 걸어가면 빌바오 구겐하임 미술관Museo Guggenheim Bilbao도 거쳐 갈 수 있다. 도착지점인 포르투갈레테는 강 하구에 있는 항구 도시이자 세계문화유산에 해당하는 비스카야 다리Puente de Vizcaya가 놓여 있는 곳이기도 하다.

미술관 앞에서 본 건너편 풍경. 아름다운 나무로 이어진 길이 까미노이다.

우리는 산티아고 대성당에서 나와 빌바오 강 하구를 따라 이어지는 두 번째 까미노를 조금 걸어보기로 했다. 지도에는 '빌바오 강의 하구^{Estuary Bilbao}'라고 되어 있는데, 이 강의 이름은 '빌바오의 네르비온 강^{Ría del Nervión bilbao}'이다. 빌바오 중심을 흐르는 강은 하구에 해당하기 때문에 강폭이 넓어서 중간에 다리가 많이 놓여 있다. 우리는 강에 있는 많은 다리들 중에서 예쁜 수비수리^{zubizuri} 다리로 건너기로 했다. 다리 위에서 보니 대성당 첨탑과 함께 강을 따라 빨갛게 물든 나무들이 줄지어 서 있었다. 빌바오 순례길은 그 나무와 강을 따라 계속 바다 쪽으로 이어진다. 날씨도 화창해서 아직은 가을을 만끽하며 순례자들이 걷기에 좋을 것 같다는 생각이 들었다. 우리는 다리 위에서 까미노를 하염없이 바라보았다. 우리가 기억하는 마지막 까미노이니까 말이다. 구겐하임 미술관 앞에는 조형물인 거대한 거미가 버티고 있다. 많은 사람들로 붐비는 그곳으로 우리도 들어갔다.

빌바오 까미노를 걷게 되면 길 건너편으로 구겐하임 미술관이 보인다.

순례를 끝내고 이베리아반도를 떠나다

　포르투갈에서 역사와 종교를 알아보기 위해 성당을 중심으로 시작한 순례 여행은 까미노 포르투게스 해안길로 이어졌다. 까미노에서 만난 작은 풀들과 아침 이슬, 그리고 햇살마저도 아름다웠다. 우리가 걸었던 마을과 환대로서 맞아준 모든 사람들을 잊지 못할 것이다. 하지만 산티아고에 도착하고 나서도 순례를 내려놓지 못했다. 영원히 순례자이고 싶어 산티아고 순례길 3대 성당을 보러 다시 떠났고 빌바오까지 왔다. 우리는 이제야 까미노 위에 있는 모든 이들에게 순례자 자리를 내어 주려고 한다. 아름다운 시간들을 모두 마음에 간직한 채 순례 여행에 작별을 고한다. 하지만 우리 마음 속의 별이 사라지기 전에 언젠가 다시 까미노에 설 날을 꿈꿀 것이다.

　우리는 무거운 배낭을 메고 어두워진 거리를 걸어 터미널로 나갔다. 빌바오를 떠나는 버스는 정각 0시에 출발했지만 실제로 우리가 어디를 떠나고 있는지 어둠 속에서는 알 수가 없었다. 그래도 우리는 떠나고 있다. 이베리아 반도와는 또 다른 새로운 문화 속으로 우리는 향해 가고 있다.

　"오브리가두, 포르투갈 Obrigado, Portugal !,
　아디오스, 스페인 Adiós España !,
　부엔 까미노 Buen Camino !"

포르투에서 출발하는 산티아고 가는 길

멋진 여행이었어!
까미노 포르투게스

1판 1쇄 인쇄 2021년 6월 15일
1판 1쇄 발행 2021년 6월 20일

___

지 은 이   **소노스(SONOS)**
발 행 인   **이미옥**
발 행 처   **J&jj**
정   가   **18,000원**
등 록 일   **2014년 5월 2일**
등록번호   **220-90-18139**
주   소   **(03979) 서울 마포구 성미산로 23길 72 (연남동)**
전화번호   **(02) 447-3157~8**
팩스번호   **(02) 447-3159**

___

ISBN 979-11-86972-85-4 (03920)
J-21-04
Copyright ⓒ 2021 J&jj Publishing Co., Ltd

제이 앤 제이제이

Book · Character · Goods · Advertisement · Graphic · Marketing · Brand consulting

D · J · I
BOOKS
DESIGN
STUDIO

D·J·I BOOKS DESIGN STUDIO